U0081653

中國話劇電影先驅

洪深

歷世編年紀

洪鈴／著

敬獻給我的母親　　**常青真**

（1914年12月—2010年3月）

洪深
（1894 年 12 月—1955 年 8 月）

目次

前言

1955 年 8 月，身患肺癌病危中的父親還能夠清楚說話時，對守護在旁的母親說：「我不想死，我還要活五十年，我要看到黃河水清的那一天！」表達了他強烈的求生願望。然而，沒有走出 8 月，父親就去世了。

　　這個世界上，沒有人對自己的人生旅途，可以做到完全真正掌握和控制。父親在世一生幾十年的生命歷程也如此。

　　父親家族，是武進（今江蘇省常州市）的大族。父親是清朝文學家、經學家洪亮吉的第六世孫。我的祖父（洪述祖）人很聰慧，未出洋但外文能力不弱，文才亦佳。祖父嚮往「仕途」之道，追求在官場發達；晚清時，祖父捐了個直隸候補道；民國建立後，1912 年 3 月唐紹儀受袁世凱命組閣政府，祖父因與唐的交情而供職內務部，同年 9 月，趙秉鈞擔任袁世凱政府國務總理，祖父很得其任信。1913 年 3 月，宋教仁遭刺殺，祖父因此案牽連，於 1919 年 4 月遭極刑——死時很慘。祖父在軍閥混戰割據的政界供職，最終，他在強權齒輪的滾動中被碾得粉碎而消亡。這也是他咎由自取罷。

　　對於父親，祖父是生他、養他的父親，父親無法「回避」這個被社會視為「罪人」的父親。從 1919 年 4 月祖父被處死，到 1955 年 8 月父親去世，祖父的「死」讓父親一生都被這個「緊箍咒」般的枷鎖鉗制著。在祖父的「陰影」中，父親一生內心和精神受著煎熬。父親一生，是在痛苦和無奈中，承受著作為「罪人」兒子的現實。人生原本就有限的個人空間，也因此變得更小了，父親可做的人生選擇，受到很大牽制。

　　心無愧人不屈，父親只能挺起脊樑站立、前行；父親人生的路，走的異常艱難。父親用盡全力，在痛苦的煎熬中活這一世，很不容易。

　　父親為了實現自己必須遠離官場的目的，他在美國留學期間，毅然從工科轉學文科，學習戲劇。父親這個源於痛苦的無奈的轉向，不是消極的，他是認真嚴肅地選擇了「學習戲劇」。父親不僅相信他具有從事這種工作的天賦和能力；他更以為：戲劇也是一種「喚起民眾」的有意義的事業。

　　希望祖國成為民主和自由的國家，讓中國社會變成充滿光明的社會，是父親的理想，是父親一生的追求。父親為此奮鬥、貢獻一生。而且，父親潛意識中，要和民國「罪人」——我那「反動」爺爺——「劃清界限」的想

法，對父親人生理想的追求和努力應該也是種促進。

父親二十世紀三十年代初閱讀了一些社會科學書籍，思想上開始有了新的認識。出於對中國和中國社會的理想和追求，父親開始了和左翼的接近：1930年，父親參加了「左翼作家聯盟」和「左翼劇團聯盟」，在文化工作中公開站在了左翼。當時，父親是在文化態度上站在了「左翼」，父親並不關注政治黨派間的鬥爭，他沒有、亦不願意參加政治鬥爭。

父親向左翼文化的逐步靠近，以至到他甘為左翼文化當名衝鋒陷陣的「排頭兵」，是父親人生追求在現實社會的自然發展。然而事實很殘酷：父親被「使用」，但並未曾被左翼真正信任和接受。儘管父親真誠地奉獻，父親實實在在地、而且是積極努力地實幹苦幹著，但仍然不能改變這個事實。

1941年2月，發生了父親和母親一起「自戕」事情。後雖獲救，卻因此可以明白父親因為自己並不被「革命」所認可的那種痛心和絕望。

父親一生大部分時間，是個遠離官場的教書先生。父親自己的心願，是：「我自己呢，極願做成一位學者，但決不是所謂名流。」父親表示：「我的生存是靠自己的努力得來──我今天的地位，都是我一個人的心血，汗珠，努力得來。」（洪深在病危與憤怒中：文藝新聞，1931年10月5日）

但是，父親兩次違背了自己初衷，接受了叫他做官的「召喚」──儘管兩次做的都是小官──中層幹部而已。對父親為「官」的現實，我曾經不解，更是難以「認同」。我一直懷疑：「如果父親不曾踏進『官場』，如果父親始終堅守在文化學者、大學教授的崗位，沒有和『官場』發生直接的關係，父親一生會不會是另一種生命狀態?!父親是不是就不會在他的壯年時候就離我們而去?!」

1937年夏，在中山大學任教的父親暑假時來到上海參加導演工作；當「八一三」戰事爆發後，父親沒有回廣州安排妻子和孩子，就從上海率領「上海演劇救亡第二隊」出發，走向了全民抗戰的戰場。1938年4月，第二次公開合作的國民黨和共產黨成立了以陳誠為部長、周恩來為副部長的政治部。政治部下設的第三廳，由郭沫若任廳長，田漢是三廳六處少將銜處長。其時，父親帶領「上海演劇救亡第二隊（乙組）」正在湖北省襄樊進行

宣傳，當父親接到田漢要父親立即趕赴武漢的急電後，毫不遲疑地立即趕了過去，又毫不遲疑地接受了三廳六處戲劇科上校衛科長的職務。政治部三廳戲劇科，由當時在武漢的全國救亡戲劇宣傳隊伍整編成的十個抗敵演劇隊和一個《孩子劇團》組成，他們是當時國統區抗日戲劇宣傳的基本力量，父親是這支宣傳隊伍的重要組織者和主要管理者。父親沒有留守在安全的後方，他和演劇隊一起奔赴實地進行宣傳工作，是身體力行的積極的抗戰救亡宣傳工作者。

父親為了抗戰救亡宣傳工作，做了這個「戲劇官」。正如父親不無苦味地「自嘲」道：「為遠離『官』而搞戲，但抗日救亡的需要，則是為了『戲』而『做官』。」（戲劇官：洪深文集・4，中國戲劇出版社，1959年）

1945年秋，抗戰勝利。

1946年，在重慶北碚《復旦大學》，父親「因反對特務學生對進步同學壓迫脅持《谷風》壁報事件，每夜有持槍者包圍住所，作精神上迫害幾近一個月，雖堅決挺持，而本人後腦神經系統發炎，兩耳失聰，均於此時加重。」

1947年，在上海江灣《復旦大學》，父親又因「1947年5月，上海學生反飢餓反迫害運動中本人支持進步學生，被反動分子持槍威脅、毆擊前後七、八次。」

1947年5月，上海全市學生進行反內戰反飢餓大遊行，並在校內舉行活動。在《復旦大學》教師和員工會上，父親建議全校教授罷教和向政府提出嚴正抗議；父親的建議得到與會教授認同。父親也因此為當局所不滿。

1948年春，沒有拿到《復旦大學》續聘聘書而「待業」的父親，接受《廈門大學》外文系聘任，帶著我們全家從上海到了廈門。同年年末，對國民黨政府徹底失望了的父親，接受中國共產黨邀請，以醫治牙齒為由從廈門隻身到了香港。1949年1月，在中國共產黨安排下，父親和其他一些民主人士一起從香港乘蘇聯輪船到東北大連港。5月，父親到北京。9月，父親被共產黨安排以「無黨派民主人士」身份，參加在北京召開的《新政治協商會議》。10月，中華人民共和國宣告成立。

至此，父親最終是把中國的希望寄望於了共產黨，父親也因此把自己對國家的赤誠之心奉獻給了共產黨。這應該是父親必然的、也是唯一可能的選擇吧！

母親告訴我，中華人民共和國成立後，父親準備回到上海復旦大學繼續教書工作，但周恩來則要父親留在北京工作。因此父親便在北京做了個「聯絡官」，直到去世。

父親「官」任的「對外文化聯絡事務局」，是個純粹事物管理性質的行政機關。1949年「對外文化聯絡事務局」首任局長，是著名詩人蕭三。蕭三是老資格共產黨人，亦是毛澤東的大同鄉。讓父親做蕭三的副手，該局實際具體的事物性的事情，是要父親來做。父親不是中國共產黨黨員，他甚至連個民主黨派也不屬的「政治身份」，是他工作遇到的最大「困難」。父親清楚，自己是屬於「舊時代」的人，是個要徹底改造的「舊知識份子」。因此，父親把自己工作的鬱悶和痛苦，都隱忍於心，不敢流露出來。精神和身體承受的重壓，讓父親不堪重負。

1949年10月之後，父親在那個「官」位上誠惶誠恐地做著事，他沒有了從事文學藝術工作的適宜條件。其實，父親除了沒有時間和精力外，現實社會的種種，也讓父親明白：自己在文學藝術創作上，恐怕也是「力不從心」了，儘管他心仍有所不甘。

不過，父親也不是完全置身於文學藝術事物之外。例如，1953年，郭沫若先生創作的話劇《屈原》由領導組織進行集體修改，父親被指定參加此項劇本修改工作，對此，父親態度認真，做事小心翼翼。

1930年，在上海大光明電影院面對美國辱華影片《不怕死》奮起揮臂、高呼抗議的父親；1937年，在「廬山教授座談會」上堅決要求國民政府抗日的父親；1938年，在武漢當面斥問汪精衛為什麼不抗日的父親；不再有了。

我對父親「不做官」的「食言」，已「釋然」。父親自己又何嘗不明白，他曾表示：「七年來最大的打擊，乃當日我為抗戰做官，遂以為所有其他的人亦必如此；而逐漸發現，事實殊不盡然；我不能不自笑『天真』。」（戲劇官：洪深文集・4，中國戲劇出版社，1959年）遺憾的是：我們在這個世界上，難免會遇到某種「身不由己」的無奈，而在面對這種無奈時，我們有時候真的很無力。

一個人生命的長或短——六十年的人生或一百年的人生，在浩瀚的宇宙中，幾乎毫無區別。正如父親所說：「人總是要過去的，而事業——對人類的貢獻——是永生的。」而父親的努力：「我覺得我對於戲劇，研究了多年，略有心得，我對於後人最大的貢獻就是將我研究所得寫出來，庶及以後從事戲劇的人，不必像我這樣吃苦費力。」也是父親的貢獻。我願意相信：父親的努力，是有益的；即使對於後來的人，也仍然是有益的。

　　在苦味人生路途上，父親忠誠自己所選定的目標，勇敢、誠實地走著自己人生路，一直堅持走到了底。父親對待人生積極進取的勇敢態度，父親在人生路上一步一步向前進的人生實踐，應該也是中國那個時代覺醒的、有良知的、追求國家民主自由和社會平等光明的知識份子走的路。

　　我心中：父親可敬，父親可愛。

　　歷史在時間流淌中悠悠長長，隨著時間流逝，隨著父親越來越遠去，關於父親的文字，恐怕是很難會有什麼實實在在地記述了，即使還有什麼，恐怕也是在這悠悠長長之中而遭功利化——被演義、被異化、被文藝商業化——甚至被「醜化」。

　　每個人有權利寫自己要寫的，每個人有權利按照自己的觀點去寫。自己作為一個讀者，閱讀他人所寫，是了解，是受啟發，是參考，也是學習；對撰寫者必要尊重的同時，對於所書與自己的「相悖」之處，我持保留態度。

　　現在，我為父親編這本書，因為我和父親血脈相通，我有義務和責任、更有感情去努力讓人們——現在的人和後來的人——哪怕是不多的人知道：中國社會曾經確確實實的出現過、存在過怎樣一些中國知識份子，他們受到啟蒙後，是那樣真誠地為了國家民主自由，為了社會平等光明而獻身；他們身體力行地終生為此而努力。雖然，他們不斷地被中國社會的動盪風雨而吞沒，但那些活著的、始終頑強地堅守著信念的人，仍然勇敢地繼續奮鬥和努力。中國這樣的知識份子，也許不多——然而，他們從前是，以後也仍然是中國幾千年泱泱大國的脊樑和靈魂。

在我們中國，曾經出現了、曾經有過一些文化人，他們對民族和對祖國傾注了深愛，滿懷著為國為民的使命感，充滿激情地、忠誠地、身體力行地用自己所有的能力和他們能夠採用的適宜方式，乃至不惜獻身——他們的愛國和政治家高呼的「愛國」本質不同——父親即是他們中的一員，是這個隊伍裏普通的、卻也是自豪的一名小兵。父親在自己生活的那個時代環境下，有著明確的努力追求的事業，獻出了屬於他的一切。父親算不上是什麼大人物，但卻並非一事無成。

就是這樣的一些愛國者、有良知、肯擔當的知識份子，為中國的民主和富強，用自己一生的堅持追求和努力實踐——不論艱辛和風雨雷電——始終堅持不放棄。他們，應該被自己國家民眾了解和認識；他們，應該得到必要的尊重。

「過去」，是實際發生過的一種集體的經歷，是確實存在了的一種集體的經驗。了解和關心「過去」，應該是對這種集體經歷和這種集體經驗的一種尊重。如果我們把歷史看作是，讓活著的人知道：「還會重複發生的是什麼。」那麼，已經發生過的、已經消失了的，就仍然還有意義。

相隔了一段時空、相距了一段距離後，再回過頭去看那些已經發生過的事情，曾經出現過的狀況，和生存在那個時候的人時，應該可以有更平和的態度，應該可以用更客觀理性的眼光，去回顧「過去」，去研究「過去」。

我做這件事，有難度——1955年，父親要求兩個女兒：「（你們）寧可當個二流的科學家，也絕不要做個一流的文學家。」父親態度的堅決，我此生不忘。雖然我連「二流科學家」也不是，不過一個「不入流」的、普通的工程技術人員而已——我需要從頭學起，我願意努力從頭學習。我可以做到，我更應該必須做到。

我的感情、我的思念、我的責任，三十年來無時不在提醒我、催促我，一定要去做這件我應該做、必須要做的事；三十年的學習，三十年的思考，三十年的積累，我會最大努力地去完成、做好這件事。

我用誠實的態度——良心誠實，做事誠實，表達誠實，對讀者誠實——

編這本書。惟這樣，我才具備編這本書的起碼良知；惟這樣，我才是父親真正的女兒。

我踏踏實實地搜集資料；我認真謹慎地閱讀資料；我充滿激情卻又嚴肅地來編輯資料。我用我的思想、我的認識、我的視角、我的所知、還有我的最真摯的情感，為父親編這本書，一本用資料記錄了父親一生歷經世事、步步行走足跡——做過的事，說過的話，和生存的狀態——的書。如果讀者不僅知道了，而且還願意去了解曾經在世的洪深這個人，那將是我所有努力、堅持、辛苦得到的最好獎賞。

我為父親編的這本「編年紀」，是關於父親一生經歷世事生活的資料性記錄。我是用父親本人（即事主）、以及存在過的社會時代和出現過的社會人，公開發表過的文字記述、評論等，作為基礎而成的。我希望用事實——確實發生過、存在過的事實、確實說過的話、確實公開發表過的文字——來留下一個盡量更接近真實的父親，來反映那一個時代的存在。

在這種資料彙編的編輯中，任何主觀色彩的「說明」，是不適宜的，是多餘的。遵循這個想法，我在文字資料的前和後，不使用主觀褒貶的「定語」——左或右，高或低，是或非，好或壞，對或錯，革命或反動，進步或落後——以突顯文字資料原有的自然性。

書中的《時代背景》和《有影響事件》條目，簡略地採用了可能對事主有關或有影響的背景和內容，以有助於對本書所記錄的其時、其事、其人、其話的理解和體會。

在中國大陸地區，1993年出版了《洪深年譜》（約十一萬字）；2009年出版了《洪深年譜長編》（約十八萬字）。作為所書譜主的女兒，我感謝書作者付出的努力和辛勞。

我有自信：為父親編的這本書，值得編，應該編；這本書為讀者真實全面的認識洪深和了解他所在的時代，一定有幫助。

敬請讀者關注！敬請讀者批評！

2010 年 5 月 16 日　上海

清朝時期

1894-1911

1894年 1歲

清光緒二十年甲午

《事主大事記》	下簡稱「事記」
《時代背景》	下簡稱「時代」
《有影響事件》	下簡稱「事件」
《社會和個人評述》	下簡稱「評述」
《洪深書文目錄》	下簡稱「書目」
《洪深導演劇目》	下簡稱「導演」

事記

12月31日，洪深在江蘇省武進縣（今常州市）關帝廟弄（1949年後稱「西獅子巷」）一號——洪亮吉故居——後進東邊一間房屋出生，號伯駿，字淺哉，小名七斤，是為長子。

「洪深妻子常青真在讀了廣東省戲劇家協會廣東省戲劇研究室1982年9月編輯出版的『戲劇藝術資料』第七期刊登的『洪深藝術創作年譜』後，對女兒洪鈴說：你爸爸對我說他的小名叫『七斤』還是『八斤』，此文寫是『八年』，不知是從哪裡來的。」（1982年2月25日，洪鈴記。）

「洪深號淺哉，小名叫七斤，號還有人知道，小名恐無人知，我在北京看了籍沒的『洪述祖日記』才知道的。」（釧影樓回憶錄續篇：包天笑，香港大華出版社，1973年9月。）

洪深家系：父親洪述祖，字蔭之，洪金貢之子；曾為台灣巡撫劉銘傳

中國話劇電影先驅洪深：歷世編年紀

幕僚，後捐得直隸候補道。1912年3月唐紹儀任袁世凱政府國務總理職時，因與唐結識而入內務部任祕書職，並成為內務總長趙秉鈞身邊一謀士；同年6月唐辭職，9月趙秉鈞接任國務總理，洪述祖仍在職。1919年4月洪述祖因宋教仁案被處極刑。

母親張玉英，洪深有一妹（名不詳）為同母所生；洪深大弟洪濟、小弟洪演、妹洪汾，皆為同父異母所出。

祖父洪金貢，字彥先，洪亮吉曾孫，廩貢生候選訓導。清咸豐十年太平軍攻常州，金貢分守東門，城破，巷戰遇害。

曾祖父洪穀曾，洪亮吉長孫。

高祖父洪飴孫，字孟慈／祐甫，洪亮吉長子。著有經史考證作《三國職官表》。

六世祖洪亮吉。

「洪亮吉（1746～1809），清經學家、文學家，字君直，一字稚存，江蘇陽湖（今武進）人，乾隆進士，授編修。嘉慶時，以批評朝政，遣戍伊犁，不久赦還，改號更生居士。與黃景仁友善。通經史、音韻尋詁及地理之學。論學之作頗多。有關經濟思想方面，他提出了人口繁殖與糧食產量增加存在著矛盾的問題。工詩文，其駢文頗負時譽。少數作品對當時政治的腐敗和社會危機有所暴露。有《春秋左傳詁》、《洪北江全集》等。」（摘自《辭海》，上海辭書出版社，1979年。）

「洪亮吉確是個於學無所不逮的文化巨匠。在經史、地理、音韻、詩文，包括人口問題等方面均有成就，且忠孝兩全，義薄雲天，為人耿直豪放，誠實守信，絕不阿諛奉迎。清代古文家惲敬曾說他：『每論當世大事，則目視，頸項皆赤，以氣加人，人不能堪。』嘉慶三年，雖已翦除和珅，但國家弊政依然，洪亮吉冒死上疏〈極言時政啟〉，寫得正氣凜然，被同僚稱為『一疏人傳批逆鱗』。他也因此而獲罪，軍機和刑部擬『以大不敬律，斬立決』，入奏嘉慶，在嘉慶旨意尚未下達時，大家都以為洪亮吉必死無疑。此時，洪亮吉同鄉，內閣中書趙懷玉來獄中，訣之以酒，趙滴酒不能下嚥，

囁嚅欲語而不忍說，洪亮吉問其原因，趙懷玉哽咽著說：『有旨……』，洪亮吉大聲說：『有旨「斬立決」吧，我早就知道了，你不要難過，我們像平常一樣喝酒。』洪亮吉顏色不變，真可說是視死如歸了。他從新疆流放回來以後，『以竹以山娛寂寞』，潛心著書，賑濟災民。經歷了由顯而隱，由鬧而寂，由俗而靜，絢爛之後又複歸平淡。在他身上集中體現了中國知識份子傳統的人文精神，他們的身份遭際可以一再改變，但他們的道德操守不會改變。」

「在洪亮吉之後，值得史筆一書的是洪亮吉的曾孫洪彥先。咸豐十年四月，太平軍攻打常州城，洪彥先分守東門。洪彥先把自己的身家性命押在這座城池上。太平軍連發地雷攻城，『守陴者皆泣』，洪彥先頸項全赤，令全家人速死，其弟妻龔氏及弟承惠並妻等男女十六人連袂赴水死。第二天，太平軍從小南門入，洪彥先率眾巷戰，力竭不支，倒在一土牆邊，顯現了洪氏家族中一以貫之的剛烈之氣。」

「洪深繼承了洪氏家庭的遺風。快人快語，敢愛敢怒，能文嗜酒，敢作敢為，是個俠肝義膽的豪爽男兒，活脫脫一個現代版的洪亮吉。對於父親涉案刺殺宋教仁，洪深自然難以原諒，但由此招來世俗小人的勢利眼光，他又感覺到人情的殘酷，他曾痛苦的說：『許多親戚朋友，尤其是我父親走運時前來親近的，立刻都拿出了猙獰的面目。』」

「關於洪深，這裏略記敘一椿小事，便可看出其言行確有先祖遺風。1930年2月，上海大光明電影院放映影星羅克主演的美國影片《不怕死》，這是一部辱華的滑稽片，洪深越看越氣憤，以至中途退場。第二天他會同張曙、金焰、廖沫沙等再次來大光明，當影片出現醜化華人形象的鏡頭時，洪深憤怒地跳上去對該片痛加駁斥，號召觀眾退票，並引起訴訟。歷經四個月洪深終於勝訴，美國派拉蒙公司被迫收回影片，保證此片不再放映。《時事新報》發表了主演羅克『敬向貴國人民表示十分歉意』的公開信。這一事件在戲劇史上傳為佳話，洪深也因此獲得了『黑旋風』的美稱。」（感悟洪氏家族：談雄，常州日報，2007年10月10日。）

「我們住在北京小細管胡同時，洪老曾指著家中牆上落款北江洪的條幅對我說：『那是我祖叔公寫的。』」（1983年2月9日洪深妻子常青真在上海寓所對中國藝術研究院話劇所陳美英訪詢回答，洪鈐面聽。）

時代

8月1日，中國和日本國同時向對方宣戰。

事件

9月17日，北洋艦隊和日本艦隊在黃海激戰，史稱「甲午海戰」。

評述

「洪亮吉故居原在西獅子巷口，系洪亮吉流放遇赦回鄉時友人贈送。洪亮吉紀念館是在移建修復基礎上建立的。洪亮吉紀念館第一進門廳四間系新建，第二進利用原舊房翻修，第三進是移建。洪深誕生在原故居後進東邊一間，我們在這一進闢為洪深紀念室。」（洪亮吉紀念館／洪深紀念室落成儀式主辦方致詞：常州，1994年12月30日。）

「洪亮吉故居，在常州東獅子巷口。一幢白牆灰瓦、褚色大門、綠蔭籠罩的院落被周圍的水泥樓房團團圍住。清嘉慶五年，亮吉自新疆赦歸後，即在院內授經堂裏潛心著作，督兒孫攻讀，嘉慶十四年五月卒於宅。1894年12月31日，洪述祖之子，著名戲劇家洪深誕生於此，並在此度過了他的童年。」（感悟洪氏家族：談雄，常州日報，2007年10月10日。）

1895年 2歲

清光緒二十一年乙未

　　2月4日至11日，日本軍從日本艦艇和所佔領的威海衛南幫炮台猛烈炮轟劉公島和港內北洋艦隊。

　　2月12日，北洋艦隊全軍覆沒。

　　4月17日，清朝政府和日本訂立「馬關條約」。

　　5月2日，康有為聯合十八省舉人一千三百餘人上書光緒皇帝提出變法等主張，史稱「公車上書」。

常州故居：洪亮吉紀念館／洪深紀念室

1896年 3歲

清光緒二十二年丙申

事件

4月8日，盛宣懷在上海開辦「南洋公學」。

洪亮吉紀念館「風雪授經堂」

1897年 4歲

略

洪亮吉紀念館的洪深紀念室

1898年 　　　　　　　　5歲

清光緒二十四年戊戌

事件

　　6月11日，光緒皇帝下「明定國是」詔書，宣佈變法，「百日維新」開始。

　　9月21日，慈禧太后出「訓政」，幽禁光緒皇帝于瀛台；以康有為「結黨營私，莠言亂政」，下令通緝。史稱「戊戌政變」。

洪亮吉紀念館「更生齋」

上卷

023

1899年 　　　　　　　　　6歲

清光緒二十五年己亥

略

1900年 　　　　　　　　　7歲

清光緒二十六年庚子

事記

洪深約於本年開始正式啟蒙教育，就讀家鄉私塾。

時代

6月，為了鎮壓中國北方反對帝國主義愛國運動，英、美、德、俄、法、日、義、奧八個帝國主義國家的侵華聯軍進犯中國，攻陷天津、北京。

7月，沙俄侵略軍分六路侵入我國東北，企圖併吞東三省。

事件

以農民為主體的源自義和拳等民間秘密結社旨在反對帝國主義的義和團運動，從最初流行的山東、河南等地轉向直隸境內。

年底，上海南洋公學中院演出新劇《六君子》。

1901年　　　　　　　　　　　　　　　8歲

清光緒二十七年辛丑

時代

9月7日，清政府在北京和英、美、俄、德、日、奧、法、義、西、荷、比等國簽訂「辛丑合約」。

1902年　　　　　　　　　　　　　　　9歲

清光緒二十八年壬寅

事件

本年，法國在上海創辦的教會學校徐匯公學用法語演出了反映法國大革命的五幕劇《脫難記》。

1903 年   10 歲

清光緒二十九年癸卯

事件

5月，鄒容著《革命軍》出版。

本年，上海南洋公學演出了《張汶祥刺馬》等劇。

1904 年   11 歲

清光緒三十年甲辰

略

1905 年   12 歲

清光緒三十一年乙巳

事件

8月20日，中國同盟會在日本成立。

秋，設在北京琉璃廠土地祠的豐泰照相館，攝製了中國第一部影片——戲曲片《定軍山》。

1906年   13歲

清光緒三十二年丙午

事記

　　洪深由父親帶領自家鄉武進到上海，接受新式教育。就讀法國人在上海創辦的教會學校徐匯公學。

事件

　　李叔同、曾孝谷在日本東京共同發起中國留日學生文藝團體「春柳社」組織。

　　「那勇敢而毫不顧慮地，去革舊有戲劇的命，另行建設新戲的先鋒隊，不是中國的戲劇界，而是在日本的一部分中國留學生。⋯⋯成立了一個『春柳社』。」（中國新文學大系・戲劇集導言：洪深，上海良友圖書印刷公司，1935年7月。）

1907年 14歲

事記

　　洪深轉入洋務派官僚盛宣懷創辦的南洋公學（中院）讀書，學名洪達。就讀一學期後，退學。

　　「前清光緒三十二或三年，我曾在南洋大學中院讀過一個學期，因大考多數功課不及格而退學。儘管趙元任博士在某年留美學生東部夏令會南洋同學聚會時做了一首十七字詩，當面罵我是『冒充』，但我確曾讀過半年。那時『交通大學』名『南洋大學』，那時我的學名似還是『洪達』——我有一個號『伯駿』，就是從『達』字來的。」（大公報・戲劇與電影・編後記：洪深，第58期，1947年11月26日。）

　　「洪深：我小的時候，也是這樣喜歡看戲的，有時為了看戲犯過規，有時爬牆去看戲。」（回憶洪深同志的創作和生活・記常青真同志的談話：狄小青，劇本月刊，1957年第10期。）

事件

　　6月，「春柳社」在東京公演《黑奴籲天錄》。本年，歐陽予倩加入「春柳社」。

「1907年，徐匯公學與南洋公學學生為徐匯水災募捐。假上海李公祠舉行聯合義演古裝新戲《冬青引》，看戲後，洪深對戲劇產生了濃厚的興趣，逐漸走向了另外一條路。……他甚至違反校規，爬牆去校外看戲。……上課心不在焉，課後奔波看戲，導致在期末考試中，竟多門功課不及格。」（理工科大學的人文夢・激流中吶喊的戲劇家洪深：上海文匯報，2006年4月8日。）

1908年 　　　　　　　　　　　15歲

清光緒三十四年戊申

略

1909年 　　　　　　　　　　　16歲

清宣統一年己酉

事件

11月13日，文學團體「南社」成立。

1910年

清宣統二年庚戌

略

1911年

清宣統三年辛亥

事記

洪深隨父親到天津，入鈴鐺閣府立中學就讀。

辛亥革命發生後，洪深和同學相約互相剪去了對方的辮子，學校停課。

「這個時期，是於我最有益處的。我本是一個大少爺出身，真是『不知民間疾苦』，到這時候，我才有一個機會，和那勞苦『下層』的人民接觸，真切地認識他們，深深地同情他們，不但造成了我的初期作品中『人道主義』的傾向，並且建立了我後來轉向科學的社會主義的基礎。」

洪深在三十年代，曾經平靜地、客觀地回憶過自己和父親的父子關係：

「（父親）和我談《文昭關》這齣戲，他問我伍子胥鞭平王屍這件事是不是對的。我說：『平王無論如何不好，他是君，子胥是臣，是不應該的。』我父親說：『平王對伍子胥一家這樣殘酷，他對楚國的人民必然也是暴虐的，子胥所為，就是現在的革命。』我當時總疑心我父親做這種偏激之論，必是有為而發。可是我已經猜出我父親是同情武昌起義，我也對革命熱心起來。」（戲劇的人生——1911年冬：洪深，社會月報，1934年9月第1卷第4期／洪深年譜長編：古今／楊春忠，中國戲劇出版社，2009年6月。）

10月10日，武昌起義爆發（辛亥革命）。

12月25日，孫中山從海外回國。

12月29日，在南京召開十七省代表會議選舉孫中山為中華民國臨時大
總統。

事件

　　美國傳教士亞瑟・史密斯（Artkur Henderson Smith）——中文名明恩溥
——1906年向美國總統希歐多爾・羅斯福建議：「美國把二千萬的庚子賠
款退還中國，用在與中國有益的事業，特別是供給中國的學生到美國來留
學。」得到總統支持，該議案遂順利在國會通過。於本年在北京創辦了清華
學校——留美預備學校。

中卷

中華民國時期

1912-1949

1912年 19歲

事記

秋，洪深考入清華學校，編入1916（丙辰）級，讀實科。洪深從此離開
江南故鄉，未曾再回家鄉定居生活。

「在清華不久，和四周的貧民都做了朋友了；尤其是那在校門口做小買
賣的，拉洋車的，趕大車的，跟驢子的。我曉得了許多他們平常所不肯說而
一般同學所不屑過問的淒慘情形。」（「五奎橋」·戲劇的人生，洪深，現代書
局，1933年。）

洪述祖任中華民國內務部秘書。

洪深入學前奉父母命，與長自己三歲的陶氏成婚。

時代

1月1日，中華民國臨時政府在南京成立，孫中山宣誓就任臨時大總統。

2月12日，清宣統皇帝退位。退位詔書為張謇所擬。坊間「清朝隆裕太
后退位詔書由洪述祖擬就」之說——（原來如此：錢波／夏宇編，文匯出版社，
2009年4月）——是誤。

2月14日，孫中山大總統向臨時參議院正式辭職。

2月15日，中華名國臨時參議院在南京全票選出袁世凱為中華民國第二
任臨時大總統。

3月10日。袁世凱在北京宣誓就任臨時大總統。

3月13日，袁世凱任命唐紹儀為中華民國第一任國務總理。

3月29日，唐紹儀向南京參議院提出新閣人選。其中，首席總長兼外交總長陸徵祥、內務總長趙秉鈞、教育總長蔡元培、農林總長宋教仁等。

6月16日，總理唐紹儀辭職。

6月29日，袁世凱命陸徵祥為國務總理。

8月，陸徵祥稱病請假，趙秉鈞奉命代理。

8月25日，國民黨在北京召開成立大會。孫中山以絕對領先票數當選理事長，卻力辭不就。國民黨中央乃決定由宋教仁代理。

9月，袁世凱准陸徵祥辭職，趙秉鈞由代理改為實任國務總理兼內務部總長。

1913年　　　　　　　　20歲

民國二年癸丑

事記

洪深清華學校讀書。

暑假，洪深到青島，住父親洪述祖置於嶗山北九水的房產——觀川別墅。

洪深清華讀書四年期間，暑期或到青島父親別墅，或到北京西山休假。

1953年夏，洪深夫婦攜小女兒鈴遊北京香山碧雲寺，洪深興致勃勃地向洪鈴憶述自己當年在清華讀書暑期借住在碧雲寺的情形，特別提到父親不但不因他假期不返家而不快，反倒是很為他能自樂學生勤儉生活不擺大少爺脾俗而感欣慰，當洪深講到父親帶了果品到碧雲寺去看他時，洪深動情地對洪鈴說：「你看，他是很為我得意的。」罕見地流露出對於父親的感情與思念。

時代

3月20日晚，國民黨代理理事長宋教仁在上海北站遭刺客槍擊。

8月22日晚，宋教仁因子彈彈毒發作，不治殞命。

10月10日，袁世凱就任中華民國正式大總統。

事件

9月，上海新新舞台首映了由美國人成立並經營的上海／香港亞細亞影戲公司在香港公司攝影場內拍攝的我國第一部故事短片《難夫難妻》；該片鄭正秋編劇，張石川導演，影片演員由文明戲演員擔任，女角也是男扮。

本年，香港華美電影公司拍攝了短片《莊子試妻》，黎民偉編劇，並扮女裝出演女主角。

評述

「（宋教仁去世不幾天）兇手武士英及其收買者應桂馨皆被逮捕，並抄出大批原始文件，才暴露了背後指使人和經費來源實出於北京國務院內務部一秘書洪述祖，洪又受命於國務院總理趙秉鈞。不過這些抄獲檔，多係密電隱語，並且幾乎是洪、應兩人的片面之詞，確實內容如何，亦可作不同解讀。」（袁氏當國：唐德剛，廣西師範大學出版社，2004年11月。）

書目

幸而免（小說）：署名洪深／鐵樵，小說月報，第四卷第 9 期，1913 年 12 月 25 日。

1914年 21歲

民國三年甲寅

事記

　　洪深清華學校讀書。

　　1月，與聞一多、陳達等發起組織全校性學生團體「國學研究會」；該會在校演出《沒字碑》，洪深參加演出。

　　2月，學校另一學生團體「達德學會」演出《五陵俠》，洪深參加演出；隨後，參加「達德學會」。

　　3月，清華學生演出《古華鏡》，洪深參加演出。

　　4月，洪深參加校內國語比賽，講演題目〈敬惜字紙〉，獲第二名。

　　5月，洪深任《清華週刊》副經理。

　　6月，洪深為丙辰級同學改譯演出英國名劇《俠盜羅賓漢》，並扮演主角羅賓漢。

　　9月，洪深撰稿《青島聞見錄》。

　　「在清華讀書的時候，凡是學校裏演戲，除了是特別團體如某年級的級會不容外人參加的以外，差不多每次都有我的份；我又很高興編劇，在清華四年，校中所演的戲，十有八九，出於我手，雖然所編只是一張沒有對話的幕表。」（五奎橋・戲劇的人生：洪深，現代書局，1933年。）

時代

　　7月，奧國進攻塞爾維亞。

8月，德、俄、法、英參戰，第一次世界大戰爆發。

8月23日，日本政府正式向德國宣戰。

9月，日本出兵侵佔中國山東。

事件

本年，幻仙影片公司在上海創辦；該公司根據文明戲改編攝製了第一部影片《黑籍冤魂》，主要演員由文明戲演員擔任。

評述

「聞該劇（俠盜羅賓漢）是本英國古代遊俠扶弱救貧之事蹟而作，演唱時宜藉山林溪澤之景以生情，景逼真之妙，故該劇已定本校大鐘西南之隙地為劇場，戶外演劇本校破題第一次也。」（清華週刊，1914年6月2日，第11期。）

「洪深先生在清華當學生，開始（是）用英語演戲。當時我大哥和他的同學是演女角的。我小時候還見過他們的劇照。」（中國話劇的奠基人：舒湮，回憶洪深專輯，中國文史出版社，1991年7月。）

「中國攝製影片的嘗試，從1905年到1914年，整整經歷了十年。說明了帝國主義對中國的電影文化侵略，和我國早期電影業的半殖民地性質。」（中國電影發展史・1：程季華主編，中國電影出版社，1980年8月。）

「國學研究會」合影，第三排左六洪深

《俠盜羅賓漢》演出劇照

清華學校國學研究會俱樂部演出《沒字碑》演出合影，前排左一為飾演府乙的洪深

1915年 　　　　　　　　　　　　22歲

民國四年乙卯

事記

　　洪深清華學校讀書。

　　洪深不僅在校內寫文章，他也向社會投稿。《小說月報》、《小說海》等刊物登載他的文章。

　　洪深介紹四部歐美戲劇文學的〈歐美名劇〉一文在《小說月報》刊出，文章介紹了挪威Henrik Johan Ibsen著《嬌妻（*A Doll's*）》／《娜拉》，文中說：「婦人識見短淺，一經決裂，每有血冷心灰，生趣消滅，而出至愚之途也，是不可不慎也。」文章還介紹了英國Thmas Heywood所著《感恩而死（*A Woman Killed Kindness*）》」和《西方美人（*The Fair Maid of the West*）》兩部作品；以及法國Moliere的《守財奴（*L'avare*）》。

　　6月，洪深任《清華週刊》編輯。

　　洪深本年在《清華週刊》發表文章十篇。這些文章涉及內容廣泛，反映出洪深的思想活耀和興趣多樣。例如：洪深在《清華週刊》第48期的〈課餘漫筆〉一文，感歎入清後，因哭廟案被殺的文學評論家金聖歎之遇難。

　　在《清華週刊》第51期的〈勉少年〉一文，有悟「少壯不努力老大徒悲傷」，因而勉「讀書少年誠能鑒於農父之勤寒士之苦師法古人毋敢放肆庶幾日進於德乎」。

　　在《清華週刊》第53期的〈課餘漫筆〉一文，以為「保初節易保晚節難。古今人出處始終如一者能有幾人。」

　　在《清華週刊》第58期的〈課餘漫筆〉一文，深感「目前之事尚不能

了何暇計及萬千百年之後自己之事尚不能了何暇計及將來。」

　　7月，洪深青島休暑假。

　　下半學年，洪深為班級參加學校戲劇比賽，寫了一個有對話的劇本《賣梨人》。

　　「我在清華的時候，校中每學期舉行一次戲劇比賽，也和演說競賽一樣，內容與演出是並重的。在那最後的一年，我藉了比賽的機會竟寫了一個有對話的劇本，這是《賣梨人》，是我的第一個劇本，是一個教訓意味極重的趣劇。劇本雖幼稚，那諷刺的力量，倒是有的。」（《五奎橋·戲劇的人生》，洪深，現代書局，1933年。）

時代

　　1月18日，日本政府向袁士凱政府提出旨在獨佔中國的「二十一條」要求。

事件

　　9月，《新青年》月刊（第一卷名《青年雜誌》）在上海創刊，陳獨秀為主編。

　　12月13日，袁世凱稱帝。

　　12月31日，袁世凱宣佈中華民國五年改為洪憲元年。

評述

　　「1915～1923年。我在北京清華讀書，學校有中英文戲劇演出。洪深老學長曾領導話劇演出，印象甚深。」（《戲劇與我》，顧一樵，新文學史料，1988年第3期。）

書目

1. 青島聞見錄：署名樂水，小說月報，第六卷第1／第2期，1915年1月25日／2月25日。
2. 歐美名劇：署名樂水，小說月報，第六卷第6期，1915年6月25日。
3. 賦得空心大老官（舊體詩）：「小說海」第1卷第3號，1915年6月。
4. 「清華週刊」發表文章10篇：署名深
   （1）美國大學畢業儀式述略：臨時增刊，1915年6月26日；
   （2）獸語（短篇小說）：47期，1915年9月22日；
   （3）課餘漫筆：48期，1915年9月29日；
   （4）課餘漫筆：49期，1915年10月5日；
   （5）林業要義（三）——森林之受害（譯稿）：50期，1915年10月13日；
   （6）勉少年：51期，1915年10月20日；
   （7）課餘漫筆：53期，1915年11月3日；
   （8）課餘漫筆：56期，1915年11月24日；
   （9）課餘漫筆：58期，1915年12月8日；
   （10）課餘漫筆：60期，1915年12月22日。
5. 賣梨人（有對話劇本）：存目。

THE WINNERS OF THE CONTEST.

"THIRD INTER CLASS DRAMATIC CONTEST."

New Year's Eve, 1916.

Winner

清華學校戲劇競賽優勝者合影，後排左二洪深

《清華週刊》編輯合影，後排左一洪深

1916年 23歲

事記

春季學期，洪深清華學校讀書。

1月，洪深在《清華週刊》第63期〈課餘漫筆〉一文中，表示「雖知萬事皆空終不能一塵不染世之有厭世主義何哉世之自謂看破一切者又何取哉」。

1月，洪深為清華學校師生籌建「成府貧民職業小學」，編寫劇本《貧民慘劇》。該劇與洪深所寫《賣梨人》在北京城裏義演，取得成功。

「夫以數千年文明禮教之中國，而平民困苦，至於斯極，可悲者一。無告之民，自知無告，遂抱得過且過之心，絕無向上進取之志，聽其自生，聽其吃苦，聽其流離，聽其消滅，一切盡歸自天命，可悲者二。其智足以致遠，才足以有為者，亦因中國人民過眾，幅員太廣，歎事難為而不易見功，遂亦不為，可悲者三。」

「此劇英文譯名為 Poverty or Ignorance, Which is it? 點明補救之道，不外教育。民國九年」（洪深戲曲集・貧民慘劇之前言：洪深，現代書局，1933年6月1日。）

3月，洪深代表清華學校參加校際中文講演比賽，獲勝。

6月，洪深完成清華學校四年學業畢業。考取官費留學美國，自選學習科目乃化學工程中的燒瓷專業，選定投考學校是渥海渥省立（俄亥俄州立）大學。

「我在清華讀過四年書，正是周寄梅先生做校長。他曾反覆地叮囑我們，在美國學校裏，我們將被視為中國學生中的最優秀者，一舉一動影響中

國人的地位和榮譽。後來我到美國，處處用心，處處檢點，總還不坍台；而學業方面，甚至也獲得師友的尊重和讚揚。」（印象的自傳：洪深，文學月報，1932年第一卷第1期。）

9月末，洪深抵達美國哥倫布市，洪深就讀的俄亥俄州立大學已開課三周，洪深趕補功課。

洪深清華學校尚未畢業時，他與陶氏的婚姻就已結束，二人沒有生育子女。

「我頭一個妻子看不起我，和我離婚。我呢，只是一個青年學生，離開做官太遠了，是免不了使她內心失望和鄙夷。破裂乃是必然的。」（印象的自傳：洪深，文學月報，1932年第一卷第1期。）

洪深在赴美國留學前，再次奉父母命與第二位妻子余永珍結婚。

「洪深妻子常青真讀了《時代的報告》雜誌1983年第5期所載關於洪深的文章，對女兒洪鈐說：『像是寫小說，誇張並且失實。』常青真告訴洪鈐：『你爸爸在赴美國留學前已經和第一個妻子離婚，他們沒有孩子；你爸爸和第二個妻子余氏是在他去美國前結婚的；余氏共生四個孩子——其中一個過繼給你爸爸在蘇州的嫡親妹妹，余氏病故時，這四個孩子均在世。』」（1983年5月11日，洪鈐記。）

時代

3月22日，袁世凱撤銷帝制。
6月6日，袁世凱病死。

評述

「1916年，清華同級同班同學洪深——字伯駿（乳名八斤）。江蘇省陽湖縣人。洪北江（名亮吉）之裔。父洪述祖。君留美，在哈佛專習戲劇，多

創作。」（《吳宓自編年譜・1894～1925》，吳宓，三聯書店，1995年12月。）

　　「《賣梨人》和《貧民慘劇》這兩個劇在北京市內義演時，取得很大成功，當時報刊報導說：『描寫貧民狀況。形容畫致，又及家亡人散之慘，觀者甚眾，感為動容，若親歷其境然，拍掌讚賞不已。』很多當時的要人也出席觀看演出，有的『當場慨捐經費100元』。洪深身兼幹事部、編劇部、演劇部（即演員，洪深在這兩個劇中都擔任主要演員）等多重任務。聞一多、陳達、劉崇鈜、陳長桐、湯用彤、朱彬、程樹仁、李濟等後來的名人都參加了這次義演活動。」（洪深學生時代的戲劇活動：黃延複，人民戲劇，1981年第八期，1981年8月18日。）

書目

1. 《清華週刊》發表文章2篇
　　（1）猩紅熱之發現與治法：第62期，1916年1月5日；
　　（2）課餘漫筆：第63期，1916年1月16日。
2. 貧民慘劇（六幕劇）
　　（1）清華週刊：第65期，1916年2月22日；
　　（2）留美學生季報，第7卷第2期～第4期，1920年6月／9月／12月；
　　（3）洪深劇本創作集：上海東南書店，1928年9月；
　　（4）洪深戲曲集：現代書局，1933年6月／1934／1937年；
　　（5）洪深文集・1：中國戲劇出版社，1957年11月／1988年3月。

導演

1. 賣梨人／洪深編：清華學校學生，北京義演，1916年。
2. 貧民慘劇／洪深編：清華學校學生，北京義演，1916年。

清華學校丙辰（1916）級學生合影，前排左五洪深

洪深代表清華學校參加中文講演獲獎照片，下者洪深

1917年 24歲

民國六年丁巳

事記

洪深在美國俄亥俄州立大學學習陶瓷製造。

洪深課餘時間，選讀許多文科功課。

「所幸一部分功課，如第二外國語及高級化學等，在清華時已經習過，無須再複；我便將這空出的鐘點，選讀許多文科的功課，如文字學、經濟學、戲劇、小說之類。」

洪深苦讀大量戲劇書籍。

「那哥倫布市是渥海渥的省城，共有三個圖書館，學校裏一個，市立一個，省議會裏一個，我都獲到借書的權利。把裏面所有關於戲劇的書籍，便都借來讀了。我那時真是苦讀，到東到西，懷裏總是夾著書本；甚至坐電車、看電影，有機會便是將書本打開翻閱一下；是一個有名的『書蟲』。所以我的戲劇知識，是和我的燒瓷知識，相並地增長著。」

第一次世界大戰美國、中國參戰後，洪深在美國接受軍事訓練，當過工程隊員。

「什麼『民族自覺』，什麼『廢除秘密外交』，什麼『為了永久消滅戰爭而戰爭』，什麼『必使民主主義在世界上安全』！我輩青年人，熱懷著多少希望，發生過多少幻想！我雖不曾正式的充當兵役，但很起勁地受了軍事訓練；也穿過士兵的衣服，當過工程隊員，在戴登地方，幫著測量過軍用飛機場。」（五奎橋‧戲劇的人生：洪深，現代書局，1933年上海。）

本年，洪述祖在上海被捕。

「我父親不幸的政治生命，使得我陡然感受人情的慘酷。我父親下獄之後，許多親戚朋友，尤其是我父親得法時前來親近的，立刻都拿出了猙獰的面目。一個不負責任無能為力的我，時時要被他們用作譏諷詬罵的對象。而普通的人士呢，更是懷疑你、鄙視你，隱隱地要把你不齒人類；彷彿你做了人，吸一口天地間的空氣，也是你應當抱歉的事情。這也許是人類底一種自保方法；『唾罵惡人』，當然足以證明罵人者的無可唾罵。但身受的我，卻如此深切地認識了一個人處在不幸環境中的痛苦；自己做過在底下的狗——Under dog——總能普遍地同情於一切在底下的狗的。」（印象的自傳：洪深，文學月報第一卷第1期，1932年。）

本年，洪余氏在江蘇武進產下一子，名鎮。

時代

第一次世界大戰，美國、中國參加協約國，正式參戰。

11月7日（俄曆10月25日），俄國十月革命成功。

事件

5月，洪述祖作為宋教仁被刺案重要疑犯在上海被抓捕。

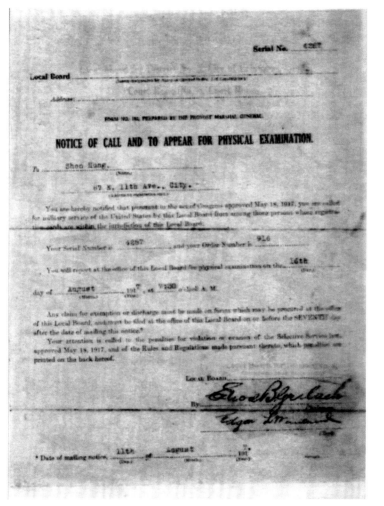

第一次世界大戰洪深美國留學時收到的美國地方政府1917年8月11日簽署的
兵役體檢通知書。

1918年 25歲

事記

俄亥俄州立大學校內學生團體「世界學生會」舉辦「中華夜」，洪深編寫了中國題材的英文劇 The Wedded Husbandl（中文名《為之有室》），並親自參加演出。

「藉了舉行『中華夜』的機會，排演了我根據中國小說《一縷麻》故事編的的三幕英文劇，The Wedded Husbandl中文名《為之有室》；其中的男角色統由中國學生扮演；兩個女角色，卻是懇請兩位美國女同學擔任的。」

「當初為什麼要選取這樣一個故事呢？我取它的是，東方色彩很濃厚：『夫子之道，忠恕而已矣』。我在戲單上特別寫出，出演前更再三聲明，這是過去的中國，不足以代表現代中國的人生。」（五奎橋‧戲劇的人生：洪深，現代書局，1933年。）

時代

11月11日，第一次世界大戰以同盟國的失敗而結束。

事件

4月，胡適發表〈建設的文學革命論〉一文。
10月，胡適發表〈文學進化觀念與戲劇改良〉一文。

「春柳社」創建人之一李叔同，在杭州皈依佛門，剃度為僧。

洪述祖作為宋教仁被刺案重要疑犯被解至北京。

書目

1. The Wedded Husbandl（三幕英文劇《為之有室》）：存目。

導演

1. The Wedded Husbandl（三幕英文劇《為之有室》）／洪深著：俄亥俄州立大學學生，俄亥俄州立大學「中華夜」演出，1918年。

英文劇《為之有室》演員合影，前左一坐者洪深。

俄亥俄州立大學的地方報紙對《為之有室》演出的評論，報刊照片為洪深。

1919年 26歲

民國八年己未

事記

洪深美國留學。

洪深出於對「巴黎和會」議將青島及膠濟鐵路等劃給日本的憤慨，寫了一部三幕英文劇Rainbow（中文名《虹》）。美國各地中國學生會採用這個劇本上演的很多。

「我寫了一部英文三幕劇Rainbow（中文名《虹》）；這是我的抗議。這齣戲裏所述的事實，沒有一件無根據，沒有一件無來歷；明顯地是對美國人的一種宣傳，一種抨擊。」（《五奎橋‧戲劇的人生》，洪深，現代書局，1933年。）

4月2日上午，因宋教仁案關押在獄的洪深父親洪述祖，接到大理院死刑判決書後，洪述祖自書一聯：「服官政禍及於身，自覺問心無愧怍，當亂世生不如死，本來何處著塵埃。」

4月2日下午，洪述祖給妻子張玉英（洪深生母）寫了遺囑：「我死之後，汝且勿過於哀痛成病。要知人誰不死，況我已年逾六十，又為國家而死，於心毫無愧怍，比之尋常病死，已是不同。」並囑咐家人：「凡人家只要守定勤儉二字，無有不興的。做人只要豎起脊樑，打起精神，雖要成佛成聖，亦不難也。」（民國掌故‧洪述祖臨終遺言：朱宗震，中國青年出版社，1993年5月。）

洪述祖又囑：「死後棺木不得逾百元，並須以南帶來之僧衣為殮。」並留函洪深，囑其不必因此廢學，須學到畢業才回國。

「洪述祖刑前遺書正妻張玉英，囑將其葬於原籍五奎橋塋地，並轉告洪深不必因此廢學『仍到畢業方回』。」（洪述祖臨刑前之秘笈：邵飄萍）

4月5日，洪深父親洪述祖被絞刑處死。

「我的那次家庭變故，給我的打擊實在太大了，從那個時候起，我就決定，第一，這輩子決不做官；第二，我決不跟那些上層社會的人去打交道。我要暴露他們，鞭撻他們，這樣我就只有學戲劇這一條路，這條路我在國內學校讀書時候就有了基礎的。」（1981年馬彥祥談話錄音：陳美英，洪深年譜，文化藝術出版社，1993年12月。）

春季學期結束後，洪深決定中止自己在俄亥俄州立大學學習了三年的化工陶瓷專業，轉學報考哈佛大學「英文47」（戲劇編撰）科目。他寫信到華盛頓清華學生監督處，請求改科轉校，獲批准。

「我便毅然決然寫信到華盛頓清華學生監督處，說明理由請求改科轉校。起先還不蒙允許，後來由渥海渥省立大學註冊處寄了成績單去，證明我並不是因為成績不好而想改科取巧，才准許我轉入哈佛大學的。」（五奎橋·戲劇的人生：洪深，現代書局，1933年。）

洪深轉學學習戲劇，家人和社會均持反對和懷疑態度。

「不知有多少親友，勸我不要幹戲劇；至少是不要把它們當做事業職業去幹；他們說，把它當做職業，你就成了『優伶』。優伶在中國是和『娼妓』一樣，『不齒人類』的。」（我的打鼓期已經過了嗎？：良友，第108期，1935年。）

「有的人以為我的轉業是由於看破紅塵，受了『人生一場戲耳』這句話的影響，是一種消極的表現，這是他們對我的不理解。」（1981年馬彥祥談話錄音：陳美英，洪深年譜，文化藝術出版社，1993年12月。）

夏，洪深報考哈佛大學學程號「英文47」科目，他按照學生報考要求，投寄去自己創作的三幕英文劇「The Wedded Husbandl」（《為之有室》）和表現歐戰火線後情形的英文獨幕劇「The Return」（《回去》）。

秋，美國哈佛大學300多考生報考「英文47科目」錄取的11人中包括洪

深；洪深順利考入哈佛大學師從 G. P. Baker（貝克）教授專修戲劇編撰，並學習排戲和管理後台的技術。

「哈佛大學教授戲劇的是貝克教授。他的學生在戲劇界裏有成就的不知有多少，歐尼爾（Eugene O'Neill）就是其中之一。他的考錄學生的方法，便是叫他們每人投寄一部創作多幕劇，一部創作獨幕劇；由他親自閱讀。在 300 人當中只取 11 人；所以在哈佛，能夠有資格讀『英文 47』，即算是一種榮譽。總算被錄取了，我真是喜歡得了不得。」

「『英文 47』又附設一個實驗劇場，簡稱『47 工廠』。在這裏，劇作者不但看見他的劇本上演的經過，並且也明白了舞台的物質設備是怎樣地限制了劇本。」

「幾年前，忽然聽得貝克教授離開了哈佛；那哈佛的『英文 47』及『47 工廠』亦不得不取消，而我竟成了哈佛『英文 47』的惟一中國學生了。」（五奎橋・戲劇的人生：洪深，現代書局，1933 年。）

12 月 25 日，洪深在哈佛大學青年會慶祝年節會上，清唱京劇《打棍出箱》和《李陵碑》選段。

12 月 28 日，洪深和清華同學李濟到清華同學吳宓住處，洪深朗讀其所編的《為之有室》一劇。

12 月 31 日，晚，洪深與哈佛同學多人到吳宓住處，和耶魯大學來的沈卓，一起在吳宓住處迎接新年。

洪深在哈佛讀書同時，還到 S. S. Curru（坎雷）博士主辦的波士頓表演學校進修，專習訓練發音的三門必要功課：發音聯繫、表演練習與跳舞（根本的步法，而非交際舞）。並到波士頓由英國藝人辦的職業小劇場「Copley Square Theater」附設的「戲劇學校」（School of Theater），全面學習戲劇的從表演到管理到營業的一切。

1月18日，第一次世界大戰結束後在巴黎舉行英、法、美等27國參加的和會，和會漠視中國主權和戰勝國地位，非法決定讓日本繼承戰前德國在山東的特權。

5月4日，爆發了中國人民反對帝國主義和封建主義的革命運動。

事件

7月20日，胡適在《每週評論》第31號發表題為〈多研究些問題，少談些主義〉的文章。

評述

「洪述祖，字蔭之，生於1855年，幼年失怙，洪亮吉之元孫。洪述祖乃名門之後，頗有才氣，詩書畫俱佳，好黃老之學，善星命。但察其一生，卻與其祖洪亮吉、洪彥先大相逕庭，是個奸媚之人。

洪述祖係幕賓出身，先後做過左宗棠及浙江巡撫于連元、兩江總督劉坤一的幕賓。因常州洪趙兩家世代聯姻，洪述祖是趙鳳昌的妻弟，故結識唐紹儀而又攀附了袁世凱。

民國二年（1913）3月20日，洪述祖糾集上海幫會頭目應桂馨、武士英在上海火車站用勃朗甯手槍刺殺宋教仁。1917年春，洪述祖到上海被宋教仁的長子宋振呂認出扭送到上海地方法院。

據朱德裳《三十年聞見錄》述，時高等檢察廳獄官某與述祖善，聞判絞決，泣告述祖。述祖曰：『行刑何日乎？』獄官曰：『明晨。』述祖曰：『死生，命也。』援筆書一聯云：『服官政禍及其身，自覺此心無愧怍；逢亂世生不如死，本來何處著塵埃。』獄官欷歔流涕，而述祖自若也。

洪述祖在獄中時曾有遺命，囑死後棺木不得逾百元，著僧服為殮，歸葬於常州五奎橋祖墳，並囑長子洪深不必棄學回國奔喪。」（感悟洪氏家族：談雄，常州日報，2007年10月10日。）

　　「洪深誦讀其所編《為之有室》，是春間編而在 Columbus Ohio 排演者，當時甚受歡迎。洪君專研戲劇文學，確有深造，此劇尤屬完善，竊觀此間同人所學，多不免浮泛敷衍之病，求其能洪君學戲之殫心竭力、聚精會神者，不可多得也。」

　　「洪君唱京戲，眾皆仿之。洪君又述所作偕談，婉而多諷。又雜談小說。送除夕，至12時半始散。」（吳宓日記・第二冊：吳宓，三聯書店，1998年。）

書目

1. 三幕英文劇 Rainbow（《虹》）：存目。
2. 獨幕英文劇 The Return（《回去》）：存目。
3. 獨幕英文劇《牛郎織女》：刊美國本年戲劇月刊。

英文劇《虹》演員合影，前排中穿中裝為洪深。

1919年10月英文劇Rainbow（《虹》）演出戲單。

1920年 　　　　　　　27歲

民國九年庚申

事記

夏，洪深在美國結束學校學習生活。

夏，洪深獨自往紐約；在紐約加入美國職業劇團。

洪深在美國向各地文藝團體演講中國舊戲。並撰寫了一篇介紹中國舊戲的英文論文，在《Theater Arts Magazine》雜誌刊出。

「我和張彭春兩個人，對於中國的舊戲，分別地做過不少說明和介紹的工作。他演講戲劇，比我也詳盡；我祇談皮黃，他是從元曲說起的。」（匆匆十年①・木蘭從軍在美國：洪深，民報・影壇，1935年6月1日。）

洪深在中國南洋兄弟煙草公司駐紐約分公司任職員。同年，該公司在紐約註冊，改名為南洋兄弟貿易公司，洪深升任總書記兼總會計。

「我本來是寫戲劇的，現在卻忙於寫商業文件和簽發每個月數十萬元的支票了。」（匆匆十年④・美國戲劇界的新人：洪深，民報・影壇，1935年6月4日。）

年底，在中國留美學生會第十六季年會晚會上，演出了洪深編劇並導演的英文獨幕劇《牛郎織女》。

時代

3月，列寧領導的共產國際來華，幫助建立中國共產黨。

商務印書館活動影戲部拍攝了梅蘭芳表演的《天女散花》。

書目

1.英文戲劇論文《What is the Chinese Drama》：美國《Theater Arts Magazine》雜誌，1920年7月。

導演

1.牛郎織女（獨幕英文劇）／作者洪深：中國留美學生會第十六季年會晚會演出。

貝克教授1920年2月9日致洪深的信函

1921年 28歲

民國十年辛酉

事記

洪深在美國紐約。

2月，為救濟國內華北水災，中國留美學生會在美國華盛頓和紐約演出英文劇《木蘭從軍》八次，募款淨收入一萬餘元美金，直接彙交中國救濟華北水災的機關。

《木蘭從軍》以中國劇本其意，用英文話語演出，演出仍遵守著中國舊戲的規律——開著花臉，穿著行頭，敲著鑼鼓，走著台步；中國舊戲的呈式如揮袖，捽須，搖鞭等，都依照它們的正當的、應當使用的方法去使用。該劇共十一場，洪深和張彭春合作編寫（洪深撰寫劇本大綱和前五場；後六場，張彭春初寫並與洪深共同修改刪定。）導演洪深，女主角哥倫比亞留學生李以華女士扮演。

「英文《木蘭從軍》在美國的成功，是使得後來梅蘭芳君底不用英文的中國舊戲的表演，在美國有被人歡迎的可能的。」（匆匆十年①・木蘭從軍在美國：洪深，民報・影壇，1933年6月1日）

3月6日，上海申報增刊第76期，刊發大標題為〈紐約華人演劇助賑〉文章，報導了《木蘭從軍》募捐演出。

洪深在美國戲劇界又增添了許多的友人，其中的Earl Carroll會編劇排演，作歌制譜，對劇院營業也有特殊的聰明，到過中國。洪深在他家裏，遇到美國歌舞界一位歌者名人——美國波士頓女子Ada C；Ada C對洪深沒有種族歧視的純正的愛，使兩人戀愛並同居近一年。

「然而，我卻有許多顧慮；最重大的，就是我和她皮膚顏色的不同！」

「而我對於Ada呢，曉得她不但能夠『愛』，而且能夠『敬』一個黃面的中國人的。開始了我和Ada兩個人近一年的快樂的幸福的同居。」（匆匆十年⑤・黃面鬼⑥・Ada（一）⑦・Ada（二）：洪深，民報・影壇，1935年6月5日／6日／7日。）

9月，洪深收到汪仲賢對自己從美國給上海《戲劇》雜誌去信的回覆，他們兩個人因此結識，還成了朋友。

冬，洪深接到上海友人電報，約他回去辦電影公司。

「我想美國的生活雖快樂，事業總還是要在中國做的，我便定在次年的正二月裏回國。」（匆匆十年⑧・Ada（三）：洪深，民報・影壇，1935年6月16日。）

時代

7月1日，中國共產黨成立。

事件

5月，華僑青年在紐約成立「長城畫片公司」；回國後該公司於1924年拍攝了故事片《棄婦》。

5月，沈雁冰、鄭振鐸、陳大悲、歐陽予倩、汪仲賢、徐半梅、張聿光、陸冰心、沈冰血、滕若渠、熊佛西、張靜廬等十三人，在上海組織民眾戲劇社。該會以非營業的性質，提倡藝術的新劇為宗旨；並出版名為《戲劇》的月刊，上海中華書局印行，共出了六期。

冬，「戲劇協社」在上海成立。

書目

1. 木蘭從軍（十一場英文劇）：洪深／張彭春，存目。

導演

1. 木蘭從軍（英文劇）：在美國的中國留學生，紐約／華盛頓，1921年。

洪深在美國。

1922年　29歲

民國十一年壬戌

事記

　　春，洪深和同居近一年的美國女歌者Ada友好告別，按照約定，他們此後再沒有聯繫。

　　「到了離開紐約的隔晚，我很覺得難受，因為和這樣一個相愛的人，永久的分離。我們兩人能有這樣的深刻的諒解；她不但能戀愛，而且還能恭敬一個黃面鬼。」（匆匆十年⑧・Ada（三）：洪深，民報・影壇，1935年6月16日。）

　　春，洪深乘船離開美國紐約回國。

　　「我在1922年春間回國，同船有一位蔡老先生。他待人的態度，是很懇切的。他問我：『你從事戲劇的目是什麼？還是想做一個紅戲子，還是想做一個中國的莎士比亞？』我說：『我都不想做，如果可能的話，我願做一個易卜生。』他說：『是的，但這不是一件容易的事──一向中國的優伶都是用『妾婦之道』，取悅於人的。』」（我的打鼓期已經過了麼？：良友，1935年第108期。）

　　洪深回國到上海，繼續在南洋兄弟煙草公司部門任職。

　　洪深兼職受聘於「中國影片製造股份有限公司」。

　　7月9日，洪深為「中國影片製造股份有限公司」擬寫的徵求影戲劇本的廣告，在上海申報刊出。該廣告宣稱：「本公司以普及教育表示國風為宗旨」，並提出「劇本取捨標準：誨淫的不錄；誨盜的不錄；專演人類劣性的不錄；曝國風之短的不錄；演外國故事的不錄；表情迂腐的不錄；不近人情的不錄；專演神怪的不錄；……。」

「這些條件，在當時很有人覺得是奇怪的；竟有人寫信給我，罵我又發神經病。」（我的打鼓期已經過了麼？：洪深，良友，1935年第108期。）

冬，洪深創作了三節九幕話劇《趙閻王》。

「第一次奉直戰爭後，我特為上北方去，想收拾一點戲劇的材料。在火車裏聽得兵士們談說，情感上起了極大的衝動，好幾天不能自然。慢慢地對於受虐害的民眾發生無量的同情。慢慢地對那作惡的兵士也會發生同情了。但我只是一個從事戲劇的人，別無能力。所以只得費了幾個月的工夫，在那年冬間，完成了《趙閻王》這部劇本。」（屬於一個時代的戲劇：洪深，寫於1928年6月17日／載於《洪深戲曲集》，現代書局，1933年6月。）

「《趙閻王》的企圖是想說明『社會對於個人的罪惡應負責任』：世上沒有所謂天生好人或天生惡人，好人惡人都是環境造成的；也沒有所謂完全好人或完全惡人，人的行為是相當複雜的；他可能在某些事情上表現得很好而在某些事情上表現得很惡，甚至在同樣事情上某些時候表現得很好而某些時候表現得很惡。」

「但是這個劇本有兩點重大的欠缺：一，我祇想說這樣的罪惡者是這樣的社會造成的，而我沒有能夠接著說出應有的結論，即是，倘不改變這樣的社會，將無法消除像趙閻王所作的那些罪惡；二，由於我在那時毫不懂得先進的社會科學，我其實未能寫出社會怎樣逼人為惡；……觀眾所能把握的仍祇是趙閻王個人的禍福，而不是四十年黑暗社會對於他的決定作用。」（洪深選集・自序：洪深，開明書店，1951年7月。）

「我對於男子扮演女子，是感到十二分的厭惡的。但是，我又想演戲，結果只好是自己去寫一出那完全不需要女角的戲了。《趙閻王》題材決定之後，我決意借用奧尼爾寫《瓊斯王》的方式，這也是主要原因之一。」（我的打鼓期已經過了嗎？：洪深，良友，1935年第108期。）

「《貧民慘劇》與《趙閻王》，都是我閱歷人生，觀察人生，受了人生的刺激，直接從人生裏滾出來的。不是趨時的作品。」（屬於一個時代的戲劇：洪深，寫於1928年6月17日／載於《洪深戲曲集》，現代書局，1933年6月。）

時代

4月，第一次直奉戰爭爆發。

5月4日，孫中山下令北伐。

8月9日，孫中山因領導北伐失敗離粵赴滬。

8月，中共中央特別會議討論並同意共產國際代表關於共產黨員以個人身份加入國民黨的提議。

8月，孫中山介紹中國共產黨黨員李大釗入國民黨。

事件

3月，明星影片公司在上海成立，同時設立明星影戲學校；年底，該公司拍攝《孤兒救祖記》。

冬，蒲伯英在北平創辦「人藝戲劇專門學校」。

評述

「洪深由美國回來，後受聘於中國影片製造公司，並為該公司代擬了一個較有意義的『徵求影戲劇本』的啟事。這個啟事表現了洪深早期對電影的看法。洪深認為：『影戲為傳播文明之利器』，『能使教育普及，提高國民程度』，『能表示國風，溝通國際感情』。」（中國電影發展史・上冊：程季華主編，中國電影出版社，1980年8月。）

「《趙閻王》是作者初期名作。作者通過劇中人對趙閻王的評語：『你做好人心太壞，做壞人心太好』，流露出當時當兵的人的看法。作者從發展角度來理解人物的思想和性格是對的，他的見解也有缺點，雖有辯證的因素，卻缺乏明確的階級觀點。在階級社會裏，人總是樂意分為好人和壞人的，評價人的根本出發點應該是他的階級立場、觀點。」（洪深的劇作──讀

「洪深劇作選」看「洪深文集」箚記：曲六乙，文學書籍評論叢刊，1959年第5期。）

「我讀過劇本《趙閻王》，可惜沒有看過《趙閻王》的演出。但是《趙閻王》給我的印象到今天還是新而且深。我從《趙閻王》第一次認識了洪深先生是個熱情人，第一次感受了善善惡惡的藝術家的良心。而從《趙閻王》中所顯示的作者的藝術家的風度，後來當洪深先生和我相識以後，便一天一天感覺得更真切，更具內容。」（祝洪深先生：茅盾，新華日報，1942年12月31日。）

「洪深的話劇《趙閻王》也是他在火車上了解到軍閥混戰，把俘虜的傷兵大批活埋，是為了徹底去搜刮他們身上的腰包，因而聯繫到自己過去接觸到的一些士兵的遭遇，心潮澎湃，『要對社會說句話』，才拿起筆來的。吸收了西洋的表現方法，如《趙閻王》中大森林裏出現的幻影。」（淺談五四時期的戲劇：翁永康，文匯報，1979年5月4日。）

「1931年秋，袁昌英在胡適主編的《獨立評論》上發表〈莊士皇帝和趙閻王〉一文，指出洪深的《趙閻王》是抄美國戲劇家阿泥（也做阿泥兒、歐尼爾今通譯奧尼爾）的《莊士皇帝》而成的。馬彥祥即在天津《益世報副刊》上發表〈趙閻王與莊士皇帝〉一文，為洪深辯護。袁昌英又寫了『為莊士皇帝與趙閻王答馬彥祥先生』。不久，洪深發表〈歐尼爾與洪深──一度想像的對話〉，算是對袁昌英的不指名的答覆。」（現代文壇短箋・袁昌英和她的散文創作：倪墨炎，學林出版社，1994年3月。）

「〈抗戰前劇壇一件大剽竊案──洪深《趙閻王》抄襲奧尼爾《瓊斯皇帝》詳情〉，蘇雪林，台灣聯合報，1979年5月20日。」

「這個劇本（指《趙閻王》）雖然未能寫出戰爭的本質，但手法很新鮮，而且新鮮到當時的觀眾很難接受。這便是陽春白雪，曲高和寡的緣故。不過，也有人讚揚，認為『兵士於戰爭時姦淫殺掠的情形，人民遭劫的苦況，洪深先生都能曲曲折折地，細膩地體貼出來，要兼著那血淚化的對話、哀訴，一字一語，都直打入人家心坎。』」（畢生獻身影劇的洪深：余惠，香港海洋文藝，第六卷第四期，1979年4月10日。）

「《瓊斯皇帝》對於奧尼爾來說是個轉捩點。這部作品的中文腳本是由洪深、顧仲彝合譯的，發表在《文學》二卷三期／1934年3月1日。但在《瓊斯皇帝》尚未被介紹到中國之前，中國式的《瓊斯皇帝》就已問世了。其作者就是洪深。他對同班同學奧尼爾（同是貝克教授學生的奧尼爾要較洪深高兩級）的劇作很關心。1922年春洪深回國後，立即於同年冬天將《瓊斯皇帝》脫胎換骨，寫出了《趙閻王》。」

「洪深顯然是借用了《瓊斯皇帝》的結構，並且轉換場面等藝術技巧的雷同也非常明顯，甚至連台詞也有酷似之處。如此看來，《趙閻王》中似毫無獨創性可言，但考慮其內容和主題，又會得出不同的評價。洪深認為『戲曲中最重要的是它的中心思想，使用既成的情節和結構亦無妨。』這表現出他對自己賦予《趙閻王》的『中心思想』的堅定的自信。」

「與之相比較，《瓊斯皇帝》就顯得過於依賴寫作技巧，而內容卻給人以空疏之感。對比閱讀這兩部作品，就會感到仍然是《趙閻王》更能引起我們的共鳴。」

「總之，洪深出色地把《瓊斯皇帝》搬到了中國的社會。在技巧上吸取了奧尼爾的新手法，並且獲得了較之《瓊斯皇帝》更為緊湊嚴肅的主題。」

（奧尼爾・洪深・曹禺：日本・飯塚容，國外中國文學研究論叢，中國社會科學院文學研究所編，中國文聯出版公司，1985年7月。）

「洪老為自己的《洪深戲曲集》，以柏拉圖式的對話所寫的〈奧尼爾與洪深〉，論述了他自己的戲劇觀。去夏，奧尼爾戲劇中心舉行了國際戲劇節。由美國百老匯著名演員布林・克拉克（Bryan Clark）演奧尼爾，由我演洪深。這是此一戲劇形式的關於戲劇觀的『對話』第一次登上了舞台。對我個人來說，扮演的是我的啟蒙恩師洪深。」（回憶洪深專輯・我的開蒙師傅是洪深：黃宗江，中國文史出版社，1991年7月。）

書目

趙閻王（三節九幕話劇）

（1）東方雜誌，第20卷第1／2號，1923年1月10日／25日；

（2）洪深劇本創作集，東南書局，1928年9月；

（3）洪深戲曲集，現代書局，1933年6月／1934年；

（4）戲曲甲選，群眾書店，1935年；

（5）中國新文學大系・第九集（戲劇集），上海良友圖書印刷公司；

（6）戲劇，上海啟民書局，1936年4月；

（7）現代戲劇文選，仿古書店，1936年；

（8）一片愛國心（話劇集），武林書店，1937年4月；

（9）洪深選集，開明書店，1951年7月／1952年9月；

（10）洪深劇作選，人民文學出版社，1954年11月；

（11）洪深文集，中國戲劇出版社，1957年11月／1988年3月；

（12）洪深選集，香港新藝出版社，1958年；

（13）洪深代表作，河南人民出版社，1986年10月；

（14）中華戲劇百年精華・上，人民文學出版社，2005年6月；

（15）海上文學百家文庫・洪深卷，上海文藝出版社，2010年5月。

洪深美國留學回國後。

1923年 　　　　　　　　　　30歲

民國十二年癸亥

事記

洪深在南洋兄弟煙草公司任職，但於年內辭去了此職。

洪深受聘上海復旦大學文科，在普通文學系講授外國文學研究課程。

洪深受聘上海龍門師範學院兼課。

2月6日，洪深創作的話劇《趙閻王》在上海笑舞台公演，洪深出演主角；演出失敗。

「在《趙閻王》一劇裏，我確是要對社會說一句話。不料那時的觀眾，看慣了《妻婦之道》的優伶，所以一致地說我是有神經病。晶報1923年2月8日也是這樣記載的。這出戲到1929年冬間重演，才獲到了觀眾的同情。」（我的打鼓期已經過了嗎？：洪深，良友，1935年第108期。）

歐陽予倩因觀看話劇《趙閻王》，而與洪深結識。

夏，汪仲賢和歐陽予倩介紹洪深參加戲劇協社，洪深應邀擔任該協社排演主任。

9月，洪深為戲劇協社排演兩齣戲：胡適編寫的《終身大事》和歐陽予倩編寫的《潑婦》，他有意把這兩出戲安排在同一天一起上演。

「我對於男子扮演女子，是感到十二分的厭惡的。初進的我，又不便多所主張，我於是想了一個聰明的法子──把《潑婦》和《終身大事》排在一天演出。一出完全由男女合演，排在前頭演；另一出完全用男人扮女角，排在後頭演。觀眾們先看了男女合演，覺得很自然，再去看男人扮女人，沒有一個舉動不覺得可笑；於是哄堂不絕。這個笑，是比較叫演員難堪的。而戲

劇協社的男扮女裝，就被這一笑笑得『壽終正寢』了」（我的打鼓期已經過了嗎？：洪深，良友，1935年第108期。）

9月，洪深邀清華學校留美同學吳宓到上海，商議電影事。

冬，洪深經時在南京東南大學任教的吳宓介紹，到南京為東南大學西洋文學系系會講學三天。當時尚在該系讀書的顧仲彝作為系會主席到南京車站迎接洪深。

本年，洪深把英國作家王爾德（Oscar Wilde）1891年創作的劇本《Windermere's Fan》，翻譯改編成一個發生在中國上海都市故事的四幕話劇《少奶奶的扇子》。

本年，洪余氏在江蘇武進產下一女，名鈴。

時代

2月4日，京漢鐵路總罷工。

2月7日，吳佩孚鎮壓京漢鐵路罷工工人，致死幾十人、傷幾百人，是為「二七慘案」。

事件

5月19日，「人藝戲劇專門學校」在北平公演陳大悲編劇的《英雄與美人》，該劇帶有明顯文明戲遺風。

年底，明星影片公司在上海拍攝完成電影《孤兒救祖記》。

評述

「從『龍門書院』到『龍門師範』，上海中學見證了一所學校一個多世紀的發展。」

「五四運動後，學校的教育思想發生了很大轉變。課程增設了國語課，部分師生更是開始嘗試白話文寫作，教育科目也逐漸延請一些新派老師擔任。留美回國不久的洪深先生也在文科專修科擔任演說學的兼任教師。」（140年──從龍門書院到上海中學，新聞晨報，2005年10月16日。）

「洪深先生連講三個晚上，分『編劇』、『導演』、『演技』三個部分，每講一次，從晚七點到十點，滔滔不絕，娓娓動聽。內容豐富，聽者動容。講完後，我們少數愛好戲劇的同學陪他在房裏閒談到深夜才散。他談到中國的話劇運動，也談到外國的戲劇演出情況，他把《趙閻王》的創作經歷和演出計畫也詳細地告訴了我們。洪深先生熱情和誠摯的態度，豪爽坦率的性格和嚴肅與風趣相交織的健談，給我留下了不可磨滅的印象。」（回憶洪深先生二三事：顧仲彝，上海文匯報‧戲劇第16期，1958年1月19日。）

「作為一個官宦家庭出身而又得到去外國留學的人，居然決心放棄『實科』而去學人所不齒的戲劇，在封建思想極為濃厚的當時是被認為『反常的』、『怪異的』。但是如果沒有洪深那樣勇氣以及不惜為戲劇而獻身的人，中國話劇藝術恐怕還得推遲若干年才能成型吧？如果沒有洪深在戲劇協社的試驗，話劇的男女合演制度，就很難正式建立並得以推廣。這件事情，還得和戲劇界本身的舊習慣與保守觀念決戰。洪深戰勝了他們，他曾穿著西裝親自拉黃包車送戲劇協社的社員錢劍秋去劇場，這可以看出他當時的決心和不可抑制的興奮之情。」

「男女合演一仗勝利了，而到《少奶奶的扇子》公演，進一步取得空前的成功，初步奠定了中國話劇的模式並建立起一整套戲劇工作的制度。洪深的功績是不可埋沒的。」

「洪深十分了解戲劇是綜合藝術，是集團的藝術，必須從整體來看，要共同努力來完成。」（憶洪深與田漢：趙銘彝，文藝研究，1982年第2期。）

「鳴鑼開場以後，先演《終身大事》，男女同台，有聲有色，觀眾頓覺耳目一新。然後是《潑婦》，台上的女角尖著嗓子叫，扭扭擺擺地走，引得觀眾哄笑不絕，兩劇對照，相形見絀。這些實踐，促使了中國話劇舞台上男

扮女裝時代的結束。其中洪深起有重要的作用。」（憶洪深：魯思，大眾電影，1980年第11期。）

　　「『改譯』本為戲劇家洪深所倡，原意是在接近中國讀者。周作人當年提倡『直譯』，實在流毒不淺：中國文學與外國文法完全不同，如果直譯，那便是外國文初學小學生之練習簿！」（瞿秋白對1925年4月「新青年」第一號譯文剪報的跋語：陳樸，新文學史料，1982年第3期。）

　　「1923年：9月初，因洪深君──清華1916年同班同學。在美國哈佛大學研究生院，從G. P. Baker教授專修戲劇科。善編劇。在南洋煙草公司（上海）任職兩年。今辭去。另圖。──匯來路費，約往上海，由其招待，住一品香旅社數日。每晚集議，為籌辦電影事。與洪君及其友應雲衛等，六七人，集議。」（吳宓自編年譜‧1894～1925：吳宓，三聯書店，1995年12月。）

書目

1. 少奶奶的扇子（四幕話劇）
　　（1）東方雜誌，1924年第21卷第2～5號，1924年1月～3月；
　　（2）劇本彙刊‧1，商務印書館，1925年3月；
　　（3）洪深文集‧1，中國戲劇出版社，1957年11月／1988年3月。

導演

1. 趙閻王（三節九幕話劇）／洪深著：洪深自費出資以「戲劇改進社」名義演出並任主演。
2. 終身大事（獨幕劇）／胡適之著：戲劇協社，1923年。
3. 潑婦（獨幕劇）／歐陽予倩著：戲劇協社，1923年。

1924年　　　　　　　　　31歲

民國十三年甲子

事記

　　洪深繼續任上海復旦大學普通文學系教授，講授外國文學研究課程。

　　洪深繼續在上海龍門師範學院兼課。

　　洪深住上海靜安寺路民厚北里。

　　4月，洪深為戲劇協社導演的他本人翻譯改編的《少奶奶的扇子》公演；7月，該劇再次在上海公演。演出取得很大成功。

　　《少奶奶的扇子》公演後，當時同住在民厚北里而極少來往的洪深和田漢開始了維持一生的友誼。

　　「洪深後來常常對人說：『人人都稱讚我的《少奶奶的扇子》，我雖然感激，但並不十分看重他們的意見；獨有田漢在那時寫信罵了我一頓，我倒覺得他真是我的知己。』洪深和田漢的友誼就在那時開始的。」（新文學大系・九・戲劇集導言：洪深，上海良友圖書印刷公司，1935年7月。）

　　8月，洪深受聘為中華電影公司附設電影學校教務主任；電影學校是上海鉅賈黃楚九投資入股由其二女婿曾煥堂創辦。

　　12月，洪深為戲劇協社導演歐陽予倩創作的獨幕劇《回家以後》公演。

時代

　　1月，中國國民黨在廣州舉行有中國共產黨人參加的第一次全國代表大會；國共合作的統一戰線正式形成，是為中國國民黨和共產黨的第一次公開合作。

1月，中國國民黨召開第一次全國代表大會，確定了孫中山提出的「聯俄、聯共、扶助農工」的三大政策。毛澤東、李大釗等以共產黨員身份加入國民黨並被選入中央委員會。國、共兩黨第一次公開合作。

事件

8月14日，《申報》刊登中華電影公司附設電影學校（簡稱「中華電影學校」）啟事。

9月1日，中華電影公司正式開張。

秋，梅蘭芳表演的《黛玉葬花》、《霸王別姬》等拍攝成電影。

評述

「不同於『文明戲』而採用西歐現代戲劇形式進行演出，應該以1924年洪深導演上海戲劇協社演出的《少奶奶的扇子》作為起點。轟動了上海的觀眾，打開了戲劇工作者的眼界。當時著名的共產黨人蕭楚女曾寫過一篇評論，刊在《時事新報》上。」（左翼戲劇家聯盟是怎樣組成的：趙銘彝，新文學史料，1978年第1期。）

「洪深回國後，汪仲賢介紹我認識了他，但也沒有更多的交往。大約在1924年上半年，洪深導演了英國王爾德的話劇《少奶奶的扇子》。這劇原名叫《溫特米夫人的扇子》，洪深為了通俗，改為《少奶奶的扇子》。劇本就是洪深自己翻譯的，譯文很準確、很風趣，又很通俗，是地道的白話。」

「我去一看，大開眼界，啊，話劇原來是這樣的！只有這一次演出《少奶奶的扇子》，才是中國第一次嚴格地按照歐美各國演出話劇的方式來演出的：有立體佈景、有道具、有導演、有舞台監督。我們也是頭一次聽到『導演』這個詞。看了洪深導演的這個戲，很覺得了不起，當時就轟動了上海灘。」（我走過的道路·上：茅盾，人民文學出版社，1981年10月。）

「自從洪深加入後，協社排的戲，一反從前的作風。革新後的第一次公演——協社的第六次公演——是《少奶奶的扇子》，1924年4月演出。這個戲的演出因能適合上海知識份子的口味，加上劇本結構的緊湊，故事情節緊張多變，對白詼諧多趣，給這次的演出提供了成功的條件。用硬片做佈景，真窗真門，台上有屋頂；燈光按時間氣氛而變換，都是創舉。化妝、服裝和表演都達到了當時的最高水準。這次演出在上海頗為轟動，結果很圓滿。」

（回憶上海戲劇協社：應雲衛，中國話劇運動五十運動史料集‧第二輯，中國戲劇出版社，1958年2月。）

「1924年4月洪深編導的《少奶奶的扇子》革新後首次公演。他以硬片佈景代替過去的布條，台上使用真窗真門真屋頂，燈光按時間和氣氛變化調節，演員表演力求擺脫文明戲格式。總之，從舞台設計裝置，演員裝束表演都有不同程度的創新，從而初步奠定了中國話劇表導演藝術在理論和實踐方面的基礎。」

「在中國文壇上，遠涉重洋，到國外專攻編劇和表演導演藝術的，洪深乃破天荒之第一人耳。且以他卓有成效的努力，對我國電影戲劇事業的發展起了推動和促進作用，建立了不朽的功勳。」（憶洪深：魯思，大眾電影，1980年第11期。）

「話劇是傳來的劇種，是舶來品，和我們任何戲曲都不一樣。……以田漢先生為首的南國社，受日本新劇的影響很深。洪深先生之有別於田漢老、歐陽老的是他是留學美國以戲劇為專業的正統科班出身的戲劇家。」（中國話劇的奠基人：舒湮，回憶洪深專輯，中國文史出版社，1991年7月。）

「洪深先生翻譯的《少奶奶的扇子》，翻譯之好，根本不是翻譯，是改編了。我讀了好幾遍，那對話，文字的修辭，實在是好。《少奶奶的扇子》劇本教給我怎樣寫戲。」

「洪老是位知識淵博的人。我有時偶而向他請教，他不僅什麼都教給我，而且一談就將他所知都要告訴我。」（他是一個真正的戲劇家：曹禺，回憶洪深專輯，中國文史出版社，1991年7月。）

「中國當代戲劇的又一個文化特徵是它的文化民族主義傾向。文化民族主義看不到人類文化的共同、相通之處，把民族的特殊性看成是絕對的。」

「西方話劇在20世紀初剛剛傳入中國的時候，當然有一個『民族化』、『本土化』的問題，但這一問題的解決並不像文化民族主義者說的那麼困難和嚴重。1924年洪深為戲劇協社執導《少奶奶的扇子》大獲成功，則說明話劇的演出方式已經成功地移植到中國舞台上了。」

「從話劇文學的創作來說，中國話劇一開始就是走在『民族化』的道路上的。第一代劇作家如田漢、歐陽予倩、洪深等，他們本來就與傳統戲劇有著很深的淵源，其創作即使取得了話劇這種新形式，那語言、風格、藝術韻味，以及作品內涵中的那種『現代中國人』的精神，無不是『中國化』了的。」（關於中國當代戲劇史的幾個問題：董健，中國現代文學論叢，第一卷第1期，2006年6月。）

「自洪深起，中國的話劇才開始有了專業導演的職務，演出的統一性方被特別強調起來。」（半個世紀的戰鬥經歷：張庚，戲劇論叢第三輯，中國戲劇出版社，1957年。）

「我第一次見到的外國劇本演出，而又不知其是外國劇本的，是洪深改編的王爾德的《少奶奶的扇子》。」（我的開蒙師傅是洪深：黃宗江，回憶洪深專輯，中國文史出版社，1991年7月。）

「洪深為了使王爾德的《溫德米爾貴夫人的扇子》適應中國的情況，為中國觀眾所容易接受，他捨翻譯為改譯，把劇中的地名、人名都改成中國的，凡是戲裏反映出來的當年外國的風俗、習慣、行事、心理，都使之合乎當時的中國國情，甚至把劇名也改成了《少奶奶的扇子》，因而使這一世界名著在中國舞台上風靡一時，並曾據此攝成電影，贏得了廣大觀眾的讚賞。」（《少奶奶的扇子》從話劇到滬劇：江敦熙，藝術世界，1980年第二輯。）

「對中國電影貢獻最大的中國現代作家，依我看來，是洪深。當洪深加入明星公司當編導的時候，是電影工作受人鄙視的時候。洪深毅然參加電影工作，在那個時代，是需要一點勇氣的。」

「進入電影圈後，他為中國電影樹立了文學劇本的楷模。從1924年到1948年，他寫了二十五個電影劇本，其中有五個沒有攝製。寫過幾本電影理論書，還寫過不少影評。他是中國電影的開拓者之一，研究中國電影的人，不應忽視他所作的貢獻。」（香港中國電影四十年研討會發言‧中國現代文學與中國電影／1979年5月5日：劉以鬯，短綆集，中國友誼出版公司，1985年2月。）

「中華電影學校由上海大戲院經理曾煥堂投資創建。聘請留洋歸國著名戲劇家洪深先生等主持。洪深先生參加了中華電影學校的創建，並主持該校的教學工作。」

「中華電影學校是中國最早的電影學校之一。雖號稱學校，實際上只能算一個業餘訓練班。但在洪深等人的主持下，學校充滿了生氣，胡蝶就是在這裏初識洪深，從而領略到一位戲劇家和電影藝術家的風采的。胡蝶成名後，曾主演過多部洪深編劇的作品。」

「中華電影學校只辦了一屆就因種種原因而結束了。這一屆學生在校學習時間也就短短數月而已。」（胡蝶：朱劍，蘭州大學出版社，1996年4月。）

「對這所電影學校，胡蝶在其傳記中說：『可以說是中國電影史上第一所略具規模的正規的電影學校。課程包括影劇概論、西洋近代戲劇史、導演術、編劇常識，電影行政、電影攝影術、舞蹈及歌唱等。學員每週免費觀看兩次外國電影作為觀摩。』」（上海鉅商黃楚九：曾宏燕，人民文學出版社，2004年5月。）

導演

1. 少奶奶的扇子（四幕話劇）／洪深翻譯改編：戲劇協社，1924年4月／7月。
2. 回家以後（獨幕劇）／歐陽予倩著：戲劇協社，1924年12月。

洪深與戲劇協社同仁合影，
右一洪深、左一應雲衛、墨鏡者為「少奶奶」扮演者錢劍秋。

1925年　32歲

民國十四年乙丑

事記

洪深繼續在復旦大學普通文學系教授外國文學研究課程。

復旦大學愛好戲劇的學生組織復旦新劇社，請洪深指導。

洪深繼續在上海龍門師範學院兼課。

洪深加入國民黨之說：（1）「洪深於一九二五年國共合作時期曾一度加入國民黨，但在『四‧一二』蔣介石叛變革命以後，洪深向共產黨靠攏。從1930年起，他一直戰鬥在黨領導下的革命文藝陣地上。」（傑出的戲劇藝術的開拓者——在洪深誕辰90周年紀念會上的講話：夏衍，回憶洪深專輯，中國文史出版社，1991年7月。）

（2）「同志們可能忘記了，我們第三廳還有一個國民黨的支部，支部書記是左派國民黨人洪深先生——我願意叫他洪深同志。」（我們在武漢重新聚首：張光年，上海文匯報，1988年12月28日）

1988年12月29日晚，洪深妻子常青真見報載張光年文章後由女兒洪鈴陪同前往同住上海的石凌鶴家，石凌鶴當即表示他從來不知張文所提洪深的事，並說三廳也未有過什麼國民黨支部。

1989年1月15日，張光年親筆致信洪深妻子常青真：「洪師母常青真同志：首先向您問好，同時向您告罪。您給陽翰老和呂復同志的信，我看到了。您對我在文匯報上那篇文章提及洪老曾是第三廳國民黨支書一事提出質問。是完全正確的。現在想來，一定是我記錯了。」

「您和三廳同志都會知道，我絲毫無意傷害我敬重的忘年交洪深同志。

他曾經給過我極其寶貴的幫助。」

「我年輕時代也是左派國民黨人。左派國民黨是反蔣的。雖然如此，我把自己記錯了的事，硬加在深老身上，我感到深深對不住他，也對不住您。特向您告罪，請予寬恕。」

1989 年 2 月 8 日，石凌鶴致信常青真：「前蒙光臨寒舍為淺哉先生辨誣，引起舊三廳同志為之同感。茲由我約同翁澤永及在杭州的丁正猷同志，共同為文申辨已寄北京，請林犁田（已改名許翰如）主編的《新文化史料》予以發表，藉正視聽。」

1989 年 2 月 25 日，陽翰笙秘書黃銘華致信洪深妻子常青真：「上星期，張光年同志給翰老來了復信，已承認他的記憶有誤，準備寫文章公開糾正。同時在信中還表達了對您們的歉意。今天上午許翰如同志帶領《新文化史料》編輯部三位編輯，也為此事專程前來訪問翰老，許翰如同志談到接到石凌鶴同志的來信以及他和其他兩位當時在三廳一起工作的同志寫了一篇回憶文章，都證實當時三廳並不存在有國民黨支部一說。」

1989 年 4 月 20 日，上海文匯報「來函照登」一欄刊出張光年來函：「編輯同志：（一）1988 年 12 月 28 日貴報刊載了我的〈我們在武漢重新聚首〉一文。該文回憶了 1938 年政治部第三廳情況時，錯誤地談到洪深先生曾擔任第三廳的國民黨支部書記。經洪師母常青真同志和陽翰笙同志先後指出後，我確認，這是我記錯了，講錯了。最近《新文化史料》轉載此文時，已將這種錯誤字句刪去。該刊同時發表我的上述更正聲明，聲明中除向洪師母、陽翰笙同志表示感謝外，也表示向《文匯報》及讀者致歉。」

（3）「洪深先生在 1925 年國共兩黨第一次合作期間，曾一度加入過國民黨。但在『四‧一二』蔣介石叛變革命後，轉而向共產黨靠攏。」（話劇運動的先行官——洪深：馬彥祥，文史資料選輯第十三輯，中國文史出版社，1987 年 12 月。）

（4）「洪老在政治上是不斷追求真理，追求進步的。在國共第一次合作時期，他曾參加過國民黨的左派組織，四‧一二政變，使洪老認清了國民黨反動派的面目。1930 年，他毅然與國民黨分道揚鑣，參加了共產黨領導的

左翼作家聯盟和左翼劇盟。」（劇影壇上的闖將：陳白塵，回憶洪深專輯，中國文史出版社，1991年7月。）

洪深發表了為中國影片製造股份有限公司寫的一個歷史題材的電影劇本「申屠氏」——寫作時間要早些；劇本採用了分鏡頭、劇本注明漸現、漸隱、特寫、放大、說明、對話等。

5月，洪深受聘明星影片股份有限公司編導職。洪深加入明星公司遭不少親友勸阻，而洪深從事電影的意志很堅決。

「在我當時的觀念，是以為在戲劇方面，已經試驗過，我能曉得它的社會效果的。而在電影方面，我還是初試——我在美國，並沒有學過電影——固然它所接觸的民眾，為數更大，但到底是一種商業組織，一面教育一面營業，恐怕不是件可能的事，所以不願放鬆了戲劇。可是協社的同人或其他朋友，都不在這一點上而在個人的地位上著想。愛護我的勸我不要自墮人格，更有人疑心我並不是真的愛好戲劇，只是借了協社做一個轉向電影界的進身之階而已；他們忘了《少奶奶的扇子》的成功還在《孤兒救祖記》的成功之前呢！」（我的打鼓期已經過了嗎？：洪深，良友，1935年第108期。）

「我有兩個觀念，第一，我以為做影戲，是正當職業，在電影界勞心勞力混口飯吃，不是什麼可恥的事，第二，凡是道德人格名譽，乃是個人的事，與職業沒有多大關係的。當初我在美國，執意要專習戲劇的時候，就有人勸我，說『中國不比歐美，一向優伶人格卑賤，為人所輕視的』，我不為所動。」（中國新文學大系・九・戲劇集・導言：洪深，上海良友圖書印刷公司，1935年7月。）

時代

5月30日，上海學生兩千多人到公共租界講演、發傳單，租界巡捕因此捉捕人以至矛盾激化致開槍鎮壓，造成「五卅慘案」；隨後出現上海十萬工人總罷工。

7月1日，廣東軍政府改組為「國民政府」，汪精衛任主席。

事件

5月，前身為明星影片公司的明星影片股份有限公司正式成立。

6月，天一影片公司在上海成立。

北京美術專門學校增添戲劇系，由趙太牟、余上沅、聞一多諸人負責創辦。

評述

「1925年《申屠氏》曾在《東方雜誌》第1號至第3號上發表，這是中國第一個比較完整的電影劇本。」（中國電影發展史‧1：程季華主編，中國電影出版社，1980年8月。）

「凡是談到中國新文藝運動中戲劇與電影部分的，不能不提起以自己的實踐起著重要先驅作用的洪深。」（畢生獻身影劇的洪深：余惠，香港海洋文藝，第六卷第四期，1979年4月10日。）

「1924年秋（應1925年1月開始連載），洪深在東方雜誌上發表了中國第一部比較完整正規的無聲電影劇本《申屠氏》。從這個劇本可以看到中國人當時對於電影劇作規律的認識和對電影劇本寫作方法的掌握所達到的水平。這是一部在當時的條件下思想和藝術上都比較成功的作品。」

「在劇本的寫作形式上，作者努力賦予劇本一種電影化的結構。注意到了運用視覺進行心理和情緒的表現，這反映出作者在創作過程中，已能夠有意識地遵循電影的藝術規律，運用電影化的形象思維。」

「《申屠氏》的出現，是中國電影劇本寫作形態發展的一個里程碑。它標誌著比較完整的電影劇本形態的形成。有人曾說：『洪深是第一個主張並且寫出劇本的人。』」（中國無聲電影劇本‧代序：鍾大豐，中國電影出版社，1996年6月。）

「洪深回國到上海來了，明星公司便聘請了洪深為編劇。他是在外國學習過戲劇的，研究有素，不像我們是個半調子。自從洪深來了，明星公司似乎方始踏上了軌道，他是編導合一的，只可惜所編的劇，有些曲高和寡，北方人所謂『叫好不叫座』，那就是上海觀眾的程度問題了。洪深是個誠摯而謙虛的人，那電影還在默片時代，當我們共同商量做字幕，分場景的時候，他以為我是老上海，不恥下問的。」（釧影樓回憶錄續篇：包天笑，香港大華出版社，1973年9月。）

「1925年，《明星》又聘進洪深作編導。洪深留學美國，學過戲劇，石川對他佩服得五體投地。二人一見如故。洪深參加進來以後，連續編導了《馮大少爺》、《衛女士的職業》、《少奶奶的扇子》等影片。因此，開頭幾年，明星公司沒感到劇本的缺乏。」（張石川和明星影片公司：何秀君，文化史料第一輯，文史資料出版社，1980年8月。）

「英語教師張雅琨是洪深先生弟子，特介紹洪先生導演方法，說話劇不是文明戲，話劇導演是種崇高的藝術。對洪深先生遂有深刻印象。」（陳白塵年譜・1925年：新文學史料，1989年第1期。）

書目

1. 申屠氏（無聲電影劇本）
   （1）東方雜誌，1925年第1號～第3號；
   （2）洪深文集・3，中國戲劇出版社，1959年6月／1988年3月；
   （3）中國無聲電影劇本・上，中國電影出版社，1996年9月。
2. 馮大少爺（無聲電影）
   （1）洪深文集・3，中國戲劇出版社，1959年6月／1988年3月；
   （2）中國無聲電影劇本・上，中國電影出版社，1996年9月；
   （3）明星特刊，第4期，1926年9月。
3. 第二夢（三幕話劇——英國J. M. Barrie著／洪深翻譯改編）

（1）東方雜誌，1925年第22卷第9～11號，1925年5月10日／5月25日／6月10日；

（2）劇本彙刊第2集，商務印書館，1925年5月。

4.《少奶奶的扇子》序錄與後序

（1）劇本彙刊第1集，商務印書館，1925年3月；

（2）洪深文集・1卷，中國戲劇出版社，1957年／1988年。

5. 黑蝙蝠（翻譯改編多幕話劇）：存目。

6. 洪深在《明星特刊》發表

（1）課餘漫筆——藝術須有天才極自然即極不自然，第1期，1925年5月；

（2）課餘漫筆二——選擇 藝術同具之要點，第2期；1925年6月；

（3）課餘漫筆三——演劇要點，第3期，1925年7月；

（4）課餘漫筆四——演劇要點續，第4期，1925年9月；

（5）課餘漫筆五——動作之研究，第5期，1925年10月；

（6）課餘漫筆六——表演，第6期，1925年11月。

導演

1. 馮大少爺（電影）／洪深編劇：明星股份有限公司，1925年。

1926年　　　　　　　　33歲

民國十五年丙寅

事記

洪深繼續在上海復旦大學普通文學系教授外國文學研究課程。

洪深同時受聘暨南大學外文系兼課，教授英文。

復旦大學學生社團「復旦新劇社」在洪深建議下，改名「復旦劇社」；馬彥祥、吳發祥等為該劇社主要成員。

洪深邀請應雲衛為復旦劇社首次演出幾個獨幕劇擔任導演。

洪深繼續明星影片股份有限公司編導職。

1月，戲劇協社公演洪深翻譯改編的多幕劇《黑蝙蝠》。

3月，洪深應邀赴北京往北京藝術專門學校講學，並攜明星影片公司拍攝的影片《空谷蘭》到京放映宣傳。

7月和8月，戲劇協社兩次公演洪深翻譯改編的三幕話劇《第二夢》，洪深導演並出演男主角畫家瞿知白。

時代

3月18日，北京遊行請願群眾遭段其瑞政府出兵鎮壓，製造了「三‧一八慘案」。

6月6日，蔣介石任北伐軍總司令。

7月1日，廣東政府發表北伐宣言。

7月9日，國民革命軍誓師北伐。

事件

11月，上海中華職業教育社的當局江蘇省教育會，為表示對話劇《第二夢》的滿意，特以「江蘇省教育會劇本審查委員會」名義，函贊該劇「含哲學意味甚深，諷人須培養其固有之人格，為極有價值之新劇。藝術亦臻上乘。」（中國新文學大系‧九‧戲劇集‧導言：洪深，上海良友圖書印刷公司，1935年7月。）

12月，上海試放映美國有聲電影短片。

本年，田漢發起組織南國電影社。

評述

「戲劇家洪深先生，他對話劇能編能導能演，成績卓著，有口皆碑。他對電影，亦是專家。三十多年前，在上海明星影片公司，曾共事十多年，成老友了。當時他年紀不大，與我相仿。他學問好，思想好，我常尊稱為『洪老夫子』同時他又執教於江灣復旦大學，遂以『不老反少』呼之，取英文之音『professor 教授』，非謔也。」

「洪深在明星時，名義上是顧問，主要工作是編劇。編劇人才歷來稀少，當時更是鳳毛麟角。明星得他大力幫忙，在中期的影片產量上及質量上，起著重要的作用。」

「洪深編劇本，常是有感而作他常常說：『編劇拍電影，最終目的與唯一目的，是給觀眾看的，不是作者自我陶醉的，劇本的成敗，要看觀眾的喜愛與否。最簡便的辦法，就是把劇本說給人家聽，聽聽人家的意見，聽聽很多人的反應。換句話說，作者的主觀企圖，跟聽眾的客觀效果，見面一下，比較一下，考驗一下，究竟有多少距離。第一，看看這樣一個主題，是否為多數人所關心、接受和喜愛；第二，在情節發展中，作者所安排的戲劇效果，例如喜怒哀樂，是否在聽眾的反應上，得到預期的效果。』」

「洪深又是一位天才教授。談話有天才。登台演講，語驚四座。洪深取課本的精華，摘教材的要點，編成講義。講的繪形繪色，說得活龍活現，妙趣橫生，引人入勝。精彩百出，莊諧並陳，聽者絕倒，益以才學淵博，思想新穎，生活豐富，見解精闢，使教材內容更見光彩。每逢上課，全班同學，從不缺席。別班同學，如值無課，便蜂擁課室窗外，屏息靜聽，一時傳為佳話。」（洪深的編劇方法：程步高，影壇憶舊，中國電影出版社，1983年10月。）

「復旦話劇運動在洪深的指導和大力支持下，遂得蓬蓬勃勃發展。」（復旦大學志‧第1卷‧體育文娛活動：復旦大學校史編寫組，復旦大學出版社，1985年5月。）

「復旦新劇社多次邀請洪深先生來給我們排戲，他總是推託。直到

1926年，學校開始招收女生，實行男女同學，他才主動來找我們，要給劇社排戲，並建議把劇社名字中的『新』字去掉，正式改名為『復旦劇社』。這時我們才明白他過去所以不肯接受我們的邀請，主要是因為劇社沒有女演員，因為他一向是反對男扮女的。」

「20年代，中國話劇剛剛開始萌芽的時期，那時的所謂演員，都是一些業餘愛好者，既沒有受過什麼專業訓練，也缺乏演劇經驗。洪深先生就是在這一片荒漠似的艱苦條件下，開始他對演員的培育工作。他對我們這些初出茅廬的演員，從來不講那些高深的學術性的理論，他總是從實際出發，用深入淺出的為我們所能理解的、通俗的語言，向我們灌輸表演基本知識，而且學了就能應用。」（話劇運動的先行官——洪深：馬彥祥，文史資料選輯，第13輯，中國文史出版社，1987年12月。）

「是年第一次看到真正的話劇——上海戲劇協社演出，洪深先生導演的《第二夢》，獲得極其美妙的藝術享受。」（陳白塵年譜·1926年：新文學史料。1989年第1期。）

「洪深先生以 Sir James Barril 所著 Dear Brutus 改譯之《第二夢》。已於職工教育館公演一次。洪深先生及本校同學陳篤君均為要角。同學中前往觀者甚眾，均極滿意。已志前期本刊。望悉因時局不靖，在華界公演，極不方便，故特移至新中央大戲院，於11月14日（日夜）、15日、16日連演四次。同學中欲往觀者，可至新宿舍二樓卅號袁倫仁君處，購買入場券。券價共分一元、一元半、六角三種。」（洪深教授演劇票價：復旦週刊第7號，民國15年11月3日。）

書目

1. 早生貴子（無聲電影）

　（1）明星特刊第8期／第10期，1926年5月；

　（2）中國無聲電影劇本·上，中國電影出版社，1996年9月。

2.四月裏薔薇處處開（無聲電影）：中國無聲電影劇本‧上，中國電影出版
　社，1996年9月。

3.黃金與愛情（無聲電影）

　（1）明星特刊第19期，1926年12月；

　（2）中國無聲電影‧上，中國電影出版社，1996年9月。

4.電影之批評：明星特刊第 15 期／第 16 期／第 17 期／第 20 期，
　1926年8月～12月。

5.黑蝙蝠（多幕話劇）／洪深翻譯改編：存目。

導演

1.早生貴子（無聲電影）／洪深編劇：明星影片公司，1926年。

2.四月裏薔薇處處開（無聲電影）／洪深編劇：明星影片公司，1926年。

3.黃金與愛情（無聲電影）／洪深編劇：張石川／洪深聯合導演，明星影片
　公司。

4.黑蝙蝠（多幕話劇）（／洪深翻譯改編）：戲劇協社，1926年1月。

5.第二夢（三幕話劇：英國J. M. Barrie 著／洪深翻譯改編）：洪深／應雲衛聯合導
　演，戲劇協社，1926年8月。

在復旦大學和暨南大學任教時的洪深。

洪深主演的電影《黃金與愛情》，圖中蹲地伸手者為洪深。

1927年 34歲

民國十六年丁卯

事記

　　洪深繼續在復旦大學普通文學系講授外國文學；同時受聘復旦大學中國文學系。

　　洪深繼續在暨南大學教授英文。

　　秋至冬，洪深應時任上海藝術大學校長田漢之邀為該校有實無名的戲劇系義務授課。

時代

　　4月12日，上海發生「四・一二」政變。

　　8月1日，中國共產黨領導舉行「南昌起義」。

事件

　　「南國影劇社改組成立簡稱南國社，而擴大其範圍為文學，繪畫，音樂，戲劇，電影五部。這也是民國十六年即1927年的事。」（南國社史略：田漢，中國話劇運動五十年史料集第二輯，中國戲劇出版社，1958年2月。）

「洪深先生雖是大名鼎鼎的戲劇家,但是他在暨南卻是教的英文。他在暨南雖是教英文,也無異教戲劇。來上他的課的同學非常踴躍。他的課在科學館樓下的大教室上,簡直無法容納那麼多的同學。他教英文聲調的抑揚頓挫彷彿是在舞台上念台詞,既有動作,又有表情,口講指劃,手足並用,無異演戲。」

「洪深就是個黑旋風型的人,他熱情、耿直,對人誠懇,富有正義感,喜歡助人。同學中有所需求的,他往往總是盡可能地予以一臂之助。據說馬彥祥未成名前,境況並不怎樣裕如,他曾和他合譯過德國作家雷馬克的成名作《西線無戰事》。他雖然只負責了一部分,卻負了校訂之責。賣給現代書局,所獲得的稿酬,則全部送給了馬彥祥。後來書一出,立即風行一時。」(『黑旋風』洪深:溫梓川,文人的另一面,廣西師範大學出版社,2004年1月。)

「但在1927年下半年,上海藝術大學確實有過一個『有實無名』的戲劇系存在。這個『戲劇系』是實際上的存在。說教師,有田漢、歐陽予倩、洪深、周信芳、唐槐秋諸位先生,或從導演、或從創作、或從演出上教育了我們。」(上海藝術大學的戲劇系:陳白塵,中國現代話劇教育史稿,華東師範大學出版社,1986年5月。)

書目

1. 衛女士的職業(無聲電影)
   (1)明星特刊第26期,1927年10月1日;
   (2)中國無聲電影劇本‧中,中國電影出版社,1996年9月。
2. 王昭君和番(無聲電影):存目。

導演

1.衛女士的職業（無聲電影）：洪深／張石川聯合導演，明星影片股份有限
　公司。

衛女士的職業導演兼主角洪深先生（1927年）

1928年   35歲

民國十七年戊辰

事記

洪深繼續任復旦大學普通文學系和中國文學系教授。

洪深繼續在暨南大學教授英文。

洪深繼續明星影片股份有限公司編導職。

春，洪深繼續為上海藝術大學解散而延續成立的南國藝術院戲劇學科義務授課。

洪深繼續擔任明星影片股份有限公司編導；為該公司編導攝製完成《少奶奶的扇子》和《同學之愛》兩部無聲電影。

4月，上海戲劇界人士在大西洋餐館宴請過滬的歐陽予倩；席間，眾人議論怎樣區別於「文明戲」、「新劇」時，洪深提出採用「話劇」這個名詞取代愛美（Amateur譯音）——譯意「非職業」——劇，獲當時聚會者同意。

「話劇，是用那成片段的、劇中人的談話，所組成的戲劇。——這類談話，術語叫做對話。——話劇表達故事的方法，主要是對話。」

「預備登場的話劇，其事實情節、人物個性、空氣情調、意義問題等一切，統須間接的藉劇中人在台上的對話，傳達出來。話劇的生命，就是對話。」（從中國的新戲說到話劇——馬彥祥著「戲劇概論」序：洪深，廣州民國日報，1929年2月。）

6月17日，洪深撰寫完成論文「屬於一個時代的戲劇」；闡述了自己對於戲劇時代性的認識。——「戲劇搬演的，都是人事，戲劇的取材，就是人生。同別的藝術相比較，戲劇更是明顯地描寫人生的藝術了。但是人生是流

動的、進步的、變遷的，而不是固定的、刻板的、萬古不移的。一個時代有一個時代的精神與狀態，有特殊的思想人事與背景。」

10月，上海戲劇運動協會成立；洪深、田漢、馬彥祥等九人為執行委員，會議決定在《時事新報》上刊出《戲劇運動》週刊，洪深主編。

11月，洪深為復旦劇社導演義大利作家哥爾多尼的話劇《女店主》，這是洪深為復旦劇社導演的第一部戲。

11月，洪深主編的上海戲劇運動協會會刊《戲劇運動》週刊在上海《時事新報》刊出。

12月洪深為復旦劇社導演英國作家創作朱端鈞翻譯的話劇《寄生草》。

12月，南國社在上海舉行第一次公演；洪深在公演的最後一場中出演《名優之死》的劉振聲一角。

冬，洪深脫離戲劇協社。

「觀眾方面一天天少起來了！洪深第一個留心到觀眾中間學生的缺少，他有一次講到社員的高興主義，辦事的困難，每次演戲必然虧本等等。至此他才明白，擔憂一些實踐的舞台技術，是不夠的；是必然會走到新式票房那條路上去了；戲劇運動便完全沒有意義了！洪深在這時候，失去了自信心，他覺得協社的無望，也覺得他自己不能夠領導中國的戲劇運動了。這個說明了十七年冬洪深毅然脫離戲劇協社，而加入田漢領導的南國社的原故。」
（中國新文學大系・九・戲劇集・導言：洪深，上海良友圖書印刷公司，1935年7月。）

時代

4月，中國共產黨中央委員會發出第四十四號通告取消了瞿秋白領導地位。

評述

「1928年3月，洪深建議取消『新劇』改用『話劇』這個名稱。他認為過去的『新劇』為『文明戲』所倡導，當時不過是有別於舊的戲劇而言。戲劇最大的類別是歌唱的與說話的兩種，我們用的是說話的，應該稱『話劇』才恰當。以後話劇這個名稱就通行起來了。」（左翼戲劇家聯盟是怎樣形成的：趙銘彝。新文學史料，1978年第1期。）

「12月，洪深以復旦劇社為基礎發起組織劇藝社。劇藝社宣言稱『不怕吃苦，不怕試驗，不怕失敗。』」（洪深年譜長編：古今／楊春忠，中國戲劇出版社，2009年6月。）

「洪深先生在戲劇方面的才能是多種多樣的，他能編、能導、能演，還能管理舞台。在戲劇實踐活動中，他無所不能，是位多面手。洪先生雖然在許多大學任過教，就我所知，他卻從來沒有開設過專門教授表演、導演的課程。他認為要研究表演、導演藝術，空談理論是無濟於事的，必須結合舞台實踐進行實地學習。」

「譬如洪深先生曾為初學的演員編過一首〈寶塔詩〉：聽——反應——接得緊——一刻不停——越說越有勁——不演戲要演人。

『聽』，是要求演員在舞台儘管自己沒有台詞但必須要注意傾聽別人的台詞，要全神貫注地聽，聽對方每句台詞的含義和感情。

『反應』，是在認真聽了對方的台詞以後，要隨時做出相應的、真實的心理和生理上的反應。這是演員的一項重要的基本功。

『接得緊』，是說除非劇本有特殊的規定情景之外，戲總要接得緊湊，尤其是在互相對話時，否則對話情緒就會中斷了。

『一刻不停』，是在表演進行中雙方的情緒交流不要有絲毫中斷，否則戲就松了。洪先生最反對有些演員在舞台上只知照顧自己，不知道幫助同台的其他演員。

『越說越有勁』，對白說到做末尾時，千萬不要掉下來（洪先生習慣用語叫做don't drop），否則這場戲就會鬆懈了。

　　『不演戲要演人』，洪先生常常教導我們：會演戲的演人物，不會演戲的才拼命做戲。」（話劇運動的先行官——洪深：馬彥祥，文史資料選輯，第13輯，中國文史出版社，1987年12月。）

書目

1. 洪深劇本創作集：選有《貧民慘劇》、《趙閻王》兩部作品，上海東南書店，1928年9月。

2. 屬於一個時代的戲劇
　　（1）洪深劇本創作集（含），上海東南書店，1928年9月；
　　（2）洪深文集・1，中國戲劇出版社，1957年11月／1988年3月；
　　（3）洪深研究專集，孫青紋編，浙江文藝出版社，1986年2月。

3. 少奶奶的扇子（無聲電影）
　　（1）洪深編寫字幕，明星特刊第29期，1928年1月；
　　（2）中國無聲電影劇本・中，中國電影出版社，1996年9月。

4. 同學之愛／（又名）一腳踢出去（無聲電影）：中國無聲電影劇本・中，中國電影出版社，1996年9月。

5. 第二夢（原著英國J. M. Barrie「Drar Brutas」／洪深改譯）：劇本彙刊・2，商務印書館，1928年5月。

6. 三個平常的希望：時事新報・電影週刊，1928年10月10日。

7. 電影月報
　　（1）什麼才是做戲，第1期，1928年4月1日；
　　（2）動作表演心理，第2期，1928年5月1日；
　　（3）你的身體服從命令否，第3期／第4期／第5期，1928年6月1日／7月1日／8月10日；

（4）鄭正秋電影劇本《何必情死》・小序，第6期，1928年9月10日；

（5）有聲電影之前途（蘇俄文章翻譯）：第8期，1928年12月5日。

8.時事新報・戲劇運動週刊

（1）開場白，第1期，1928年11月6日；

（2）戲劇與人生，第1期／第2期，1928年11月6日／13日；

（3）發稿後，第8期，1928年12月4日。

導演

1.少奶奶的扇子（無聲電影）／洪深編劇：洪深／張石川聯合導演，明星影片
股份有限公司。

2.一腳踢出去（無聲電影）洪深編劇：洪深／張石川聯合導演，明星影片股份
有限公司。

3.女店主（話劇：義大利作家原著／焦菊隱翻譯）：復旦劇社，1928年11月。

4.寄生草（英國作家原著／朱端鈞翻譯改編）：復旦劇社，1928年12月。

1929年   36歲

民國十八年己巳

事記

　　洪深繼續任上海復旦大學普通文學系和中國文學系教授。秋，復旦大學
普通文學系改名為外國文學系。

　　洪深繼續在暨南大學教授英文。

　　洪深繼續明星影片股份有限公司編導職。

1月，劇藝社公演《趙閻王》；洪深出演趙大，馬彥祥扮演老李。此次重演《趙閻王》獲得成功。

　　1月，南國社赴南京公演。洪深後到，參加《名優之死》演出。

　　1月，因為事物繁忙並且路途不便，洪深辭去自己在大夏大學兼任的英語和現代戲劇兩項授課。（洪深年譜長編：古今／楊春仲，中國戲劇出版社，2009年6月。）

　　1月，洪深發表短文〈如果我是一個女人〉表露自己脫離戲劇協社的複雜心情。

　　「從前我戀愛過他，為了他，十分受苦，十分犧牲。但是在那同居合作的五六年中，卻也十分的快樂，十分的幸福。我同他感情好極了，決不想到有一天會拆散分手的。環境不許我們再在一處了，我和他不得不各自解決自己命運，各自尋找自己的幸福了。我絕不希望他失敗，絕不願他倒楣。」
（如果我是一個女人：洪深，時事新報·戲劇運動週刊第12期，1929年1月29日。）

　　2月14日，洪深在廣州撰寫完成論文〈從中國的新戲說到話劇──序馬彥祥著《戲劇概論》〉，中國第一次書面出現「話劇」這個名詞和予以「話劇」定義。

　　「話劇，是用那片段的，劇中人的談話，所組成的戲劇。而對話仍須根本的與人生相似。然後才能表達人生的情感心理的。表演話劇的方法，也是模仿人生的。」

　　「話劇的動人是深刻的。在觀眾面前實地表現出來，使觀眾親自看，親自聽，直接的受刺激，直接的有感覺。話劇也是最平民的戲劇，民眾可以人人了解享受。話劇的形式，甚是簡單。」

　　「現代話劇的重要有價值，就是因為有主義。對於世故人情的了解和批評，對於人生的哲學，對於行為的攻擊或贊成。──凡是好的劇本，總是能夠教導人們的。但那教導的方法，是很玄妙的。話劇仍須依靠著那動人的故事教導人們的本能，徒喊口號是不能奏效的。」（從中國的新戲說到話劇──序馬彥祥著《戲劇概論》：洪深，上海光華書店，1929年7月。）

2月16日，廣東戲劇研究所在廣州成立，歐陽予倩任所長，應歐陽予倩邀請田漢和洪深出席了成立大會。

3月，南國社在廣州舉行公演，洪深參加演出。

4月1日，廣東戲劇研究所附設演劇學校（後改名戲劇學校）開學；歐陽予倩原請洪深擔任校長，洪深無意留在廣州而未接受。當時廣東省政府主席陳銘樞以省政府名義聘請田漢為演劇學校名譽校長。

6月，洪深參加南國社。洪深年長田漢四歲，自此洪深在中國新文化新戲劇事業方面始終誠懇輔助田漢。

洪深撰寫〈南國社與田漢先生〉文章，讚揚南國社和田漢的戲劇活動。

「（南國的戲劇）使得人們對於人生，猛然地有了認識，充滿了要求人生比現在要好的欲望。」

「（田漢是）跌不怕，打不怕，窮不怕的硬漢。」（洪深年譜：陳美英。文化藝術出版社，1993年12月。）

6月，大夏大學成立日，大夏（大學）劇社舉辦遊藝會，洪深接受大夏大學贈與「藝術洪深」銀盾。

7月，南國社赴南京公演；公演節目包括洪深導演的《莎樂美》，和洪深參加演出的《名優之死》等劇。

7月，國民黨中央宣傳部下令禁止南國社擬在南京演出《孫中山之死》；原定出演孫中山的洪深事前為該劇公演曾當面與戴季陶、葉楚傖力辯。

「美國國父華盛頓、總統林肯，早都拍成電影了。這說明美國人民敬重他們。」（洪深年譜長編：古今／楊春仲，中國戲劇出版社，2009年6月。）

10月，洪深於1928年邀時從復旦大學畢業尚無工作的馬彥祥與自己合作翻譯的德國作家長篇小說《西線無戰事》，由「平等書店」正式出版。

12月，美國著名影星范朋克到明星影片公司參觀，洪深任翻譯。

冬，洪深送妻子余永珍從上海回常州養病。

「十五年以前，我故去的妻子余永珍患三期肺病，從上海遷回家鄉養息，我開始注意種田人在改著布鞋……。」（草鞋頌：洪深，文選雜誌，創刊

號，1946年1月1日。）

　　「他少小離家，踏上風雨征程，遊子的心，魂牽夢繞，始終未了戀鄉情結。二十年代末，回鄉小住，探親祭祖，體察民情，不久便有代表作《農村三部曲》傳世。」（魂歸故里——「洪深紀念室」記事：蔣柏連，常州日報，1994年12月28日。）

時代

　　11月15日，中國共產黨中央政治局通過開除陳獨秀黨籍的決定。

事件

　　2月，廣東地方政府資辦的廣東戲劇研究所在廣州成立。

　　2月，國民政府公佈「宣傳品審查條例」。

　　7月，國民政府頒發「檢查電影片規則」。

　　8月，國民政府在上海設置「電影檢查委員會」。此前，上海已設置「戲曲電影審查會」。

　　11月，左明、陳白塵脫離南國社另組摩登劇社，活動對象為大、中學校。

　　11月，夏衍、鄭伯奇等組成上海藝術劇社；該社為中國共產黨直接領導；翌年4月該社被國民政府查封。

　　本年上海第一家裝置有聲電影放映機的影戲院，在我國正式首次放映美國有聲電影。

評述

　　「洪深在他最灰心的時候，發現了南國，他參加了南國的運動，而上海、而首都、而廣州，在一個月以前他乾脆地加入了南國了。」（南國社話劇

股第二次公演演員介紹：田漢，民國日報・閒話・戲劇第10期，1929年7月24日。）

「洪深正式參加了南國社，這是洪深歷史上一個重要轉折，當時他的學生們都不能理解，甚至還有個別的人責備他不應該和田漢合作，降低了自己的聲譽。」（憶洪深與田漢：趙銘彝，文藝研究，1982年第2期。）

「7月7日至12日，隨南國社赴南京舉行第二期公演。國民黨頭目戴季陶宴請南國社全體的宴會上，田漢、洪深與戴展開藝術與政治關係的大辯論。」（陳白塵年譜：新文學史料，1989年第1期。）

「本大學戲劇學教授洪深先生擔任西洋文學概論。」（預科新聘教授及所擔任課程：復旦週刊第17號，民國18年9月18日。）

「洪老與我合作翻譯《西線無戰事》一書，是為了照顧我的生活，當時我沒有工作。因為是根據書的英語版翻譯的，譯成後，洪老又根據德文原版校對一遍。他可以閱讀德文，但說不好。」（1981年11月4日上午，馬彥祥在上海洪深妻子常青真寓所說，洪鈐面聽。）

書目

1. 從中國的新戲說到話劇——序馬彥祥著「戲劇概論」
   （1）廣州民國日報，1929年2月；
   （2）現代戲劇，第一卷第一期，1929年5月；
   （3）馬彥祥「戲劇概論」書序，光華書局，1929年7月；
   （4）洪深研究專集。孫青紋編，浙江文藝出版社，1986年2月；
   （5）洪深文抄，人民文學出版社，2005年9月。
2. 爸爸愛媽媽（無聲電影）：中國無聲電影劇本・中，中國電影出版社，1996年4月；
3. 西線無戰事（翻譯小說——德國E. M. Remarquede著／洪深／馬彥祥合譯）平等書店，1929年10月。
4. 西線無戰事・中譯本後序

（1）洪深，平等書店，1929年10月；

（2）洪深文抄，人民文學出版社，2005年9月。

5.戲劇A、B、C：世界書局，1929年。

6.藝術與政治目的相同（記錄講稿）

（1）南國週刊第一期，1929年夏；

（2）洪深文抄：人民文學出版社；2005年9月。

7.時事新報・戲劇運動週刊

（1）片斷的人生，第12期／第13期，1929年1月29日／2月5日；

（2）廣東的戲劇運動，第20期，1929年4月2日；

（3）發稿後，第24期，1929年4月30日；

（4）獨幕劇作法（翻譯），第21期／第22期，1929年4月9日／16日。

8.民國日報・閒話・戲劇

（1）劇本的內容與技巧，第1期，1929年5月22日；

（2）「戲劇的」是什麼，第13／第14期，1929年8月14日／21日；

（3）內容與技巧，第13期／第14期，1929年8月21日／24日；

（4）術語的解釋，第15期／第27期／第28期／第33期，1929年9月4日
／11月27日／12月4日／1930年1月22日；

（5）什麼是「戲劇的方法」，第19期，1929年10月2日；

（6）揮淚歡迎範朋克，第29期，1929年12月11日；

（7）托爾斯泰給蕭伯納的一封信（翻譯），第2期，1929年5月29日；

（8）讀書偶譯——小說的作法與作者（翻譯）第3期，1929年6月5日；

9.自由劇場運動：現代戲劇，第3期，1929年7月。

10.優伶及其表演（愛爾蘭蕭伯納著／洪深翻譯）：電影月報，第11期和第12期
合刊，1929年9月15日。

11.北劇之將來：左明編「北國的戲劇」，現代書局，1929年10月。

1. 寄生草（朱端鈞翻譯改編）：復旦劇社，上海，1929年4月／5月。
2. 莎樂美（話劇：英國王爾德原著／田漢翻譯）：南國社，南京，1929年7月。

1930年 37歲

民國十九年庚午

事記

　　洪深繼續復旦大學外國文學系和中國文學系教授；積極指導和參與「復旦劇社」學生社團活動。

　　洪深繼續在暨南大學外文系授課，講授英國文學。

　　2月22日，洪深上午到江灣復旦大學講課，下午應友人之邀同往大光明戲院觀看羅克主演的美國有聲電影《不怕死》（另亦稱「上海快車」）；影片裏有許多中國人——都是日本人化裝學著說廣東話的——所做的都是些犯法作惡的事，如殺人綁票販土等。洪深覺得：「那影片，就全部看來，對於中國人，是鄙賤，是戲弄，是侮辱，是誣衊。」他實在看不下去而離開影院。但他出於「應該喚醒上海市民，不再去看這張侮辱中華民族的『不怕死』的想法，重入戲院，大聲向觀眾演說，號召他們拒看此片；洪深因此遭到戲院西人經理以及職員、侍者，和印度巡捕、西人巡捕的圍攻，並被關在鐵柵後面。聞訊趕來的南國社和明星公司的朋友在門外等到晚上八點半洪深被釋放。此即當時受到社會關注影響頗大的「洪深大鬧大光明」事件。

　　2月24日，《民國日報・閑語》欄發表洪深23日晨撰寫的文章〈不怕死！〉——大光明戲院喚西捕拘我入捕房之經過，文章說：

「我們至少應記得,我們是中國人,不能默受這樣的侮辱與誣衊」/「我們應當有點志氣,我們不要看了。」/「我從前在美國時,對於僑胞有過相當的認識,覺得他們刻苦茹辛,在重重壓迫下求生存,富有革命性,永不忘記,永不羞愧,他是中華民族的一份子,不斷地幫助著在中國的中國人,決不如這張片中所誣衊的那樣壞。」/「羅克的作品,在美最受未成年人的歡迎,這班正在中小學讀書,最易受影響的兒童,此刻先有了對於華僑的不良觀念,將來影響到中華民族的前途,有多麼大呢。」文章最後,洪深表示:「我也將近四十歲的人了,如果多少能喚醒幾個中國人,曉得要替中華民族,爭得平等的地位,雖吃點苦,又何妨呢?」

2月24日,洪深委託律師以「公然侮辱妨礙自由,傳述虛偽詐財惑眾」正式向大光明影戲院提起訴訟。

2月25日,洪深在民國日報刊登廣告啟事「洪深對大光明戲院宣言啟事」。同日,上海特別市電影檢查委員會,在民國日報刊洪深啟事同一版面,刊登「為羅克《不怕死》影片通告:本會除令禁在各地繼續開映外,特警告國人,萬勿再往觀覽。」

3月7日和11日,洪深在《民國日報‧覺悟》欄發表〈敬問中國評論週報的負責任主筆先生〉和〈關於中國評論週報與桂中樞先生〉文章,質問其關於《不怕死》影片的態度和立場。

「忽而有那公認為代表黨國對外的半官報的中國評論週報,正式地發表了一篇似是而非陰陽怪氣的社論,豈不是中國人自相殘殺起來麼!這個我們不能不大家弄弄清楚。(一)貴報是不是主張,這張《不怕死》影片並不算是侮辱華人的?(二)貴報是不是主張,禁止《不怕死》開映是多事而不是必要的?(三)貴報是不是主張,因為中國還沒有吃鴉片的人,所以不妨由外國人做成影片來取笑我們?……貴報的理事主筆桂中樞先生,是否也是那經理發行羅克《不怕死》影片的美國派拉蒙公司駐滬辦事處的職員?許多人說,桂中樞先生現下在派拉蒙公司得極大的月薪,美金八百元,到底是每月多少?」(敬問中國評論週報的負責任主筆先生:洪深,國民日報‧覺悟,

1930年3月7日。）

3月12日午後，上海臨時法院第七法庭公開審理洪深訴大光明影戲院「不怕死」案。

「我的態度，是簡單而明白：第一，大光明開映《不怕死》是侮辱國人，而公然侮辱人是犯罪的；第二，大光明所登《不怕死》的中西文廣告，含有詐術，而欺詐取財是犯罪的；第三，我被強制禁閉和無故拘捕，是不爭的事實，我有證人。『公道有時遲延，但是一定的！』Justice May be Slow, but Sure」（洪深先生的表白：民國日報‧閒話‧戲劇，1930年4月20日。）

7月24日，洪深為《不怕死》案控大光明案二度公開審理。

8月4日，「時事新報‧遊藝」欄刊出《不怕死》影片主角羅克之道歉函，羅克該譯文稱：「貴國人民對於該片之抵制，不無正當之理由。鄙人惟有敬向貴國及人民表示十分歉意，疏失之處，定蒙海涵也。該項影片在中國者，現已完全收回。」

3月2日，中國左翼作家聯盟在上海成立；洪深參加該聯盟。

「我已閱讀社會科學的書；而因參加左翼作家聯盟，友人們不斷予以教導，我個人的思想，對政治的認識，開始有若干改變。」（洪深選集‧自序：洪深，開明書店出版，1951年7月。）

3月19日，上海戲劇運動聯合會成立，洪深領導的劇藝社為該會成員；8月1日，該聯合會改名中國左翼劇團聯盟。

9月，洪深參加上海舉行的魯迅五十壽辰慶祝會；會上洪深講話表示了「希望能在先生六十大壽的時候，有更多的參加者，在更熱烈的情緒下替先生慶祝」的願望。

9月，洪深與馮雪峰、陳望道、鄧初民等創辦「現代學藝講習所」（此為馮雪峰記憶名稱，洪深本人記憶稱「馬克思研究所」），招有學生約一百餘人；該所由洪深出面以自己姓名向公共租界工部局註冊，故洪深有「任（該所）所長」之一說。

11月，「現代學藝講習所」被政府查封；洪深因「現代學藝所」註冊人

所長身份之故，遭政府逮捕，由上海高等法院二分院刑庭偵查，後查無實據被釋放。

　　冬，洪深創作完成獨幕話劇《五奎橋》；這是他話劇《農村三部曲》的第一部。

　　「慚愧的是，……而在後來的劇作中，欲求一部在種種方面能夠超過《五奎橋》的作品——儘管《五奎橋》有上述缺點——我感覺，還不可得。」（洪深選集‧自序：洪深，洪深選集，開明書店，1951年7月。）

　　年末，洪深辭去復旦大學和暨南大學教授職。

　　本年，洪深創作了第一部有聲電影作品《歌女紅牡丹》，署名『莊正平』；明星電影股份有限公司攝製。

　　本年，洪余氏在江蘇武進產下一女，名銅。

時代

　　12月16日，蔣介石調動軍隊第一次圍剿中央蘇區紅軍。

事件

　　3月2日，中國左翼作家聯盟在上海成立。

　　「到1930年，那些『革命文學家』支持不下去了，創（造社），太（陽社）社的人們開始改編策略找我及其他先前為他們所反對的作家，組織左聯。」（致姚克：魯迅，1933年11月5日，魯迅書信集，人民文學出版社，1976年8月。）

　　8月，國民黨簽發取締左翼作家聯盟、自由運動大同盟等組織的命令。

　　11月，國民政府公佈「電影檢查法」。

評述

「我聽見我的先生講，你在 22 日那天，因為大光明開演羅克主演的影片《不怕死》。內容是侮辱我們華人，說我們華人都是壞人，所以先生激於義憤，起來當眾演講；喚醒一般觀眾。而先生則願受警捕的欺辱，而不怨恨，先生的精神是多麼可愛呀！現在我只能寫一封信來給你，算向你致敬！並且我還送你一件敬禮，就是：我將從今天起永遠勿看羅克主演的影片了！」（給洪深先生的一封信：唐灣小學五年級生王中立，民國日報，1930 年 3 月 6 日。）

「為了《不怕死》影片問題，引起許多國人的公憤。稍有一點血性的人，都知道這是對於我國是一件奇恥大辱。受了奇恥大辱的國人中，居然出來了一位洪深先生在群眾中說了一番義憤的話，這一場公論給國人以無限警醒呼怒，在民族地位上說，這是應有的爭譽；在國民智識上說，這是應有的覺悟。洪深先生能負這重責任，直詆羅克的虛妄而毫不顧忌，受西捕的拘留而不畏屈，這種偉大而剛毅的精神實在使人萬分欽佩。」

「桂先生真的在派拉蒙公司有極大的月薪嗎？不然，對於《不怕死》怎麼的戀戀不捨？桂先生約是中了錢的毒，良心無可藥救了。至於桂先生拿國家尊榮的觀念來笑反對《不怕死》人的思想狹窄，以為自己媚外的胸懷寬大，這實在叫人不敢恭維。洪深先生這七條責問，我們可以相信桂先生倘還沒有完全喪失了血性的話，一定是慚愧無餘地的。」（關於洪深先生的質問──讀者變樨先生的意見：民國日報·覺悟，1930 年 3 月 9 日。）

「中國評論週報的第三卷第十期裏，我們關於《不怕死》影片禁演的事，有過一段短評，已勞洪先生的大力，替我們在昨天的民國日報覺悟欄裏翻成中文。我們和洪先生和一般讀者的態度，實在並沒有多大分別。不過我們同時認為──當著一般的原則看──我們對於這一類事情，似乎不易太張惶，何況影戲所敘的終究是 FICTION 呢。平心靜氣看去，我們提出的這個原則，不能說是錯。我們的理事主筆桂先生於一個多月前脫離影戲院的干

係，並且於脫離後即離開上海，現在行蹤不定不知在天津，還是奉天。這一次的短評，絲毫和他沒有關係。我們對於西人在華的舉動言論，向主嚴格批評，為讀者所深知。想尚不至為區區一影片，改變我們歷來的態度。」（中國評論週報的答覆：民國日報‧覺悟，1930年3月9日。）

「學界電影戲劇界觀審者四五百人，洪深控告三點注重侮辱全國國民。」（轟動全滬之巨案「不怕死」昨日開審：民國日報，1930年3月13日。）

「被告利用帝國主義之勢力，原告洪深深致不滿與痛恨。」（洪深為「不怕死」控大光明案昨續審：民國日報，1930年7月25日。）

「洪老比我大16歲。最給我受教育的是，我十幾歲時，洪老在『大光明』起來抗擊帝國主義辱華電影，這是振奮人心的。『大光明』位於租界，他作為中國一個愛國的戲劇工作者，向好萊塢那龐大的電影業迎頭一擊，告訴了他們中國人民的聲音，中國人是怎樣的。那時我第一個感覺是，這是中國的民族英雄。中國的民族英雄很多，但是，像這樣在租界帝國主義租界勢力那麼雄厚、那麼倡狂的時候獲得了勝利，這表現了我們中華民族的氣節。」（曹禺發言——洪鈴錄音記錄：洪深九十誕辰紀念座談會，北京中國藝術研究院會議室，1985年4月28日下午。）

「1930年這年，上海大光明電影院放映美國電影《上海快車》——譯名《不怕死》，是一部侮辱中國人的電影，洪深看了非常氣憤，在大光明影院裏宣傳鼓動觀眾，抵制這部辱華影片，獲得觀眾同情和擁護，紛紛當場退票。上海輿論界也支持這個行動。迫使這部電影停映。但是洪深受到國民黨的壓迫，反動頭子潘公展出面對洪深進行威嚇，逼得洪深離開上海到青島（應是天津）去了。」（左翼戲劇家聯盟是怎樣組成的：趙銘彝，新文學史料，1978年第3期。）

「記者前晚晤洪深先生。

問：此案和解訊，確否？

答：此系外人猜度，我當然不允許其如此輕易的和解。

問：然則何以尚未見開審？

答：因法院近日正在從事改組，故未及審理此案。

問：願聞何時開審？

答：法院已於本月16日改組竣事。開審日期當在目前。

問：上次未行開審，何故？

答：一部分是因為旁聽者太多嘈雜不能開庭，故下次開審，法院方面恐將拒絕旁聽。

問：先生對第二次開審，有何態度？

答：第二次開審，萬一我敗訴時，則繼續上訴，務使被告當事人高鏡清（大光明影戲院大股東兼總經理）受法律上應有之處分，如僅受政治之懲誡，當為不足。

問：關於人證方面有問題否？

答：此點不成問題，被告無人證，蓋事實昭彰，實無人可代彼作證也。

問：先生方面之人證如何？

答：第一次開庭時，已有鄭小秋君到庭作證，此後毋須再找他人矣。」

（寂中之洪深先生「不怕死」案：復旦週刊，第44期，民國19年4月20日。）

「洪深的愛國熱情，對人們有強烈的感染力。1930年初，一部美國電影『不怕死』在上海上映，這是一部辱華片。在大光明戲院，當影片放映時洪深登台演說，嚴正揭露了這部電影的罪惡意圖。他的正義行動，震驚了上海，鼓舞了大眾，給侮辱中國人民的惡徒以很大的打擊。」（畢生獻身影劇的洪深：余惠，香港海洋文藝，第六卷第四期，1979年4月。）

「通常戲劇中之中心人物謂之主角。本屆復旦劇社排演之《西哈諾》一劇其男主角除洪深先生自任西哈諾外，尚有女主角葛格桑，尚待人選。上次申報副刊中，曾有此項記載，謂自郁劍碧女士辭去該角後，人選無從著落。嗣後又有人傳謂將由本校舊同學沈櫻女士擔任。茲據洪深先生談話，戲劇之完成，所有角色，均負有同等責任，其重要性也同等，無所謂之主角。最後又謂本劇之葛格桑一角，已決定由梁培樹女士擔任之。」（西哈諾中之女主角

問題——洪深先生說我們沒有主角：復旦週刊第四十八期，民國十九年五月十日。）

「潘漢年說到要爭取田漢和洪深。黨要我去做田漢和洪深的工作。洪深當時和田漢也很熟。為爭取他們參加左聯，我常去南國社。洪深也參加了左聯。田漢和洪深的這種態度，當時很影響了戲劇界的一批人。」（阿英憶左聯：吳泰昌記，新文學史料，1980年第1期。）

「這是1930年，正是政治上瞬息萬變的時刻，這一年2月，成立了『自由運動大同盟，』3月2日成立了『左翼作家聯盟』，這兩個進步組織，田漢和洪深都參加了。」（懶尋舊夢錄：夏衍，三聯書店，1985年7月。）

「『左翼劇團聯盟』成立，洪深的『劇藝社』改名『光明』實際只他一個（人）。」（左翼戲劇家聯盟是怎樣組成的：趙銘彝，新文學史料，1978年第1期。）

「1930年，請我租一家小的外國餐室，好在那裏舉行慶祝魯迅五十誕辰招待會和晚宴。這是一個混雜的又令人興奮的集會——他們是知識份子革命的先鋒隊伍。另一群樣子比較富裕的人，是由洪深教授率領的復旦大學的學生。他們曾經上演過易卜生的幾個劇本和他們的教授所寫的一兩個戲，這位教授同時又是中國第一家電影公司的導演。」（史沫特萊回憶魯迅：戈寶權輯譯，新文學史料，1980年第3期。）

「1930年9月間，『現代學藝講習所』由左聯和社聯合辦，王學文和我共同負責，王學文代表社聯並管社會科學方面的課程，我代表左聯並管文藝方面的課程，由洪深出面向公共租界工部局註冊。只兩個月即被查封了。地址是公共租界——即英租界——威海衛路。講師都是不固定的，隨時由左聯、社聯中人去講。魯迅還曾借錢給『現代學藝講習所』——魯迅日記中1930年9月30日『借學校60』。」（馮雪峰談左聯：馮夢熊整理，新文學史料，1980年1期。）

「我在離開上海去廣州之前，洪老曾經要我參加一個研究團體——馬克思研究所，他告訴我，這事要上不告訴父母，下不告訴妻子的。」（1981年11月4日上午，馬彥祥在上海洪深妻子常青真寓所談，洪鈴面聽。）

「中國文學系自經陳主任掌辦以來，力謀發達，進展未已，陳主任視同學如家人，故師生之聲息既能互通一切自由進行。今年之原有教授如謝六逸、傅東華、鄭振鐸、洪深、陸侃如、馮沅君、孫俍工等皆現代文學泰斗。」（1930年之中國文學系：復旦週刊第40期，民國19年3月31日。）

「洪深先生排演《西哈諾》非常辛苦。望女同學為藝術服務。洪先生一方面要導演，一方面又要拉演員，忙得一頭大汗。」（復旦五日刊：40#，1930年3月31日。）

「京劇研究社開茶話會，洪深先生主張改良京劇演員：青衣花衫等角色宜女社員充演，男社員扮該角者，宜改習為小生。」（復旦五日刊：46#，1930年4月30日。）

「復旦劇社並不像上海的什麼社而靠藉之來作為一種Propaganda的工具的；它是一個在學校中的團體，所以它的目標是教導這班愛好戲劇的同學們怎樣地去演戲，而不是教導他們應該演什麼樣的戲。換句話說，是注重於技巧表現的本身，而不是注重於劇本意識方面的。這當然是由於一方面是學校的劇團，很多方面不方便去做煽動的工作，而他方則洪深先生是秉承了S. P. Bakes教授的缽傳，看到戲劇藝術若離了技巧是會變成一種喊叫式的化裝演講的兩層原因。」（《西哈諾》的演出：復旦五日刊，54#，1930年6月10日。）

「1930年後，洪深在進步的潮流影響下，認識有了新的轉變。他創作了劇本《五奎橋》、《香稻米》和《青龍潭》，合稱為《農村三部曲》。在這些劇本中，洪深與其他富有浪漫主義氣氛的作者不同，表現出強烈的現實性，技巧也很好，比《趙閻王》又進了一步。他的劇本不是主要給人閱讀的，而是完全符合演出要求的。」

「在當時來說，只是同情農民，懷著幫助他們獲得實際利益的良好願望，卻未能指出真正解決問題的道路，應當是不足的地方。作者抓住了中國農村長期以來天災人禍的主要特徵，列舉了由此而產生的矛盾的諸方面，這說明作者對現實是了解的。但是，在這些矛盾中，什麼是主要的？什麼是從

屬的、派生的？又應當如何去解決卻沒有使讀者認為滿意、可行的答案。這反映了作者在這個期間，熱情是充沛的，但認識和理解還未臻於成熟。」

（畢生獻身影劇的洪深：余惠，香港海洋文藝，第六卷第四期，1979年4月。）

「全劇是輕描淡寫地寫出的。沒有血啊，肉啊，反抗啊，衝擊啊一類字面上的，不必要的誇張，卻告訴了我們血是什麼，肉是什麼；當怎樣反抗，怎樣衝擊。沒有一點過火的痕跡，當然的，文字上的過火是無為的，這便是它的成功──沒有被嘲為標語派的鬥爭文學的失敗底地方。」

「洪先生對於周鄉紳、謝先生、王老爺三個人物的處置是有了很大的成功的。但這出戲果然沒有一點失敗的地方嗎？這又不然。材料是好的，經過似乎還應該曲折一點。」（評洪深先生的《五奎橋》：朱復鈞，上海晨報‧每日電影，1933年5月13日。）

「『回農村去』、『農村復興』，聽去是悠然悅耳。可是白熱鬧了一陣，開了幾次會，來幾個專刊，散的散了，被忘卻了的被忘卻了。《五奎橋》，至少在戲劇上，是許多贗品中的一顆晶然的珠子。是可以上得舞台的實實在在的一齣戲。就一般的文藝方面而論，則在咖啡店文藝，女人大腿文藝，姻緣肉感影片，恐怖影片，新開天闢地連台好戲中間，對於這是要感謝的。」

「故事之簡單，劇情演進的自然，就戲劇論，可以說是完美。劇中人物個性，除李全生我略覺有些不切實太理想外，其餘都是自始至終被作者抓住了的。」

「因此，除企望《五奎橋》舞台上的成功外，還希望有許許多多的《五奎橋》產生出來。」（論《五奎橋》：道希，上海晨報‧每日電影，1933年5月20日。）

「洪深先生最近的力作《五奎橋》，不僅對沉寂的劇壇是股生氣，對目下中國最嚴重的農村問題也提供出了有效的方案──但顯然並未取重於標語口號的方式。」

「封建思想的圍困，是愚昧的農民空懷滿腔的求生欲望而無由滿足。這實在可說是農民本身的莫大危機，也是解決農村問題的主要前提。《五奎

橋》的作者主要地擇取這一問題而加以暴露與指示。他從多方面的農村問題中抉出了這一病態及根源。在這大家喊著『回農村去！』而農村無由安身立命；大家嘆著『改良農村！』而無法改良；大家提出『復興農村！』而無可復興的現在，它提出了這種『掃除農村的封建勢力』的有實效的建議，實是非常值得注意的。」

「劇作者把他的雄厚的魄力與圓熟的技巧，充分地運用著；把由實地體驗到的一切，安置進劇中。不論是人、物、風俗、習慣、世故、人情，幾乎把所有農村的全部逼真地攝取了進去，使讀者領悟到那是實有的，而非如在一般劇本中所見到的模糊的一切。」

「《五奎橋》在編輯上既已有如上述的成功，但在劇本的含意上更見其卓越。它對農民的『聽天由命』觀，風水與祈禱的迷信，農村的調停主義，沒落中的紳士，甚至不公正的法律；編劇者都充分的用客觀的諷刺的方法和手腕加強其明晰的程度，顯其原形，辨其正誤。所以，在戲劇的社會的意義與指示的效能上，實有其更大的估價的。」

「劇辭和穿插都雋永活潑。雖則這是一個冗長的獨幕劇，給讀者的深刻的印象和濃厚的趣味可說是兼有的。」

「此外，對於農業機械化的提倡，小孩大保的思想行動的提示，都是過去的劇作家從未顧及的，這對教育上的貢獻是更值得稱頌的。」

「不過，像李全生般的人物，在目下的農村裏還不能普遍地找到，英雄主義的色彩實在太濃重了。周鄉紳的偽善的成分也似乎太濃重了一些。」

（《五奎橋》評：常人，上海晨報・每日電影，1933 年 5 月 24 日。）

「《五奎橋》是洪深先生早年一部轟動一時的劇作。它寫作於 1930 年冬。這個戲反映了那個動亂不安的時代，江南農村的地主與農民間一場不大不小的糾紛。」

「這個戲不大，人物、情節都不複雜，在一個簡單的故事裏，表現了一般的鬥爭真理，但並沒有什麼公式化，概念化。」

「我們可以看到，這個戲所描寫的有些具體條件，規定的鬥爭細節與後

來的『土改』時代有些不同。在這戲裏，農民的覺悟也不是很高的，甚至於很容易聽信周鄉紳的欺騙。顯然，這個劇本所寫的還只是農民的一些自發的鬥爭，還不是有組織和有領導的鬥爭。但這種鬥爭，究竟不失為整個階級鬥爭的一部分。」（重讀《五奎橋》：章艸，劇本月刊，1957年第10期。）

「『五四』以來的劇作家，作品多是反映城市生活面貌與知識份子精神狀態的；描寫工人和農民生活的不多。洪深是最早通過大部劇作反映農村問題的一個作家。他是江蘇人，他描寫的多取材於自己的家鄉——江南魚米之鄉。他企圖在《五奎橋》、《香稻米》中說明：『地主鄉紳們，執行六法維持秩序的官吏們，放高利貸的資本家們，代表帝國主義者深入農村進行經濟侵略的買辦們，以及依附他們的鷹犬走卒們，制度決定了他們的品性，制度規定了他們的行動。制度不推翻，他們自然繼續作惡。』暴露農村破產的血淋淋事實，正是為了推翻產生它的社會制度，這就是作品中顯明的政治目的。」（洪深的劇作——讀《洪深劇作選》看《洪深文集》箚記：曲六乙，文學書籍評論叢刊，1959年第5期。）

「洪深的作品表現出了他強烈的愛國主義思想和反帝反封建精神。《五奎橋》就是通過描寫江南一場農民自發的反抗行動，反映了三十年代初期，在土地革命影響下，農民革命力量的成長和壯大。作品具有深刻的時代性。作者選取了社會生活中重大的題材，截取了矛盾鬥爭最激烈的場面，通過強烈的戲劇性表現，揭示了作品反封建的主題。」（洪深的《五奎橋》：中國現代文學名著選評，黑龍江人民出版社，1986年5月。）

書目

1. 五奎橋（獨幕話劇）——農村三部曲之一
   （1）上海現代書局，1933年12月／1934年10月；
   （2）復興書局，1936年；
   （3）上海鐵流書店，1945年／1946年；

（4）中國戲劇出版社，1959年4月；

（5）文學月報，第一卷第4期／第5和6期合刊，1932年11月／12月；

（6）劇本月刊，1957年10月號；

（7）現代中國戲劇選，亞細亞書店／中國文化服務社，1932年／1936年4月；

（8）農村三部曲，上海雜誌公司，1936年6月；

（9）洪深選集，開明書店，1951年7月／1952年9月；

（10）洪深劇作選，人民文學出版社，1954年；

（11）洪深文集・1，中國戲劇出版社，1957年11月／1988年3月；

（12）中國新文學大系續編・第九集（含），香港文學研究社，1968年；

（13）洪深代表作，河南人民出版社，1986年10月／1992年6月；

（14）中國現代獨幕話劇選・第二卷・1919～1949，人民文學出版社，1984年12月；

（15）中國現代文學作品選讀・上，上海教育出版社，1978年7月；

（16）中國現代文學作品選・上，復旦大學出版社，1986年5月；

（17）中國現代作家作品選・第一冊，華中師範學院中文系／武漢鋼鐵公司教育處，1978年6月；

（18）中國現代文學名著選評，黑龍江人民出版社，1986年5月；

（19）海上文學百家文庫・洪深卷，上海文藝出版社，2010年5月。

2. 歌女紅牡丹（有聲電影）・洪深署名莊正平

（1）明星特刊・歌女紅牡丹特輯，1931年；

（2）天津益世報・戲劇與電影週刊，第2期／第5期／第6期／第8期～第14期／第18期～第22期，1932年11月／12月～1933年1月～4月；

（3）洪深文集・3，中國戲劇出版社，1959年6月／1988年3月。

導演

1. 西哈諾（五幕話劇／法國 Edmond Rostand 著／方于翻譯）：復旦劇社，上海，
   1930年6月。

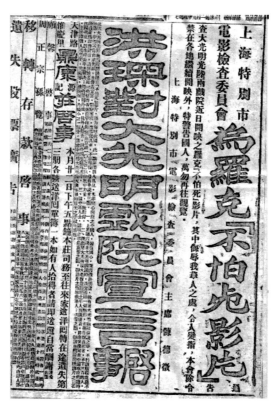

洪深1930年2月25日在《民國日報》刊登的「洪深對大
光明戲院宣言啟事」。

1931年 　　　　　　　　　38歲

民國二十年辛未

事記

年初，洪深回到復旦大學繼續任教。

3月，洪深離開上海赴天津，擬任天津大陸銀行秘書長。

3月15日，洪深編劇的中國自己完成的第一部有聲——蠟盤發音——電影《歌女紅牡丹》在上海公映。

3月15日，下午法租界巡捕房兩員西捕到明星公司尋覓洪深，適洪深不在。

6月下旬，洪深受明星公司派往美國，接洽選購有聲攝影器材並聘請技師。

8月，洪深自美國返滬，除帶來有聲電影器材外並聘來美國技師。

9月21日，《文藝新聞》第28期刊出對於洪深受明星電影公司派遣赴美國購買攝製有聲電影器材事的「非議」文章。

10月5日，《文藝新聞》第30期刊出〈說明自美國回來之真象——洪深在病與憤怒中〉，洪深在該文中澄清了明星電影公司派其前往美國的情況事實，並表明自己事業追求之所在：

「想說事實，一、機器是買的，都是必要的。否則在照相和聲音方面，決計弄不好。二、技師是請的，兩位攝影師，一位電器工程師，兩位化學師。三、『並未』請導演。四、我們根本就不曾請導演，祇請技師，——就常識而論外國人能了解中國人生麼？」

「我自己呢，極願做成一位學者，但決不是所謂名流。我的生存是靠

自己的努力得來──我今天的地位，都是我一個人的心血，汗珠，努力得來
──你說我是別人造成的麼，你說我背後沒有靠山就不能生存麼！你這是存
心地氣憤我了，因為你明知道事實不是這樣。」

「我覺得我對於戲劇，研究了多年，略有心得。我對於後人最大的貢獻
就是將我研究所的寫了出來，庶幾以後從事戲劇的人，不必像我這樣吃苦費
力。」

11月，明星公司開拍洪深編劇張石川導演的片上發音的有聲電影《舊時
京華》。

本年，洪深為校址在上海吳淞炮台灣的中國公學授課。

時代

9月18日，日本國進攻我國東北，史稱「九‧一八事變」。

事件

2月7日，左聯成員共產黨員作家柔石、胡也頻、殷夫、李偉森、馮鏗
等，被政府在上海龍華秘密殺害。

7月，我國在日本拍攝完成的第一部片上發音有聲故事片《雨過天晴》
在上海公映。

評述

「《歌女紅牡丹》開始了中國有聲電影的攝製。」（中國電影發展史‧1：
程季華主編，中國電影出版社，1980年8月。）

「在電影工作上，洪深繼續作出了貢獻。1931年，在他的策劃下，明星
公司開拍了中國最早的有聲（片上發音）電影之一。前此本來已有兩部，其一

是華光電影公司拍攝的《雨過天晴》，其二是天一公司的《歌場春色》。前者是到日本拍攝的，後者是聘用美國技師和租用他們的器材拍攝的。在這個時候，明星公司派洪深去美國採購有聲攝影器材和聘請技師。當年8月，洪深攜同器材和技師回國，拍攝了由他編劇的《舊時京華》。電影公司自力製作有聲電影，在中國，應以此為起點。」（畢生獻身影劇的洪深：余惠：香港海洋文藝，第六卷第四期，1979年4月10日。）

「田漢與洪深，在中國之近代戲曲史上，實是一對雙璧，則後者在其成就上，從某一點來說卻更富有偉大的性質，他自開始寫劇以來，就接近於現實主義，在《趙閻王》一劇中，這樣的傾向，就很為顯明，但在《香稻米》中，卻越發展開著現實主義的風格了。」

「《香稻米》劇本的中心問題，雖在描寫農村經濟之急速地崩潰，但豐災卻成為其重要的插曲。通過豐災這一現象的表面，來透視農村經濟破產這一大悲劇的全景。這半殖民地社會構造的特質，都被作者在《香稻米》中用著非常複雜的場面，將它表現出來。」

「作者把這落後的農民意識生長的過程，由於所受的現實底殘酷打擊，漸漸地在心理上起了變革，而摧毀著舊有的消極觀念，是很清楚地將它描繪出來。」（「香稻米」：王淑明，文學第三卷第1號，1934年。）

「復旦劇社不久將舉行第十一次公演。目前該社指導洪深先生因故離校。」（復旦大學校刊：85＃，1931年3月20日。）

「聞說《說慌者》公演時，洪深先生擬由津趕來一觀。」（復旦大學校刊：97＃，1931年5月25日。）

「聞該社排演《說慌者》此劇時，曾請已赴津之洪深先生蒞校指導，洪先生認為十分滿意云。」（復旦大學校刊：98＃，1931年5月30日。）

「洪深自去年大光明映羅克之《不怕死》而醸成『案』後，繼即住宅被搜查，近又以現代學藝研究所掛名所長的緣故，致被高等法院二分院開刑庭偵查。洪氏原為復旦與暨南兩大學教授，去歲為避免外界誤會而辭職，今年始到校復課。今洪氏即將遠行，（就任天津大陸銀行秘書長）。特訪

之明星影片公司導演部，2月27夜」（氏將去滬他行‧洪深訪問記：文藝新聞，
1931年3月16日。）

　　「1931年，我十七歲，父親決定我到上海上學。我選擇進中國公學大學
預科，中國公學的校址在吳淞炮台灣，校長是胡適──待我入學後才知道已
換成邵力子，還有如郁達夫、徐志摩、洪深等著名教授。」（九‧一八前後：
杜宣，解放日報，1995年7月6日。）

書目

1. 舊時京華（有聲電影）：明星影片股份公司，1931年。
2. 如此天堂（有聲電影）：明星影片股份公司，1931年。
3. 香稻米（三幕話劇）──農村三部曲之二
　　（1）現代月刊，第四卷第2期／第3期／第4期，1933年12月／
　　　　1934年1月、2月；
　　（2）「香稻米」第一幕──豐年，現代戲劇選‧上，北新書局，
　　　　1934年8月；
　　（3）農村三部曲，上海雜誌公司，1936年6月；
　　（4）洪深選集，開明書店，1951年7月／1952年9月；
　　（5）洪深劇作選，人民文學出版社，1954年11月；
　　（6）洪深文集‧1，中國戲劇出版社，1957年11月／1988年3月；
　　（7）「香稻米」單行本，人民文學出版社，1962年10月；
　　（8）洪深代表作，河南人民出版社，1986年10月；
　　（9）海上文學百家文庫‧洪深卷，上海文藝出版社，2010年5月。

電影《歌女紅牡丹》影照。

1932年　39歲

民國二十一年壬寅

事記

　　洪深自天津回到上海，繼續在復旦大學和暨南大學任教。

　　洪深在本年創刊的文學月報作家自傳專欄，發表〈印象的自傳〉一文；文中洪深不隱瞞地解剖自己：

　　「我一生也演過不少的喜悲劇，誠然是充滿著矛盾；我也曾隨波逐流，做過許多別人都做的事情；我也曾牢持己見做人家絕對不肯做的事情；我還做過許多那別人想不到我會做的事情；甚至做過我自己曉得不應該或不必做的事情。關於我的已往，有一位朋友，曾這樣的說過：『你的行為和你的歷史環境是不容分離的；你再強硬一點，你會沒有了；你再軟弱一點，你也沒有了。』」

　　春，洪深受明星影片股份有限公司委託，請政治身份明顯「左派」的幾位著名作家阿英（錢杏邨）、夏衍、鄭伯奇參加該公司的電影編劇工作。

　　7月，中國電影藝術研究會在上海《晨報》創辦《每日電影》副刊，洪深為發起人之一；並撰稿發表。

　　7月，洪深發表《美國人為什麼要到中國來辦影片公司攝中國片》文章，指出其意是欲完成經濟侵略。文章認為：

　　「經濟侵略的完成，也就是文化侵略的完成。」

　　「中國的影片公司，為了要做生意，就不知不覺的祗做些與政治與社會經濟全無關係的作品了。什麼戀愛神聖呀，什麼社會黑幕呀，什麼肉感香豔呀，什麼武俠神怪呀，於現代社會毫無益處但是足以迷惑麻醉群眾，造成大

眾錯誤的心理與意識的影片。等到有一天，中國的電影業完全被美國的資本所操縱的時候，我們還想做什麼反帝的片子麼，社會革命的片子麼，甚而至於狹義的愛國片子麼！這個時候，一個重要的兵器，握到別人手裏去了。每一個電影院，就是一個奴隸養成所。」

同月，洪深撰寫了〈關於中國第一有聲影片公司幾件事實追問〉的長文，在《每日電影》副刊連續刊出，批駁了在美國註冊的中國第一有聲影片公司有關當事方的辯白。

英國作家休斯（Richard Arthur Warred Hughes）訪問上海，洪深出席上海文學界人士和英國這位寫劇本也寫小說的作家會面座談。

本年，洪深第二任妻子洪余氏，因久患肺疾不治在江蘇武進病逝。洪深和余永珍生有四個孩子：子，鎮、女，鈴、女，銅，另有一個（性別、排行均不詳）過繼給洪深唯一的同母胞妹。洪余氏病逝時這四個孩子健康在世。

時代

1月28日，日本侵略軍進攻上海，蔡廷鍇領導的國民黨第十九路軍對日軍進行了英勇抵抗，即「一・二八」事變。

事件

本年，經中國共產黨領導同意，共產黨員夏衍和阿英及左翼文化工作者鄭伯奇接受明星電影公司邀請加入該公司編劇委員會工作。

評述

「『九・一八』事變後，我轉到暨南大學讀書。暨南和復旦兩個學校的劇團都是左翼『劇聯』領導下的。著名戲劇家洪深教授在兩校同時兼課，

並親自領導這兩個劇社。」（在舞台上的人生‧上：舒湮，新文學史料，1996年第4期。）

「洪深先生是一位傑出的戲劇教育家和電影藝術家。我是在他擔任暨南大學外文系主任時蒙受教誨，獲得戲劇的啟蒙知識。他的教育方法重實踐。他的課堂，既是課堂，也是實驗室。他為我們排練蕭伯納的《英雄與美人》，親自校正每一句台詞，親自出馬示範每一個動作。他不是照搬洋教條，而是號召學生向民族傳統學習，從戲曲取經借鑒。他鼓勵我們去聽俞振飛先生——當時俞在暨南兼任京劇、昆曲課程——的課。洪先生自己也『玩票』。」（中國話劇的奠基人：舒湮，回憶洪深專輯，中國文史出版社，1991年7月。）

「1932年，王瑩那時也在暨南大學讀書，洪深先生是他們的老師，教『英國詩歌』課。王瑩對話劇有興趣，並有演出的經驗；朱雯正被洪深先生邀去參加《晨報‧每日電影》的創刊、撰稿工作，所以有時他們一起去看洪深先生。」（創作雜憶‧（二）：羅洪，新文學史料，1988年第3期。）

「明星電影公司為了尋求出路，正苦無計可施之際，顧問洪深眼看時機成熟，就向老闆們提出，邀請一些進步作家來當編劇顧問寫些劇本，一定能使公司面貌改觀而擺脫困境。」（中國左翼電影：魯思，影評憶舊，中國電影出版社，1984年6月。）

「1932年四、五月間，素有『明星』智囊之稱的洪深不失時機地向『明星』三巨頭進言，提出轉變方向，請幾位左翼作家來當編輯顧問的建議，為他們所接受。」（胡蝶：朱劍，蘭州大學出版社，1996年4月。）

「1932年，大約四、五月，洪深來找我，說明星電影公司老闆周劍雲希望我並再找幾位有點名氣的作家做他們公司劇本顧問。洪深當時在那裏當編劇。洪深說，明星老闆感到形勢發展，如影片內容不改變，怕賺不到錢，所以才決定聘請幾位左翼作家。」

「我將這個情況向組織彙報了，不久秋白找夏衍和我去談話，決定派夏衍、鄭伯奇和我去。為此事，秋白對我說電影社會影響最大，既然請上門

來，我們為什麼不去？秋白說，我同周劍雲熟悉，洪深已在，這是個好條件，要利用它。」（阿英憶左聯：吳泰昌記，新文學史料，1980年第1期。）

「張石川則一般說來在政治上是一個中間偏右分子。但他對洪深這位留美名教授卻十分信任。因此，在『一‧二八』之後的特定環境中，洪深提出聘請幾個左派人士來當顧問，就表示了同意。」（進入電影界：夏衍，香港中國電影研究第一輯，香港電影學會出版，1983年12月。）

「二十年代末三十年代初懂得一點電影的，我可以舉出兩個人：一個是孫瑜，他在美國學過電影攝影。另一個是洪深，他在美國學過戲劇。」（在「二十～四十年代中國電影回顧」開幕式上講話：夏衍，新文學史料，1984年第1期。）

「1932年7月13日，戲劇家洪深看到報上『中國第一有聲影片有限公司（美國註冊）』的大幅招股廣告，不禁怒火中燒，他意識到，要是這一計畫變成現實，那麼中國的民族電影就永遠完了。這可是個嚴重的問題呀！洪深從不願意得罪人，但在大是大非面前，他也不怕得罪人。於是他立即命筆，寫了一篇長文〈美國人為什麼要到中國來辦影片公司攝中國片──請注意別放過了這個問題〉，於7月23日在上海《晨報》全文刊出。」

「洪深一針見血地指出，『中國第一有聲影片公司』的開設。『和日本人在上海開紗廠一樣：中國人出汗出血、做牛做馬，』供那『帝國主義者享用作樂。』而經濟侵略和文化侵略不可分，『經濟侵略的完成，也就是文化侵略的完成。』……『每個電影院，就是一個奴隸養成所，使得你服服帖帖地接受他們的統治和壓榨。』不久，《晨報》又發表洪深另一篇長文〈關於中國第一有聲影片公司幾件事實追問〉，提出44個實質性問題，要求該公司回答。」

「洪深大義凜然的登高一呼，激起社會強烈反響……鬧騰得沸沸揚揚的所謂『中國第一有聲影片公司』，至此徹底瓦解。洪深的爭議吶喊，中國人民的憤怒聲討，終於挫敗了美帝國主義妄圖壟斷中國民族電影的罪惡計畫，捍衛了民族尊嚴。」

「魯迅說過：『我們自古以來，就有埋頭苦幹的人，有拼命硬幹的人，

有為民請命的人，有捨身求法的人，……雖是等於為帝王將相作家譜的所謂正史，也往往掩不住他們的光耀，這就是中國的脊樑。」洪深正是這種『中國的脊樑』型的人物，他既有三閭大夫的至情至愛，又有戰國士林的俠義心腸，但他的敢於拍案而起、挺身而出，絕不是為了報答某個『恩主』的知遇之恩，而是為了民族大義。自從三十年代初加入左聯以後，他身上那種我國古代義士的『當理不避其難，臨患忘利，遺生行義，視死如歸』的剛烈品格就表現得更為突出，對『中國第一有聲影片公司』的鬥爭就是一例。」（「黑旋風」，好樣的！：姚辛，上海文匯報，2001年6月19日。）

「聲譽卓著之復旦劇社，不日將公演名劇：過去在洪深指導下排演過《寄生草》、《西哈諾》、《說謊者》為社會人士所讚譽。表演細膩，台詞清晰，態度雅正。最近因東北義勇軍長期抵抗，飽械具缺，為彼此共盡公責，乃排名劇《勝利》、《戰友》。」（復旦大學校刊：128＃，1932年11月14日。）

「為東北義軍捐款，復旦劇社在體育館作第十二次公演：該社前老闆洪深先生也帶著笑臉前來。」（復旦大學校刊：132＃，1932年12月12日。）

「為義軍籌款，復旦京劇社行將彩排：除大部分會員義務登台之外，並聘請海上名票加入表演，節目有洪深教授之『瓊林宴』。」（復旦大學校刊：133＃，1932年12月19日。）

書目

1. 青龍潭（四幕話劇）——農村三部曲之三
   （1）農村三部曲，上海雜誌公司，1936年6月；
   （2）洪深選集，開明書店，1951年7月／1952年9月；
   （3）洪深文集・1，中國戲劇出版社，1957年11月／1988年3月；
   （4）洪深代表作，河南人民出版社，1986年10月；
   （5）海上文學百家文庫・洪深卷，上海文藝出版社，2010年5月。

2.印象的自傳

　　（1）文學‧現代中國作家自傳，第一卷第1期，1932年；

　　（2）洪深文集‧4，中國戲劇出版社，1959年6月／1988年3月；

　　（3）洪深文抄，人民文學出版社，2005年9月

3.時代下的幾個必然人物

　　（1）文學，第一卷第2期，1932年；

　　（2）洪深文抄，人民文學出版社，2005年9月。

4.我對於「九‧一八」的感想

　　（1）文學，第一卷第3期，1932年；

　　（2）洪深文抄，人民文學出版社，2005年9月。

5.上海晨報‧每日電影

　　（1）有聲電影的基本知識：1932年7月／9日／10日／11日；

　　（2）美國人為什麼要到中國來辦影片公司攝中國片：1932年7月21日；

　　（3）關於中國第一有聲影片公司幾件事實追問：1932年7月29日／31日；

　　（4）影評‧「慈母」／「一夜豪華」：1932年7月8日；

　　（5）影評‧「小英雄」甚好：1932年8月5日；

　　（6）影評‧「弄假成真」：1932年8月10日；

　　（7）影評‧「奮鬥」：1932年8月13日；

　　（8）影評‧「飛來橫禍」：1932年8月26日；

　　（9）影評‧「愛神笑匠」：1932年9月4日；

　　（10）影評‧「戀愛時代」：1932年9月10日；

　　（11）影評‧「傷面人」：1932年10月29日；

　　（12）影評‧「顛鸞倒鳳」：1932年10月；

　　（13）影評‧「天魔」：1932年11月19日；

　　（14）影評‧「三姐妹」：1932年11月27日；

　　（15）影評‧「戲妻記」：1932年12月24日

　　（16）影評‧「二十年前之秘史」：1932年12月25日；

（17）「情醫」：署名洪深／席耐芳，1932年9月24日；

（18）「努力」：署名洪深／孟令，1932年11月9日；

（19）「聰明三女子」：署名洪深／孟令，1932年12月15日；

（20）關於」戰友」：署名洪深／蘇鳳，1932年12月15日。

1932年英國作家休士（Richard Arthur Warred Hughes）訪問上海時和上海文學界，右三洪深。

1933年 {40歲}

民國二十二年癸酉

事記

洪深繼續在上海復旦大學和暨南大學任教。

洪深繼續為明星影片股份有限公司編導：洪深為公司編劇《壓迫》，導演陽翰笙編劇的《鐵板紅淚錄》。

元旦出版的《東方雜誌・新年的夢想》專欄中，洪深的〈答「新年的夢想」〉是：「我對於我個人生活的夢想是很簡單的。我只夢想著，明年我吃苦的能力會比今年更堅強。」

1月，洪深撰寫〈歐尼爾與洪深──一度想像的對話〉一文；在該文中，洪深談了他對何謂戲劇「創作」的認識。

「一齣戲最主要的，是中心思想，就是那佐證閱歷了人生，受了人事的刺激，所發生的對於社會的一個主張一個見解一個哲學；簡單地講就是他對大眾要說的一句話。他所說的這句話，必須是正確的，是能改進社會的，這戲才算有價值。」

「如果一個作者是誠懇的要對大眾說一句話，他的劇本裏，故事情節儘管舊，人物與社會背景一定是新的；這就是他的創作了。」（歐尼爾與洪深──一度想像的對話：洪深，現代出版家，第10期。）

春，洪深和常青真在上海由（馮姓）律師簽署文件二人結婚。

「在我妻子患肺癆症故後若干時期，同學為我介紹一位仕宦家風的女友，彼此意氣頗為相投；她曾對我說：『以你這樣才幹，做官一定比做編導更有作為；在這一方面，我可以助你一臂之力。』我不免又遲疑起來，而一

遲疑竟把婚姻也遲疑掉。我現在這位夫人，是另一位別具見解的平民女性，不願我做官，家庭間到是協同一致的了。」（洪深文集·4·戲劇官：洪深，中國戲劇出版社，1959年6月。）

「你爸爸在前妻去世後，曾經與復旦大學外文系畢業的一位張女士——家在青島——有過一段感情發展，但是因為女方要你父親做官才肯答應婚事，因此未成功。」（1986年9月11日洪深妻子常青真同洪鈴的談話。）

「常青真同志談到他們的家庭生活，她說她和洪深同志無論年齡和知識都相差很遠，但二十多年來生活很美滿，她把洪深同志看作老師和朋友。她還說，洪深同志性格很可愛，他對兩個孩子有很好的影響。兩個孩子很用功，愛看書，回家就坐著看書，很少說話。」（回憶洪深同志的創作和生活——記常青真同志的談話：狄小青，劇本月刊，1957年10月號。）

「洪深同志是我的愛人，更是我的良師益友。我的年齡、思想、文化程度都比他幼稚得多，是他逐步幫助我學習，成長起來的。」（懷念親人洪深：常青真談／李嘉整理，戲劇藝術，1981年第2期。）

「洪老一生，對孩子、對妻子、對家庭，充滿了感情，很負責任。洪老對孩子和妻子是平等的，滿懷著愛護和關心。」（1995年12月24日洪深妻子常青真在上海住所，對常州市文化局蔣柏連／韓斌生兩同志的訪詢而談，洪鈴面聽。）

2月，愛爾蘭作家蕭伯納（George Bernard Show）訪問上海，洪深作為中國戲劇與電影文化團體代表請蕭伯納吃飯演說並擔任翻譯；其時，洪深與蕭伯納合影。

「蕭先生是當代的一個重要作家，在種種意義上，都有一定的歡迎價值。所以我很高興地做了中國戲劇及電影文化團體的代表，去請他吃飯演說，同時又答應替《時事新報》做一次臨時訪員，寫一篇談話。」

「據說蕭老先生不是怕別的，是怕人家把他當作新鮮物事看，如五腿馬三腳蛇之類。……拒絕做小市民的欣賞物，蕭先生當然是應該的。他哪裡會曉得，在中國的民眾中，也有一部分人，想領受他一點指導，想聽他幾句公平的誠實的批評與證言，或者還能與他共鳴呢？」（迎蕭灰鼻記：洪深：時事新

　　「他說，大學教育不是教育，因為把個人的自由意志都摧殘淨盡；這個使人想起他從前是『天才崇揚者』。……他又說，我勸學生革命，不勸學生暴力抗鬥，因為在馬路上與警員對持，一定要被打破頭的；這個使人想起他是一個Fabian。他這樣的說法，未嘗沒有相當的理由，但正和他的同鄉前輩王爾德一樣，說的話雖然新鮮可喜，但是『似是而非』的；是part truth而不是whole truth。」

　　「只有他說蘇俄的他處，是坦直而誠懇的。」（幽默矛盾蕭伯納：洪深，論語，1933年3月。）

　　3月，洪深當選為中國民權保障同盟上海分委會執行委員會委員。

　　4月，洪深創作的獨幕話劇《五奎橋》，由他所執教的復旦大學學生社團復旦劇社做了第一次正式公演；洪深自任主角。

　　5月，丁玲被政府關捕，洪深與多位文化人士聯名要求政府給予釋放。

　　6月20日，洪深到萬國殯儀館弔唁民權保障同盟領導人之一楊杏佛先生。

　　7月，《文學》月刊創刊，洪深為編委會成員。

　　9月9日和10日，洪深就南京新民報刊登卜少夫〈致洪深〉一文，在上海《晨報》每日電影欄發表了〈問卜少夫〉（上／下）；洪深正面回擊了卜少夫在文中用洪深父親政治生命的遭遇對自己的辱罵：

　　「你最刻薄的，恐怕也就是你最得意的筆，就是說我是『洪述祖的令郎』、『先天遺傳下反革命的種子』，反革命等於殺頭，這不就是立即就地明正典刑梟首示眾的罪名嗎？一個人和別人有仇嫌，便連人祖宗八代一起罵。」

　　「你要毀壞我的名譽，所以散造謠言，這是你最取巧的一點，也是你最懦弱的一點。因為連你自己也不曾相信，連你自己也不敢肯定的。」

　　洪深也挑明了卜少夫捏造事情誣衊侮辱自己的原由：

　　「這第二次是在明星公司裏，素不相識地你忽然來找我，見面第一句就恭維我，好像說話還帶些揚州口音。我和你談了一回閑天，最後把你用雙

掛號寄到明星公司預備出賣的兩個電影劇本，當面奉還的。」（問卜少夫：洪深，上海晨報‧每日電影，1933年9月9日／10日。）

9月19日，洪深撰寫的〈告別《每日電影》讀者〉一文在上海《晨報‧每日電影副刊》登出。

「在許多方面，我近日受到重大的打擊；我感到孤獨。我痛苦極了，但是我此刻還不曾摸清，其間的過失——如果是真有過失的話——到底完全是我的呢？還完全是別人的？還是一部分是我的，一部分是別人的？我應當檢查一番，清算一回，嚴厲地自我批評一下。我此刻激蕩和混亂的情感，需要我的理智去制裁去管束，所以我將暫時的靜止，我將暫時的沈默。但是，對於我所愛好的戲劇與電影，我是決不放棄的。我當繼續努力。」（告別《每日電影》的讀者：洪深，上海晨報‧每日電影，1933年9月19日。）

10月，洪深撰寫〈戲劇的人生〉一文；這是洪深對於自己從清華學校到美國留學學生生活階段的回顧；此文作為本年出版的洪深《五奎橋》一書的代序首次與讀者見面。

10月，洪深為自己的戲劇論文集撰寫了序：「一個人去翻閱他從前所寫的文字，便好像是去探訪他多年未見的舊朋友一樣，心裏多少要擔著些心事。時代是奔馳得這樣快，人事是變遷得這樣多，今日之我，早已不是從前之我了；而所寫的文章是不改變的；不知此番見面之後還能要他做朋友否！。」

「在這多篇文字中，我只對於論表演術的三篇，比較能夠自信。用『行為心理學』來解釋戲劇表演的技術，是我斗膽首創的；敬請諸位『法家正之』。」（洪深戲劇論文集‧自序：洪深，天馬書店，1934年。）

9月和10月，洪深在《戲》雜誌發表〈表演電影和表演話劇〉和〈三個S〉兩篇關於表演藝術的短文。

「舞台成功的演員，了解了二者的不同，是可獲銀幕成功的。」（表演電影和表演話劇：洪深，戲雜誌，第1期，1933年9月。）

「Sincere——誠懇不造作；Sureness——做戲不猶豫；Sportaneity——

按部就班如第一次一樣。」（三個S：洪深，戲雜誌，第2期，1933年10月。）

時代

2月19日，蔣介石在南京發起新生活運動，鼓吹「發揚四維八德」。

事件

6月18日，中國民權保障同盟領導人之一楊杏佛在上海被暗殺。
9月，政府成立「電影事業指導委員會」及所屬「劇本審查委員會」。

評述

「洪老十分愛家人，愛洪師母，愛所有的孩子們。他經常出去工作，臨走或從外邊回來，總要親親洪師母和孩子們。不管什麼時候，洪師母總是無微不至地照顧著洪老。家庭中充滿著樂趣，即使在生活最困難的時候，也沒有改變他們樂觀的生活態度。」（一個真實的人，一代文藝家：吳佟，回憶洪深專輯，中國文史出版社，1991年7月。）

「中國民權保障同盟上海分委執行委員會昨日下午四時，在八仙橋青年會召集會員大會。到會宋慶齡、楊杏佛、……洪深等四十餘人。規定中央執委不得同時兼任分會委員，故宋等七人辭去上海分會執委職務，另由會員中選舉。郁達夫二十七票，洪深二十六票，沈鈞儒十九票，王造時十五票，……。」（申報，1933年3月19日。）

「1933年5月23日，民權保障同盟領導人發起，許多文藝界人士簽名，發了營救丁玲、潘梓年的電報。蔡元培、楊銓、陳彬和、胡愈之、洪深、鄒韜奮……在電報上簽名的名單很重要。」（魯迅和中國民權保障同盟：倪墨炎，新文學史料，1981年第3期。）

「1933年6月20日,膠州路萬國殯儀館楊杏佛大殮之日,那天我也在場,目睹民權保障同盟的其他領導人蔡元培、魯迅、鄒韜奮、胡愈之、沈鈞儒、洪深等,也和宋慶齡一樣,冒著生命危險,親臨弔唁。」(紀念楊杏佛的「進步知識份子的典型」:陸詒,上海解放日報,1983年9月8日。)

「《鐵板紅淚錄》被認為是洪深所導演的影片中最好的一部。洪深在左翼電影運動時期,特別是1933年時期,是有不小的貢獻的。」(中國電影發展史·1:程季華主編,中國電影出版社,1980年8月。)

「在明星公司中比較進步的朋友就是洪深,他參加明星是比較早的,有聲電影就是明星公司派他去採購器材的。」

「洪深、夏衍來找我,要我寫劇本。我說:『我是寫小說的,不會寫電影劇本。』洪深就說:『你就照小說寫麼,我給你改。《鐵板紅淚錄》就是這樣寫出來的。又是鐵板,又是紅淚,本來就不通嘛。洪深說:『就是要不通,不通才能通過。』」(陽翰笙,1983年電影年鑑。)

「《文學》創刊於1933年7月。《文學》不屬左聯領導。我和振鐸研究了編委會名單,提出了十個人。都是文藝界知名人士,即魯迅、葉聖陶、郁達夫、胡愈之、洪深、傅東華、陳望道、徐調孚以及鄭振鐸和我。」(回憶錄·十六:茅盾,新文學史料,1982年第3期。)

「洪深的影評,學術性頗濃,像發表在《晨報·每日電影》的〈《大飯店》評〉不但深入地分析了片子的得失,還將小說與電影做了比較。他是中國電影的開闢者之一,研究中國電影的人,不應忽視他所作的貢獻。」(中國現代文學與中國電影:劉以鬯,短綆集,中國友誼公司出版,1985年2月。)

「描寫帝國主義經濟侵略下工人鬥爭生活的《香草美人》和《壓迫》:從洪深加工改編的《香草美人》和他自己寫作的《壓迫》中,可以看出他在接受了無產階級文化思想的領導與影響後的巨大進步。他不僅已從狹小的資產階級上層社會題材圈子裏走了出來,而且直接接觸到了工人生活鬥爭的題材。」(中國電影發展史·1:程季華主編,中國電影出版社,1980年8月。)

「復旦劇社排演名劇《五奎橋》:《五奎橋》須演員七十多人,偉大不

亞於《西哈諾》，朱端鈞導演。」（復旦大學校刊：137＃，1933年3月6日。）

「為抗日籌款，復旦劇社加緊排演《五奎橋》，洪深教授自任主角。」（復旦大學校刊：141＃，1933年4月3日。）

「復旦劇社公演，下星期在本校，為抗日會募捐：此次公演系應抗日會請求，專為募集款項購買勞品之用。售得票資，除一部分開支外，將全數交抗日會支配。《五奎橋》早已開排，演員除洪深教授，校工亦將加入公演，人數眾多，佈景複雜不亞於《西哈諾》。」（復旦大學校刊：142＃，1933年4月17日。）

「復旦文藝研究會創始於去歲，本學期因加入者多，遂決定擴大組織，並決定聘請謝六逸、趙景深、洪深、穆木天四教授為各組——文藝理論、戲劇、詩歌」指導。（復旦大學校刊：143＃，1933年4月24日。）

「復旦劇社改演《香稻米》：茲因阿Q正傳劇本尚未編就，本學期內改演《香稻米》，十一月初開排，朱端鈞導演。」（復旦大學校刊：156＃，1933年10月30日。）

「復旦劇社排演《香稻米》——洪深教授繼《五奎橋》的力作：洪深三部曲之一《五奎橋》在上學期由復旦劇社演出，獲得極好譽論及轟動全國的劇壇。最近復旦劇社又排三部曲之二《香稻米》。」（復旦大學校刊：160＃，1933年11月27日。）

「《香稻米》為大場面，需要演員極多，且排演亦殊費時，故臨時改變方針，改演《蠢貨》。」（復旦大學校刊：161＃，1933年12月4日。）

「復旦劇社行將公演——並配奏音樂：《約翰曼利》是洪深先生曩年在美國所演過的一個劇本，現由朱端鈞譯成中文，它含著傳統道德氣味的舊內容，同時它還用著旁白、獨白……，為愛而犧牲的故事中，充滿了詩的情調，流露著無限崇高和優良的情感。這裏還有一首凄惋的歌曲，配著哀怨的音樂，尤為悅耳。」（復旦大學校刊：163＃，1933年12月18日。）

書目

1. 洪深戲曲集：現代書局，1933年6月。
2. 歐尼爾與洪深——一度想像的對話
   （1）現代出版家，第10期；
   （2）洪深戲曲集・序，現代書局，1933年6月；
   （3）洪深研究專集：孫青紋編，浙江文藝出版社，1986年2月。
3. 迎蕭灰鼻記
   （1）時事新報，1933年2月18日；
   （2）蕭伯納在上海（含），上海野草書屋，1933年；
   （3）洪深文抄，人民文學出版社，2005年9月。
4. 幽默矛盾蕭伯納
   （1）論語半月刊，1933年3月1日；
   （2）洪深文抄，人民文學出版社，2005年9月。
5. 我的經驗
   （1）創作的經驗（含），天馬書店，1933年5月；
   （2）洪深研究專集，孫青紋編，浙江文藝出版社，1986年2月。
6. 戲劇的人生
   （1）五奎橋・代序：現代書局，1933年12月；
   （2）農村三部曲（含）：上海雜誌公司，1936溺愛；
   （3）五奎橋（含）：上海鐵流書店，1945年／1946年；
   （4）洪深文集・1：中國戲劇出版社，1957年11月／1988年3月。
7. 洪深戲劇論文集・自序
   （1）天馬書店，1934年初版；
   （2）洪深研究專集，孫青紋編，浙江文藝出版社，1986年2月。
8. 表演電影與表演話劇
   （1）戲雜誌，第1期，1933年9月；

（2）洪深文抄，人民文學出版社，2005年9月。

9. 三個S——Sincere Sureness Sportaneity

　　（1）戲雜誌，第2期，1933年10月；

　　（2）洪深文抄，人民文學出版社，2005年9月。

10. 壓迫（電影劇本）：明星影片股份有限公司拍攝，1933年。

11. 香草美人（電影劇本）：洪深／馬文源合編，明星影片股份有限公司拍攝，1933年。

12. 上海晨報‧每日電影

　　（1）影評‧「大飯店」評，1933年2月3日；

　　（2）影評‧莫斯科之英雄：1933年5月29日；

　　（3）影評‧鐵血鷹魂：1933年9月9日；

　　（4）影評‧「生路」詳評：署名洪深／席耐芳，1933年2月17日；

　　（5）影評‧「父母子女」：署名洪深／孟令，1933年10月21日；

　　（6）問卜少夫‧上／下：上海晨報‧每日電影，1933年9月9日／10日；

　　（7）告別《每日電影》的讀者：1933年9月19日。

導演

1. 鐵板紅淚錄（電影）／陽翰笙編劇：明星影片股份有限公司，1933年11月；

電影《鐵板紅淚錄》攝製組，中立戴眼鏡者為洪深。

1933年2月洪深與蕭伯納在上海合影。

1934年 41歲

民國二十三年甲戌

事記

春季學期，洪深繼續任復旦大學教授。

洪深在文學工作方面亦是積極的，成績豐富：

洪深1933年創作於本年年初發表的電影劇本《劫後桃花》，內容貼近現實，故事感人，同時亦是中國第一個電影文學與分鏡頭一起的電影劇本。

「『九‧一八』『一‧二八』以後，新舊文藝各文種的作家們，開始形成抗日統一戰線；各人用他所熟悉的形式，寫作當時號稱的『國防文學』。《劫後桃花》便是這樣的一部反日帝的電影。」

「《劫後桃花》則是電影的初期的『文學劇本』的一個摸索，勉求寫得前後連貫，讀之成文，而同時仍可依之編寫『分鏡頭』的工作台本。」（洪深選集‧自序：洪深，洪深選集，開明書店，1951年7月。）

洪深也撰寫文學論文，提出了在文學創作時自己的關注點。

「要明確的解釋文學，除了社會成分外，個人成分也值得注意。除了從社會經濟等方面做綜合的觀察，對於作者的『行為的歷史』也得同時顧到研究。」（文學中的所謂個人成分：洪深，申報月刊，第三卷第5號，1934年5月。）

5月31日，洪深在自己與張常人合編《一周間》週刊第3期上，刊登〈編者的答辯〉一文，對《大晚報‧火炬》發表的以讀者名義質問《一周間》發表洪深撰寫的〈水鳥與烏龜〉一文，予以說明：文章是譏諷『烏龜政策』，是不願意中國民族做烏龜。

5月，洪深撰寫完成〈申報總編纂《長毛狀元》王韜考證〉一文；該文

是洪深專為6月出版的《文學》雜誌中國文學專號而寫。

洪深對於王韜這位生活在十九世紀滿清時代的中國知識份子的考證，是企望：「我們可以明白認得王韜的生平、性格、事業和他在文化上的貢獻。」洪深更是指出當時不多有的曾遊歷歐洲的這位平民知識份子：

「一生也有不少的矛盾：勸人不要『遁跡居夷』，而後來自己竟是老做西人的傭書；又如他數四上書清軍當局，獻呈剿滅太平之策，而後來又去上書忠王，勸他奪取上海；這些都不足怪；這些都是一般知識份子動搖轉變的常態。」洪深認為：「在變革動亂的時期中，不僅是王韜一個人是如此；也不僅是在太平革命的一個時期中是如此的。」

7月，洪深發表了自己對於中國戲劇改良觀點的文章。

「昆劇的代替北曲，是民眾戲劇的逐漸貴族化。它的存在，祇可供少數學者的研究與鑒賞。」

「封建的但是大眾的歌劇不妨仍予利用，惟須徹底改換內容。好在一部二十四史中的史實，本是為適合某一時代政治需要而任意改造的。」

「話劇的創作應不受任何的傳統的約束。」（中國戲劇的改良：洪深，申報月刊第3卷第7號，1934年7月）

洪深從美國回來後購買西文書籍近萬冊，他在離開復旦大學擬往青島山東大學任教前，將自己的藏書捐贈給了復旦大學。洪深先後將自己藏書捐贈復旦大學總約三千冊。

8月，洪深攜妻子常青真和病故的第二位妻子洪余氏生的兩個女兒鈴和銅到青島，任《山東大學》外文系主任；全家住青島當時的黃縣路11號，直到洪深離開青島。

9月6日，撰寫〈告別戲劇界的諸位朋友〉一文：

「我們都是為戲劇努力的人！我們為什麼要為戲劇努力？我們為的是要使戲劇能夠盡它在文化運動上應負的使命！這一點是我們友誼的根據，」（告別戲劇界的諸位朋友：洪深，中華日報・戲週刊，第一卷第1期，1934年9月。）

9月，洪深為回應「左聯」開展的大眾語討論，撰寫〈大眾語和戲劇對

話〉一文。

10月，洪深在青島撰寫了〈我的失地〉一文：「我每次到青島，也許我是太『生的門得爾』——Sentimental——吧，總得設法到南九水去探視一次。去時總是獨自一人的時候多；我輕易不敢對人家說，我才是這屋的真正主人；人家也不曉得我還有這樣一塊『失地』。」（我的失地：洪深，太白半月刊，第一卷第4期，1934年11月5日。）

11月，洪深在青島故地撰寫發表《留得青山在》一文。

「松槐無恙，青島『大衙門』頂上的國旗可是已經換過三次了。青島的青山，怎樣可以留得住！」（留得青山在：洪深，太白，第一卷第5期，1934年11月20日。）

12月，洪深不滿「文學對於現代中國究竟有什麼好處」的說法，寫〈文學被打入冷宮以後〉之文。

下半年，洪常氏在青島產下第一個孩子，這個女兒名鋼。

時代

2月，蔣介石配合軍事圍剿，加強了對國統區進步文化圍剿。

事件

11月14日，申報主辦人史量才被暗殺。

評述

「《文學》二卷四號是創作專號，登了小說十篇。此外，洪深的獨幕劇《狗眼》內，也有對走狗們的冷嘲熱諷，但那些走狗們（審查老爺們）對之無可奈何。」

「六月一日出版的二卷六期《中國文學研究專號》內容十分豐富。試舉出若干題目可見一斑：『十年來中國文學新資料的發現史略』／鄭振鐸、『中國純文學的姿態與中國語言文學』／魏建功、『中國詩歌中之雙聲疊韻』／郭紹虞、『論〈逼真〉與〈如畫〉』／朱自清、『申報總編纂〈長毛狀元〉王韜』／洪深、『左傳遇』／俞平伯、……。真是琳琅滿目，無怪魯迅幾次向我談到這期專號，每次都表示滿意。他當時還給鄭振鐸寫過信，稱讚這期專號：『本月《文學》已見，內容極充實，有許多是可以明白中國人的思想根柢的。』」（茅盾回憶錄・十七：新文學史料，1982年第4期。）

「在復旦大學豐富的藏書中，人們還能從許多劇本、小說……的扉頁上見到一方印記，文曰：『洪深教授捐贈』，那便是洪深捐贈的書籍。從這件事上，不但可以測知洪深教授的美德，亦可想像到他學識的淵博。」（從「洪深教授捐贈」談起：蘇明，戲劇與電影月刊，1981年第11期。）

「復旦劇社第16次公演，美國戲劇家奧尼爾傑作《瓊斯皇帝》，洪深、顧仲彝兩教授合譯。」（復旦大學校刊：177＃，1934年5月28日。）

「外國文學系挽留洪深教授：本校外國文學系教授洪深氏，在校授課將近十餘年，其學識之豐富，教讀之熱心，素為同學所敬仰。下學期因別種緣故，須北上一行，文學院長余楠秋氏，與洪深氏感情甚篤，堅持不允行。同學聞悉之下，亦深為不安，聞昨已派代表三人前往洪氏私邸挽留之。」（復旦大學校刊，180＃，1934年6月18日。）

「復旦劇社改組，內容整頓，組織完善。不幸在本學期失去了洪深先生的領導，使我們在進行上感到十二分的困難。雖然洪深先生離開了復旦，但我們不能放棄了對戲劇的努力。」（復旦大學校刊：182＃，1934年10月1日。）

「他的書全部都捐給了長期任教的復旦大學，自己完全是兩袖清風。搞戲劇的人雖然也有這樣清貧的，但像他那樣一輩子一個錢都沒有，完全為了戲劇事業，是我們永遠學不完的。」（他是一個真正的戲劇家：曹禺，回憶洪深專輯，中國文史出版社，1991年7月。）

「洪深（1894～1955），江蘇武進人。劇作家、導演藝術家和文藝理論

家，中國電影、話劇的開拓者，抗戰文藝先鋒戰士。1934～1936年任青島山東大學外文系主任。

洪深於1934年8月來到山東大學，於1936年10月（應是3月）離開回到上海。他在這短短的兩年間，做了不少的工作，給人留下了深刻的印象。

洪深，博學多才，是一位高產的劇作家、導演藝術家和文藝理論家，中國電影、話劇的開拓者，抗戰文藝先鋒戰士。他一生共寫了36部電影劇本，44本話劇劇本，導演了59部電影、話劇，寫了10多本電影戲劇理論著作和40篇論文。他曾編辦過10種文學、影劇雜誌、報紙副刊和叢書（包括與郭沫若、郁達夫、矛盾、葉聖陶等人合作的）。他先後在山東大學等6所名牌大學從事外文教學30年。

趙太侔出任山東大學校長後，經梁實秋的大力推薦，趙太侔的誠心邀請，加之趙太侔的夫人、著名話劇演員俞珊等人從旁勸說的情況下，洪深情不可卻地來到了山東大學，接替梁實秋擔任了外文系的主任。

當時，洪深已是文藝界的名家，但沒有一點兒名家的架子，為人慷慨，寬宏大度，平易近人，穿著也很隨便，所以很快與同仁們混熟了。別人頂撞了洪深，他從不惱怒，從不傷感情。

洪深一來到山大，便給外文系四年級學生開了『浪漫詩人』、『大學戲劇』、『小說選讀』等課。他講課有自己獨特的風格，不是照本宣科，而是在講好課文的前提下，著重於結合現實社會，重在實際的應用。在講授戲劇課時，洪深曾說：『在戲曲方面，我的大半生經驗，一個鐘頭就可講完。但重要的是怎樣去實踐。』

洪深倡議創辦了山大劇社，開展課餘戲劇演出活動，活躍了學生們的文娛生活。由他導演和主持演出的著名話劇《寄生草》，不僅在校內演出，還到市里去演出，獲得了校內外的廣泛好評。他還對進步的『海鷗劇社』作了大力的指導、保護。

洪深不僅是話劇戲劇家，也是京劇的行家裏手。他在大力推動新劇的同時，也非常熱愛京劇藝術，還能扮演角色演出。當時，他和俞珊都參加了青

島著名的京劇票友組織——和聲社。有一次，在山東大學的晚會上，洪深粉墨登場，在京劇《打棍出箱》中扮演范仲禹，他用腳踢起的帽子，恰好戴在了頭上，博得了一個滿堂彩。

當時，青島的文化生活很貧乏，被稱之為『荒島』。為了改變這種狀態，1935年7月的一天，洪深和老舍、王統照等12位文化名人，在一次聚餐會上決定，籌辦文學期刊《避暑錄話》，於7月14日正式創刊，隨青島《民報》發行，每週一期。這個刊物的名稱是洪深起的，目的是借『避暑』之名，能夠說出心裏話。刊物的發刊詞也是洪深起草的。《避暑錄話》雖僅僅出刊了10期，但是受到了讀者的熱烈歡迎，紛紛匯款訂閱。

洪深在授課之餘，繼續進行文藝創作。他於1934年在山大完成了電影劇本《劫後桃花》。它描寫的是德國侵佔青島後發生的一個故事，從一個角度反映了帝國主義者侵略中國的歷史。揭露了『為帝國主義侵略中國效勞的漢奸的無恥嘴臉。』1935年，明星影片公司將此劇拍成電影，由著名影星胡蝶主演，放映後在社會上引起了很大的反響，被譽為歷史的照妖鏡，青島歷史的寫真。」（山大擷珍——山大逸事：孫長俊主編，遼海出版社，1999年9月。）

「《劫後桃花》，祝有為當然是洪述祖的影子，但祝有為依賴外人勾結買辦的心理，作者並不加絲毫隱諱，他用批判的態度把自己的父親當作沒落的舊時代的人物。洪深蓋以劉花匠自比，劉花匠對於現實只知躲避，所以戀愛上也失敗了。洪深也是以批判態度處理自己的。洪告訴觀眾，要有堅強的意志，才能應付動亂的現實，這是現實主義的電影。」（上海春秋：曹聚仁，上海人民出版社，1996年8月。）

「洪深在《劫後桃花》中將對人間滄桑的一種無奈的淡淡的哀怨與對日本侵略者的憎恨巧妙地結合在一起，使人們在懷舊的同時警惕現時的危險。張石川清楚地意識到這是一個既有藝術價值又具有現實意義的優秀劇本，拍好了，還具有票房價值。」（胡蝶：朱劍，蘭州大學出版社，1998年4月）

「《太白》半月刊創刊號9月20日出版，22日即再版，可見轟動一時。創刊號上就有陳望道、胡愈之、洪深等人的七篇討論大眾語和拉丁化的文

章。」（回憶錄・十五：茅盾，新文學史料，1983年第2期。）

書目

1. 洪深戲劇論文集：天馬書局，1934年1月。
2. 劫後桃花（電影劇本）
　　（1）文學，第二卷第1號／第2號，1934年1月；
　　（2）洪深選集，開明書店，1951年7月／1952年9月；
　　（3）洪深文集・3，中國戲劇出版社，1959年6月／1988年3月；
　　（4）『五四』以來電影劇本選集・上，中國電影出版社。
3. 1933年的國產電影
　　（1）文學，第二卷第1號，1934年1月；
　　（2）洪深文集・4，中國戲劇出版社，1959年6月／1988年3月。
4. 奧尼爾年譜：文學，第二卷第三號，1934年3月。
5. 瓊斯皇（話劇劇本——美國奧尼爾著）：洪深／顧仲彝合譯，文學，第二卷第3號，1934年3月；
6. 辛克萊・路易斯年譜（據 Cart Van Doren 原著譯編）：文學，第二卷第3號，1934年3月。
7. 狗眼（獨幕話劇）
　　（1）文學，第二卷第4號，1934年；
　　（2）中國現代獨幕話劇選・第二卷，1919～1949，人民文學出版社，1984年12月。
8. 希臘的悲劇
　　（1）文學，第二卷第3期，1934年；
　　（2）洪深文集・4，中國戲劇出版社，1959年6月／1988年3月。
9. 申報總編纂「長毛狀元」王韜考證
　　（1）文學，第二卷第6期，1934年6月；

（2）洪深文抄，人民文學出版社，2005年9月。

10. 水鳥與烏龜：一周間，第一卷第1期，1934年5月。

11. 最新唯物辯證法

    （1）一周間，第一卷第2期，1934年5月；

    （2）洪深文抄，人民文學出版社，2005年9月。

12. 編者的答辯：一周間，第一卷第3期，1934年5月31日。

13. 文學中的所謂個人成分

    （1）申報月刊，第三卷第5號，1934年5月；

    （2）洪深文抄，人民文學出版社，2005年9月。

14. 中國戲劇的改良

    （1）申報月刊，第三卷第7號，1934年7月；

    （2）洪深文抄，人民文學出版社，2005年9月。

15. 告別戲劇界的諸位朋友：中華日報・戲週刊，第一卷第1期，1934年9月。

16. 大眾語和戲劇對話：太白，第一卷第1期，1934年9月。

17. 我的「失地」

    （1）太白，第一卷第4期，1934年10月；

    （2）洪深文抄，人民文學出版社，2005年9月。

18. 留得青山在

    （1）太白，第一卷第5期，1934年11月20日；

    （2）洪深文抄，人民文學出版社，2005年9月。

19. 編劇二十八問

    （1）1934年教育電影年鑑；

    （2）電影戲劇的編劇方法（含），洪深，正中書局，1935年9月；

    （3）洪深文集・4，中國戲劇出版社，1959年6月／1988年3月。

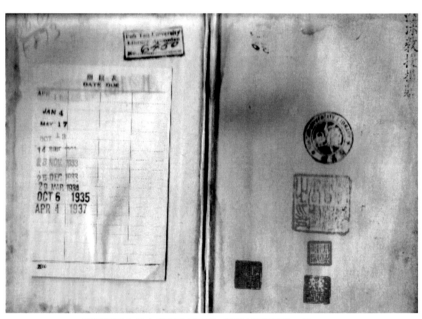

洪深捐贈復旦大學圖書扉頁的「洪深教授捐贈」印。

1935年　　　42歲

民國二十四年乙亥

事記

　　洪深繼續在山東大學外文系授課，擔任外文系系主任一職。

　　1月，洪深在東方雜誌發表〈燒煤〉短文，感歎：

　　「十餘年來，我一心想顧全大局，而結果弄到兩面不討好的事，不知遇到多少。我從學校裏出來應付社會，這卻是初出茅廬第一次去和不良環境妥協，惡習慣，自己的痛苦都是以這次為開始的。」

　　1月，洪深在《國聞週報》發表〈幾種『逃避現實』的寫劇方法〉一文中，提出：「關於當前的現代的生活，觀眾對於劇本的結論，失去了信仰的。一個取巧的方法是寫歷史劇。」和「喜劇必須積極的批評人生，而積極的批評，須要作者有一個確定的誠懇信仰的標準。」等看法。

　　2月，田漢被政府捉捕後，洪深焦急憂慮為營救田漢特地從青島趕至上海。

　　4月，不寫小說的洪深發表了〈小說中的人物描寫〉，從認識分析人的角度而談：「外表行為不可完全說明一個人物；不說的話，不做的事，不轉的念頭，同樣也是他性格的一部。」

　　6月，洪深在《上海民報・影壇》發表了〈匆匆十年——自傳的一節〉，記述自己在美國的一段生活；連續刊出幾篇後，洪深停止了繼續撰寫。

　　6月，洪深發表漫談鹽商的盤剝重利和官商勾結的短文〈淡紅衫子淡紅裙〉。

　　7月，洪深在上海《良友畫報》發表了〈我的打鼓期已經過了嗎？〉；

這是洪深對自美國回來之後自己話劇和電影工作的一個回顧；在《良友畫報》刊出的原文最後曾有一段關於有聲電影攝製器材的技術性的論述，後來《洪深文集》中此文無此段內容。

7月，洪深編寫的〈1100個基本漢字使用法〉在東方雜誌刊出；洪深做這項工作，是因為：「我的所以要選基本漢字，最早是受了『基本英語』的影響。我看它祇有850單字，卻可以代得4500個字的用場，覺得真是方便。……我選基本漢字，主要是使那原來懂得中國話的人，現在也有能懂得的文字——不祇是那僅僅話說平凡事情的文字，而是討論一切重大的生活問題的文字。在這上面，基本漢字的目的，和那『基本英語』祇注重在教那不懂英文的人可以用淺近的英話來應世，是絕對不相同的。」

7月，在出版的《文學百題》一書中，洪深有兩篇文章：〈電影在現代藝術居怎樣的地位？它和文學有怎樣的關係？〉和〈希臘文中所見到的定命論是怎樣的？〉。洪深在這兩篇文章，提出：「現代藝術是種科學藝術，從另一角度看也必然是集團的群眾藝術。電影在現代藝術可說發展到最高藝術形態了。」的觀點。

洪深認為：「希臘的這種多神的像人的宗教，根本是一種頌揚陽光照耀著自己民族的心理作用。希臘人的所以要把古代英雄和神描寫在一起，是想誇耀自己的民族。」並分析以為：「古希臘作品顯示其作者的不同態度：伊士奇視宙斯至高無上的權威；索福克儷則於人類命運多少是悲觀的、是如此不可知的；而幼裏披底則是切近人生，作品中自然現象代替了宗教。」

7月，洪深在青島和老舍、王統照等12位文化名人，創辦文學週刊《避暑錄話》，於7月14日正式隨青島民報發行。

刊物名稱《避暑錄話》是洪深起的，意在「避暑者，避國民黨老爺之炎威也」。洪深還撰寫了發刊詞：「他們都是愛好文藝的人；他們不能『甘自菲薄』；他們要發施所謂文藝者的威權。」並強調了「在1935年的夏天，在避暑勝地的青島，說話必須保持著避暑的態度。」

7月～9月，洪深為《避暑錄話》週刊撰寫刊出了六篇文章，包括一個

獨幕話劇《門以內》的創作。洪深在這些文章中，廣泛地表明自己對文藝和對社會的認識：

「《審頭刺湯》這戲教訓大眾的是『為政有道，不得罪於臣室；政治的權力，總得幫著有錢有勢一邊的；如果希望得到公道，祇有拿把刀去直接行動。』在無意中暴露中國社會醜惡這點上，舊戲在今日仍有多演的價值。」（「審頭刺湯」的研究：洪深，青島民報・避暑錄話，創刊號，1935年7月14日。）

「通貨是該當咒詛的！那些金融機構的威權者，和古典派的經濟學者，不在根本上想辦法，而只在通貨上玩把戲。……記得在中國的某一部經書裏，有一位中國的聖賢說過：『不患寡而患不均』。」（從「化子拾金」說起：洪深，青島民報・避暑錄話，第五期，1935年8月11日。）

「票友們在什麼地方才能勝過職業優伶呢？我以為，不在那演戲的技術上，而在那對戲的理解上。……他們對於人生的認識，他們對於歷史事實的判斷，他們的人生哲學，自然比一般唱戲者高出多多。所以票友們演得戲，能夠深得戲的滋味，達出戲的精神，……。中國論畫的人，往往分出畫匠的畫──即技術圓熟而意義不甚美善的畫；和文人的畫──即意義甚佳而技術似嫌不符的畫。票友們唱的，應當是文人的戲，而不是優伶的戲。」（票友勝於職業優伶的地方：洪深，青島民報・避暑錄話，第6期，1935年8月18日。）

7月30日，洪深編選並為之撰寫導言的〈新文學大系・第九集・戲劇集〉由上海良友圖書印刷公司出版。

9月，正中書局出版洪深的《電影戲劇的編劇方法》，此書並附錄洪深的有聲電影劇本《劫後桃花》和論文《編劇28問》。

10月，國民政府創辦的「南京國立戲劇學校」在南京建立。洪深曾為該校首屆學生講授「編劇技巧」課目。

11月，洪深接到田漢來信，其時田漢雖已出獄但卻被國民政府限於只可在南京地域活動；洪深出於推廣發展抗戰戲劇活動初衷，同意了田漢提出要他到南京協助戲劇演出的要求，洪深因此向山東大學請假趕往南京。

11月，在田漢邀招下，演員舒鏽文、魏鶴齡、劉瓊等，音樂人冼星海、

張曙等幾十人也趕到南京。隨後，田漢、洪深、馬彥祥、應雲衛聯名召開發佈會宣佈「中國舞台協會」正式成立。

12月，洪深在南京停留期間，在南京撰寫發表〈演技小論〉一文，說明「表演藝術包括『基本訓練』、『表演前後』和『正式演出』三步。其中，『基本訓練』包括體育、智育、德育這三步。而『表演前後』則包括了尋出性格、研究角色、選擇動作這三步。」

12月中旬，剛剛成立的「中國舞台協會」第一次公演，田漢、洪深、歐陽予倩、應雲衛、馬彥祥、陽翰笙、唐槐秋為導演團成員，演出劇目是田漢編劇的〈回春之曲〉和月前還只有一個故事梗概而趕寫出來的〈械鬥〉。

12月下旬，「中國舞台協會」第二次公演，演出劇目是田漢的《洪水》和《黎明之前》；洪深擔任《黎明之前》導演。

本年，洪深在為商務印書館出版的譯作《電影鑒賞法》所寫序中，指出：「看電影也有三個階段：從看熱鬧到看懂故事再到欣賞電影的藝術。望讀者不輕重倒置而忽略片子的中心思想和整個印象。」

近年底時，青島政局緊張，洪深緊急安排妻子常青真帶著自己病故的第二位妻子洪余氏生的女兒鈴和銅和常青真在青島出生的大女兒鋼三個女兒乘船離開青島前往上海。

時代

1月，中國共產黨中央委員會在遵義召開政治局擴大會議，推選毛澤東為政治局常委。

10月5日，張國燾宣佈另立中央，公開與中共產黨中央分裂。

10月19日，中央紅軍到達陝北。

1月，曹禺第一個話劇劇本《雷雨》在上海出版。

2月，田漢、陽翰笙被政府捉捕；4月轉押南京；7月，有前提條件地被保釋出獄。

6月，曾執掌中國共產黨領導權但後被中國共產黨批判撤職的瞿秋白，在福建省長汀被政府殺害；刑前，瞿秋白寫了〈歷史的誤會〉一文留下。

7月，傅東華主編的文學百科全書性質的《文學百題》在上海出版。

7月，趙家璧擔任主編組織編選的十集《中國新文學大系》，在上海開始出版面世；該大系十集分別聘請胡適、鄭振鐸、茅盾、魯迅、鄭伯奇、周作人、郁達夫、朱自清、洪深、阿英為各集編選和撰寫該集導言。

10月18日，由國民政府宣傳部和教育部共同興辦的「南京國立戲劇學校」——1940年改名「國立戲劇專科學校」——在南京創建；這是由政府創辦的第一所培養戲劇專門人才的學校；學校規制比較完整，師資力量強大，美國留學回來的余上沅任校長。

12月9日，爆發了北平學生舉行抗日救國示威遊行的「一二·九」學生運動。

兩年間，幾家電影公司拍攝出內容意識和藝術水平都有相當水準的多部優秀電影：明星公司的《劫後桃花》；電通公司的《桃李劫》、《風雲兒女》、《都市風光》；聯華公司的《漁光曲》、《大路》、《新女性》。

評述

「作為業餘劇團的『復旦劇社』是有潛力的，從洪深先生創辦A1實驗室起，一批又一批的學生吸收進劇社，歷屆演出了不少膾炙人口的戲。」

「『復旦劇社』1935年6月在上海演出《委曲求全》。那年夏天，洪深先生暑假由青島返滬，『復旦劇社』的朋友去拜訪他，當時談到想排俄國的

《雷雨》——即「大雷雨」，洪深先生說，有一個中國的《雷雨》很好，你們可以演。當時曹禺的《雷雨》剛剛發表。」（一個業餘戲劇工作者的回憶——從『復旦劇社』到『戲劇工作社』：鳳子，新文學史料，1988年第1期。）

「1935年春，田漢同志被捕後的第二天深夜，有五六位同志聚集在洪深先生所借的東方飯店四樓房間裏，商談如何營救田老的事。洪先生萬分不平地講：我親自去南京向國民黨交涉。假如他們說田老是『左聯』人物才被捕的，我可以告訴他們：『我也是左聯的人，你們把我抓起來和田先生關在一起好了。』」（洪深先生二三事：魯思，新文學史料，1983年第1期。）

「〈匆匆十年〉在我編的民報・影壇上發表時，洪老聽到了社會上的某些反映後就擱筆了，因此沒有續寫。」（魯思致陳美英信：洪深年譜，陳美英，文化藝術出版社，1993年12月。）

書目

1. 文學被打入冷宮以後
   （1）太白，第一卷第8期，1935年1月；
   （2）洪深文抄，人民文學出版社，2009年9月。
2. 威尼斯商人第六幕（美國 Louis Untermeyer 原著／洪深翻譯）：文學，第四卷第1號，1935年1月。
3. 被稱為「性自由底頌揚者」考窩德：文學，第四卷第5期，1935年5月。
4. 燒煤
   （1）東方雜誌，第32卷第1號，1935年1月；
   （2）洪深文抄，人民文學出版社，2005年9月。
5. 幾種「逃避現實」的寫劇方法
   （1）國聞週報，第12卷第5期，1935年1月28日；
   （2）洪深文抄，人民文學出版社，2005年9月。
6. 電影戲劇表演術：生活書店，1935年2月／1937年6月。

7. 電影術語詞典：天馬書店，1935年3月。

8. 匆匆十年——自傳的一節：民報·影壇，1935年6月1～7日／16日。

9. 「避暑錄話」發刊辭：青島民報·避暑錄話，創刊號第一期，1935年
7月14日。

10. 「審頭刺湯」的研究

（1）青島民報·避暑錄話，第一期，1935年7月14日；

（2）洪深文抄，人民文學醇，2005年9月。

11. 「大登殿」與出氣主義

（1）青島民報·避暑錄話，第2期，1935年7月21日；

（2）洪深文抄，人民文學出版社，2005年9月。

12. 從「化子拾金」談起

（1）青島民報·避暑錄話，第5期，1935年8月11日；

（2）洪深文抄，人民文學出版社，2005年9月。

13. 票友勝於職業優伶的地方

（1）青島民報·避暑錄話，第6期，1935年8月18日；

（2）洪深文抄，人民文學出版社，2005年9月。

14. 門以內（獨幕話劇）：青島民報·避暑錄話，第9期，1935年9月8日。

15. 讀報偶譯：青島民報·避暑錄話，第8期，1935年9月1日。

16. 1100個基本漢字使用法：東方雜誌，第32卷第14期，1935年7月16日。

17. 電影戲劇的編劇方法：正中書局，1935年9月／1946年。

18. 我的打鼓期已經過了嗎？

（1）良友畫報，第108期，1935年；

（2）洪深文集·4，中國戲劇出版社，1959年6月／1988年3月／
1988年3月。

19. 大飯店——上海地方生活素描之三：良友畫報，1935年11月號。

20. 演技小論：中央報，1935年12月2日。

21. 我對於中國舞台協會的希望：中央報，1935年12月7日。

22. 電影「在現代藝術居怎樣的地位？它和文學有怎樣的關係？」：文學百題（含），上海生活書店，1935年。

23. 希臘文中所見到的定命論是怎樣的？

（1）文學百題（含），上海生活書店，1935年；

（2）洪深文抄，人民文學出版社，2005年9月。

24. 淡紅衫子淡紅裙

（1）太白半月刊，第二卷第6期，1935年6月；

（2）洪深文抄，人民文學出版社，2005年9月。

25. 小說中的人物描寫：新中華半月刊，第三卷第7期，1935年。

26. 現代戲劇導論

（1）新文學大系‧第九集戲劇集導言，上海良友圖書印刷公司，1935年7月30日；

（2）洪深文集‧4，中國戲劇出版社，1959年6月／1988年3月。

27. 鹵

（1）太白，第一卷，1935年2月；

（2）小品文與漫畫（含），生活書店，1935年。

28. 花花草草（電影文學劇本）

（1）國聞週刊，第十二卷第45期／第46期，1935年11月／天一影片公司，1936年；

（2）單行本，天津「大公報」社，1936年；

（3）單行本，國聞週報社，1937年。

29. 愛情的逃亡者／女權（劇本）：文藝月刊，1935年5月號／6月號。

30. 電影鑒賞法（貝仲圭譯）‧序：商務印書館，1935年。

31. 回春之曲（田漢劇本）‧序

（1）回春之曲，普通書店，1935年5月；

（2）中國現代戲劇序跋集，北京廣播學院出版社，2003年4月。

導演

1. 寄生草（話劇）／英國原著翻譯劇本：山東大學劇社公演，青島，1935年5月。
2. 回春之曲（話劇）／田漢著：中國舞台協會公演，南京，1935年12月。
3. 黎明之前（獨幕話劇）：中國舞台協會公演，南京，1935年12月。

1935年洪深。

電影「劫後桃花」海報。

1935年12月南京《械鬥》演出部分人員合影：立中洪深、坐右馬彥祥、坐左應雲衛、立右唐槐秋。

中國話劇電影先驅洪深：歷世編年紀

《避暑錄話》創刊號。

1936年 43歲

民國二十五年丙子

事記

　　年初，洪深創作於1935年10月和11月的兩部獨幕話劇：《多年的媳婦》和《漢宮秋》正式發表；在《漢宮秋》中作者洪深借劇中人口說出了：「不思量用甲兵倒希籍一個美女去退敵。」

　　年初，因上海難以維持生活，洪深要已先帶著三個女兒到上海的妻子常青真去蘇州自己同母胞妹那裏生活。

　　3月，洪深辭去青島山東大學的教職，到蘇州探望妻女後即去上海謀求新生計來源。

　　4月，洪深為自己的《農村三部曲》劇本集撰寫自序：「《五奎橋》寫農村中殘留的封建勢力，1930年冬於上海創作；《香稻米》寫農村經濟破產，1931年秋於上海創作；《青龍潭》寫口惠而實不至，1932年創作。」

　　6月，包括中國共產黨黨員在內的多人創辦《光明》半月刊，刊物公開的發行人是洪深，該刊物公開的主編是洪深和沈起予。洪深為《光明》創刊寫發刊詞：「在我們有權力同時使用筆桿子和槍桿子之前，我們還祇能握著筆桿，去做那救亡救窮反帝反封建的工作；用我們用熟了的文藝形式──小說、戲劇、詩歌、木刻等等描寫出時代的危機，用以堅強大眾底求生存的決心！我們還能比這個努力得少一點麼？」

　　洪深在《光明》上刊出張庚的〈洪深與《農村三部曲》〉批評文章。

　　6月，洪深在章太炎逝世當月，發表〈民族主義者章太炎〉；文章稱太炎先生：「始終以民族生存為努力的對象。學術上最大的貢獻為解釋古字，

提倡國學，尊經復古。」

6月，洪深發表短文《病馬乎？》文章稱影片：「欲使觀眾滿意，決不是去迎合觀眾——幫助他們麻醉自己，或者滿足他們的低級趣味；而是『領導觀眾』——接觸他們當前所遇到的困難問題，增加他們當前對於人生的認識。」

7月，洪深發表了〈辱國的王寶釧〉一文，批評熊適逸根據《紅鬃烈馬》譯的英文《王寶釧》：「胡亂更改劇情，結果《王寶釧》已不復是一處中國戲，而是一部摹仿外國人所寫的惡劣的中國戲與摹仿美國的無聊電影作品。」

7月19日，魯迅回覆沈西苓信中說：「左聯初成立時，洪深先生曾謂要將《阿Q正傳》編為電影，但事隔多年，約束當然不算數了。」看來，約束仍然算數。後來，在洪深已經完成和所計畫的作品中，皆不曾有改編於魯迅的作品。

8月，洪深發表〈天堂裏的地獄〉一文，用事實說明了現實：「窮得連我們最安分的蘇州人也不能不有抗租了。蘇州已不是什麼天堂了！」

9月，洪深到廣州任中山大學文學院英國語言文學系主任；課餘為中山大學學生排演他創作的話劇《五奎橋》。

9月30日，洪深創作完成他唯一的一個廣播劇《開船鑼》。

10月1日，參加簽名發表〈文藝界同人為團結禦侮與言論自由宣言〉。

10月20日晨，洪深將自己悼念魯迅先生的文章〈後死者的責任〉由廣州航郵至上海，洪深在文中表示：「魯迅先生不單是我們文學上思想上的一個先覺和指導者，在中國民族的反封建和反侵略的民族陣營裏，也是一個最堅強最勇敢的戰士。我們應該在今天重下決心，跟著先生開拓了的路，努力向前進。魯迅先生未完的責任，無可逃避地加在我們後死者的肩上了。」

洪深受邀為上海良友圖書公司《二十人所選短篇佳作》一書，選送稿件二篇：作者署名香菲的作品《糖羹》和作者署名樓西的作品《出關》。兩篇作品洪深皆選自《廣州報・東西南北》副刊。

11月2日，洪深乘船由廣州抵達上海，參加話劇《賽金花》導演團工作；11月中離滬返穗回中山大學。

本年，洪常氏在江蘇蘇州產下一子，名鍾。

時代

12月12日，張學良和楊虎城把到西安的蔣介石扣留，發動「西安事變」。

事件

5月，中國共產黨在文藝界的領導人提出「國防文學」的口號；魯迅為了補救該口號的某些不明了性和糾正該口號的某種不正確意見，讓胡風寫文章提出「民族革命戰爭的大眾文學」的口號；因文化界存在的宗派主義固疾與某些個人因素問題等，文藝界發生「兩個口號」的論爭。

6月17日，章太炎在蘇州病逝。

8月，病中的魯迅親自寫了「答徐懋庸並關於統一戰線問題」重要文章，再一次強調兩個口號可以並存。

9月下旬，《文學》第七卷第四號和《新認識》第2號，刊登了文藝界各方面代表人物，包括了論戰的雙方，魯迅、茅盾、郭沫若、陳望道、鄭振鐸、洪深、葉紹鈞、夏丏尊、張天翼、王統照、林語堂、傅東華、豐子愷、謝冰心、黎烈文、巴金、包天笑、周瘦鵑、趙家璧、鄭伯奇、沈起予共21人簽名的《文藝界同人為團結禦侮與言論自由宣言》，該宣言聲明：「在文學上，我們不強求其相同；但在抗日救國上，我們應團結一致以求行動之更有力。」

10月19日，魯迅在上海病逝。

評述

「最優秀的劇作家：郭沫若、田漢、洪深和一位名叫曹禺的。

最優秀的作家：幾乎無例外是左翼作家。

法西斯詩人：沒有。

今日中國也沒有資產階級作家。」（「斯諾採訪魯迅問題單」及整理的「魯迅回答談話」：新文學史料，1987年第3期。）

「8月15日魯迅答徐懋庸的信發表後，沒有人寫文章反對魯迅，兩個口號論爭進入結束階段。也有不少文章逐漸認識了這場論爭的意義，同意了兩個口號並存的意見。」（回憶錄・十九：茅盾，新文學史料，1983年第2期。）

「『左聯』的綜合性文藝刊物《光明》也應運誕生了。《光明》的編輯人由洪深和沈起予出名，實際是夏衍和沈起予負責的。」（左聯回憶散記：鄭伯奇，新文學史料，1982年第1期。）

「我想起早年作家搞廣播劇的寫作，那是洪深同志首先創導的。1930年9月30日，他寫了廣播劇《開船鑼》，發表在當年由石凌鶴同志主編的《戲劇・電影》月刊上。這是我國最早期的廣播劇之一，是劇作家洪深唯一的廣播劇本，也是我最早讀到的廣播劇。編劇技巧蘊蓄而不淺露，內容耐人尋味，引人思索，結構謹嚴，文字流暢，而不是追求與賣弄曲折離奇的所謂情節。」（廣播劇運動的「前哨戰」：于伶，上海文匯報，1981年1月11日。）

「早在三十年代，我國老一輩作家就很重視廣播劇，如1936年洪深寫的《開船鑼》等，就是我國最早的廣播劇。」（廣播劇大有可為：郭在精，上海文匯報，1987年1月2日。）

「我們讀洪深的劇作，也感到他是一個在大學課堂裏磨穿手肘來追求光明的人。他的眼睛是通過爭議來看這世界的。他從這點出發、成長。而成了今日的劇作家，完成了他的《農村三部曲》，他曾經為了平民而寫作劇本，也曾站在被壓迫民族的立場而寫了劇本。」

「必然產生了他個人特有的創作方法。第一，他求真。第二，他用科學

的方法去創作。但是從這中間，我們看出了一個缺點，一個遺憾。就是我們通過洪深先生的劇作，所得到的江南農村的印象，是抽象於一方面的。」

「洪深先生是以科學實驗那樣的求真精神出發的，而劇作完成的時候，他和觀眾雙方所得到的已經不是現實，而是抽象的，人造的了。我們並不否認，他接觸了並且顯示了農村中的許多重要問題，但它接觸它們的方式，和它從觀眾中間得到的反映，和一篇農村問題的論文沒有途徑上的差異。」
（洪深與《農村三部曲》：張庚，光明，第一卷第5期，1936年。）」

「洪深的《農村三部曲》是他第一次較全面的描寫江南農村生活的作品，也是從『五四』的現代戲劇中第一次較全面的反映農民的苦難和鬥爭的作品。我們如果將《農村三部曲》和前一時期的《趙閻王》相比，很分明的可以看到他的反帝反封建的思想更加徹底，而他的現實主義藝術也進一步發展了。」

「洪深在描寫農民時，充分表現了他們的忠厚善良的性格特徵。從結構上說，《五奎橋》相當完整。農民的語言，還不夠充分性格化。但是有些台詞，卻很有力量。『豐收成災』、『谷賤傷農』，是《香稻米》的主題。豐收成災是現象，造成這種現象的原因是什麼呢？洪深在劇中很正確的指出：帝國經濟侵略，反動政權的苛捐雜稅，資產階級和帝國主義走狗的加緊剝削。洪深在《青龍潭》中比較真實的表現了農民日夜車水的抗旱鬥爭和尋找出路的迫切要強。作者在劇中一再強調築公路修水利的好處，這實在是一種避免階級鬥爭的改良主義思想。」（左聯時期的戲劇・洪深的劇作：陳瘦竹，左聯時期無產階級革命文學，江蘇人民出版社，1956年。）

「張庚同志卻認為《農村三部曲》所反映的社會生活是抽象化的，從內容抽象化，任務概念化，劇本構思違背形象思維三個方面，否定三部曲是現實主義作品。」

「現在看來，當時張庚同志的有些批評意見確實是存在片面性的，尤其是我們不敢贊同的是他對《農村三部曲》的思想內容和藝術成就，基本上持了否定的態度。」（洪深的「農村三部曲」：錢模祥／沈繼常，韓山師專學報，

中國話劇電影先驅洪深：歷世編年紀

1
6
6

1981年第3期。）

「洪深是我國『五四』以來優秀的劇作家、戲劇和電影活動家，一生編導了許多戲劇、電影作品，為我國話劇和電影事業的發展，作出了重要的貢獻。」

「洪深的劇作，尊重藝術基本規律，不僅強調戲劇結構，而且也注意人物行動和動作的貫串，他認為倫理道德對人的作用很富戲劇性，注意心理刻化更能激勵人的靈魂。只是由於時代和生活視野的局限，他的有些創作有公式化、概念化的毛病。」

「比較起來，《五奎橋》是《農村三部曲》中寫得最好的一部。它不僅揭露了地主階級的奸詐和兇惡，而且也表現了勞苦大眾堅強勇敢、不畏強暴的鬥爭精神，比較成功地塑造了地主周鄉紳和與其對立的青年農民李全生的形象，鮮明地反映了三十年代初期江南農村中廣大農民同地主、官紳階級生死鬥爭的情形。」（中國現代文學作品選第二冊・洪深：復旦大學中文系現代文學教研室，復旦大學出版社，1986年5月。）

「《女權》由洪深編劇，這是他根據自己寫的《愛情逃亡者》的劇本改編的。該劇本曾在文藝月刊1935年5月號和6月號上連載，引起讀者興趣，張石川即請洪深親自改編為電影劇本。從《女權》中可以看到編劇洪深受到挪威戲劇家易卜生的名劇《玩偶之家》的影響。」（胡蝶：朱劍，蘭州大學出版社，1996年4月。）

「國防戲劇，洪老是主要人物，名為集體創作，實際上洪老下的功夫最多，而且很多作品就是在他住的東方旅館的房間裏討論產生的。」（洪深逝世四十周年紀念會發言：張庚，洪深年譜長編，古今／楊春忠，中國戲劇出版社，2009年6月。）

「推選人之中，有幾位是由我們特別請求推選他們所在地的地方刊物中的作品的：如洪深先生最近一年在廣州中山大學執教，我們便請他專選廣東的。」（二十人所選短篇佳作集・前言：趙家璧寫於1936年12月24日，上海良友圖書出版公司，1937年12月20日。）

「回顧二十位評選人中，在華南的是洪深，他在廣州執教，任廣州報紙文藝副刊《東西南北》編輯。」（二十人所選短篇佳作集・重印後記：趙家璧寫於1982年9月14日，上海良友圖書出版公司／花城出版社重印，1982年12月。）

　　「洪深二日乘亞洲皇后號抵滬，此行任務一為省親，二為參加《賽金花》導演。」（申報，1936年11月3日。）

書目

1.漢宮秋（獨幕話劇）
　　（1）東方雜誌，第三十三卷第1期，1935年1月；
　　（2）現代名劇輯選，上海劇藝出版社，1941年4月；
　　（3）現代最佳劇作・4，上海劇藝出版社，1941年4月；
　　（4）現代名劇精華，上海潮鋒出版社，1947年4月；
　　（5）獨幕短劇・1，商務印書館，1947年11月。
2.多年的媳婦（獨幕話劇）：
　　（1）文學，第六卷第3期，生活書店，1936年3月；
　　（2）「走私」劇作集收入，一般書店，1937年7月。
3.農村三部曲（劇本集）
　　（1）上海雜誌公司，1936年；
　　（2）洪深文集，中國戲劇出版社，1957年11月／1988年3月。
4.新舊上海（電影劇本）：明星特刊，1936年5月。
5.病馬乎？
　　（1）新華畫報，1936年6月5日；
　　（2）洪深文抄，人民文學出版社，2005年9月。
6.光明的態度
　　（1）光明，第1卷第1期，1936年6月10日；
　　（2）洪深文抄，人民文學出版社，2005年9月。

7. 走私（話劇劇本）

　　（1）光明，第一卷第1期，1936年；

　　（2）「走私」劇作集，一般書店，1937年7月；

　　（3）1936年中國最佳獨幕劇選，上海戲劇時代出版社，1937年6月；

　　（4）國防戲劇選，上海民族出版社，1937年5月；

　　（5）獨幕劇選，上海劇友出版社，1939年3月；

　　（6）洪深文集・2，中國戲劇出版社，1957年11月／1988年3月；

　　（7）中國現代獨幕話劇選・2，人民文學出版社，1984年12月；

　　（8）洪深代表作，河南人民出版社，1986年10月。

8. 民族主義者章太炎

　　（1）光明，第1卷第2期，1936年6月25日；

　　（2）洪深文抄，人民文學出版社，2005年9月。

9. 「光明」社語：光明，第1卷第2期，1936年6月25日。

10. 「光明」社語：光明，第1卷第3期，1936年7月10日。

11. 辱國的王寶釧

　　（1）光明，第1卷第3期，1936年7月10日；

　　（2）洪深文集・4，中國戲劇出版社，1959年6月／1988年3月。

12. 一窩風：新華畫報，第四號，1936年9月5日。

13. 天堂中的地獄（報告文學）

　　（1）光明，第1卷第6期，1936年8月25日；

　　（2）第一流（續編）（含），上海地球書局，1941年4月；

　　（3）洪深文抄，人民文學出版社，2005年9月。

14. 開船鑼（廣播劇）

　　（1）戲劇・電影月刊，第一卷第2期，1935年11月；

　　（2）洪深文集・3，中國戲劇出版社，1959年6月／1988年3月

15. 後死者的責任——悼念魯迅先生

　　（1）光明，第1卷第10期，1936年10月25日；

（2）洪深文抄，人民文學出版社，205年9月。

16.「閻婆惜」蹦蹦戲腳步引序

（1）文學，第七卷第1號，1936年7月；

（2）洪深文集・4，中國戲劇出版社，1959年6月／1988年3月。

17.女權（電影劇本）：明星影片股份有限公司，1936年。

導演

1.復活（話劇）／田漢改編：洪深／唐槐秋／馬彥祥／陽翰笙／歐陽予倩聯合導演，中國舞台協會，南京，1936年4月。

2.賽金花（話劇）／夏衍著：洪深為導演團成員，四十年代劇社，上海，1936年11月。

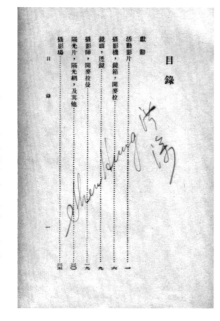

《電影術語詞典》書頁上洪深的中／英文簽名。

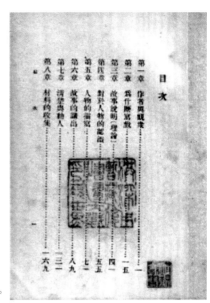

《電影戲劇的編劇方法》書頁上洪深所鈐藏書章。

《光明》半月刊封面。

1937年   44歲

民國二十六年丁丑

事記

　　洪深繼續在廣州中山大學任教；洪深妻子常青真在將自己不滿周歲的兒子鍾送到常州寄養在自己親戚家後，攜帶洪深病故的第二位妻子洪余氏生的女兒鈴和銅及自己所生女兒鋼三個孩子，從蘇州到廣州和洪深團聚。洪深全家時住廣州東山廟前西街。

　　1月，洪深在廣州為于伶的劇作《漢奸的子孫》寫序〈時代與民眾的戲劇〉，他說：「不管高雅的人士如何的輕蔑與冷笑，我始終相信：戲劇是應該敏銳地反映時代；戲劇是應該為最大多數的民眾所理解、所愛好、所享有的。」

　　「藝術反映時代，接近民眾，與時代共喜悅，與民眾共煩惱，這只會增加藝術的價值，而決不會減損藝術的光輝。反映時代並不是『趨時』，接近民眾並不是『媚俗』！藝術反映時代，接近民眾這祇會增加藝術的價值。」

　　2月，由洪深執筆的〈再行聲明『光明』的態度〉一文，沉痛地表示：「中華全民族已有了一個完全共同一致的目的：對內任何問題，都可磋商；任何委曲，都可忍受；我們第一任務，還是在保衛祖國領土主權，使它不受外敵的侵犯！」並且要求：「請寬放愛國言論文字的自由。」

　　3月，洪深在自己《走私》劇作集的自序〈最近的個人見解〉中，表達了他已清楚地認識到：「民族抗戰中，戲劇這一部門含有絕大的感染性和滲透性。在農村，更顯出話劇有無限發展的威力。」

　　7月上旬，洪深由廣州到上海，蘆溝橋事變發生後即與戲劇界朋友籌辦

集體創作和導演話劇《保衛蘆溝橋》之事。

7月下旬，洪深離開上海到江西參加國民政府召開的盧山第二次各界名人的教授談話會，洪深在會上熱情發言，要求政府積極抗戰；此次教授談話會參加者有胡適等人。

8月上旬，洪深作為19人導演團成員趕排出集體創作的三幕話劇《保衛蘆溝橋》在上海公演。

8月上旬，洪深趕到南京為中國舞臺協會導演田漢編劇的話劇《蘆溝橋》在南京公演。

8月中旬，洪深主持了上海話劇界救亡協會大會，商討話劇界如何投身抗戰救亡運動。

8月下旬，洪深辭去廣州中山大學教職並且沒有回廣州安排家事，即在上海組織了「上海話劇界救亡協會戰時移動演劇第二隊」，洪深任隊長、金山任副隊長，參加該隊的有音樂家星海、演員王瑩、田方等共十四人。

8月20日，洪深從上海青浦帶領上海救亡演劇第二隊乘坐一隻運糞民船離開上海，踏上了八年抗戰民族救亡的大戰場。

洪深帶領上海救亡演劇第二隊從上海經河路到蘇州，再乘坐四等火車到達南京。

在南京，為籌集第二隊能夠繼續進行抗戰宣傳所必須的經費，洪深去向時任政府文化宣傳工作的要員張道藩借到了款。

9月初，洪深帶領上海救亡演劇第二隊從南京北上繼續抗日宣傳，到徐州，再沿隴海線到開封，到洛陽，到鄭州。

上海救亡演劇第二隊到洛陽後，國民政府當地駐軍長官郜子舉問洪深有沒有去西北（延安）的打算，洪深引王維詩「西出陽關無故人」表示否定意思，洪深此言令當時第二隊中的（地下）中國共產黨領導金山不滿和內心埋怨。

10月2日，洪深帶領上海救亡演劇第二隊到達漢口。

為了抗戰宣傳工作，洪深夫婦除了決定幼兒鍾繼續寄養在家鄉常州外，

還決定將洪深病故的第二位妻子洪余氏生的二女兒銅和常青真生的大女兒鋼兩個女兒一起送到保育院。洪深妻子常青真在廣州安排完兩個女兒進入保育院的相關事宜後，獨自帶著洪深病故的第二位妻子洪余氏生的大女兒鈴北上到武漢和洪深匯合。洪深自學校暑期放假7月初離開廣州後，此時才和妻子常青真重見。

10月，洪深在武漢為從各地來到武漢的多個劇團導演多部話劇。

11月1日，洪深在漢口「世界影院」做題為「抗戰時期中的戲劇運動」講演，特別提到「爭取抗戰演劇的自由」。

12月，洪深被推舉為剛成立的中華全國戲劇界抗敵協會的常務理事之一。

12月中旬，洪深從武漢帶領上海救亡演劇第二隊向東南的大冶地區進行宣傳，月內返回武漢。

時代

2月10日，中國共產黨中央委員會「致國民黨三中全會電」為實現兩黨第二次合作，提出五項要求和四項保證。

7月7日，日本軍隊尋找藉口炮轟宛平城和蘆溝橋，中國守軍奮起抗戰，此即「蘆溝橋事變」。

7月31日，蔣介石在《告抗戰全體戰士書》中表示：「和平既然絕望，只有抗戰到底。」

7月31日，國民政府開始釋放政治犯。

8月13日，日本侵略軍進攻上海，上海軍民奮起抗擊，即「八・一三事變」；自此，中國全國全民八年抗戰的救亡鬥爭全面開始。

9月23日，蔣介石對國民黨和共產黨再度合作發表聲明，承認共產黨的合法地位和共同抗日的態度。

11月20日，國民政府通告中外，即日遷都重慶。

　　7月，國民政府蔣介石和汪精衛出面在江西廬山召開商談國事的大型座談會，邀請社會名流、專家學者等二百餘人，分三期舉行。

　　12月31日，中華全國戲劇界抗敵協會在武漢成立，張道藩、洪深、田漢等二十五人被推舉為常務理事。

評述

　　「1937年7月24日：第二次談話會來的人漸多。長談的有……洪深……。1937年7月26日：此次來的人頗多『幼稚』的人，流品甚雜。如洪深今日從蕭一山處見著所謂『何梅協定』，就要趕快做一文發表，以為奇貨。1937年7月27日：下午……洪深與吳南軒諸人發起今晚聚餐，我避了不去。」（胡適的日記：中華書局香港分局，1985年9月。）

　　「到六月底，蔣介石又有了一個新的舉動——舉辦廬山談話會，邀請全國各黨各派各方各界的知名人士『共商國事』。這是一個姿態，但也表示他向抗日的道路又邁出了一步。由於全國知名人士太多，談話會就分期舉行了。」

　　「在廬山會議中，洪深先生是大學教授裏最敢發言的一個。蘆溝橋的炮聲一響，他也是首先拋棄了大學教授的榮職，而投身戲劇宣傳隊的一個。翌年春，汪精衛逆跡漸著，舉世側目，在漢口某一次文化界茶話會中，他又是首先面對面地反對汪逆，痛斥妥協分裂的一個。」（為中國劇壇祝福：夏衍，新華日報，1942年12月31日。）

　　「『八・一三』抗戰開始，洪深先生熱情地組織救亡演劇工作，第一個帶了一隊人馬到戰地去演出。臨走前，他到了我家裏，把他的遺囑交給我，要我好好保管。他說此去九死一生，萬一戰死疆場，要我按照他遺囑辦事。他那種為國犧牲的決心感動了我，我把他的遺囑保管到抗戰勝利

後才還給了他。」（回憶洪深先生二三事：顧仲彝，上海文匯報·戲劇，第 16 期，1958 年 1 月 19 日。）

「經過南京的時候，洪老去找張道藩借錢，說：『我們為了抗日，從上海出來了，現在需要些錢，來向你借，勝利之後，我還回上海當大學教授，從我的收入裏可以保證照數歸還，如果勝利不了，我想我們大家都要同歸於盡，那時，恐怕你也不在乎這幾個錢了。』」（憶洪深同志的話劇導演工作·張季純發言：戲劇報，1961 年第 19／20 期合刊，1961 年 10 月 30 日。）

「我彙報到洪深先生和我在洛陽和國民黨雜牌軍的首腦之一郜子舉周旋，郜子舉問洪深有沒有去西北（指延安）的打算，洪深表示沒有，並引王維詩句：『西出陽關無故人』時，我敏感地提出自己不解的問題：洪先生為什麼要這樣說。接著我表示：洪先生也許是因為工作需要，不去延安。但是『二隊』成員除個別人外，都是我組織起來的，我們的共同願望就是到延安去。講這話時，我帶著埋怨洪先生的情緒。」（往事：金山，人民日報，1982 年 7 月 12 日。）

「誰要是讀過此劇卷首的代序——《飛將軍》座談會記錄，以及卷末所附洪深寫的跋，那他對於這『一齣比較軟性的戲』大概能夠理解而且愛悅吧？」

「《飛將軍》又提出了一個嚴重的實際問題，就是使後方將士得到正當的娛樂。在這一點上，《飛將軍》本身就不失為一服溫和的補劑，因為它是一出教育意義豐富的軟性戲。」（《飛將軍》：玄珠——即茅盾，文藝陣地，創刊號，1938 年。）

「我感覺洪深先生在《飛將軍》中暴露的任務是完全盡了的但是批判的任務還有不夠的地方。洪先生在藝術——反映現實——的意義上是獲得了相當的成功，而在政治的意義上是把握得不充分的。洪先生只告訴我們：有怎樣一種人物在抗戰中存在，而沒有充分的告訴我們：為什麼會有這樣的一種人物的存在。」（抗戰中的「灰色馬」——洪深先生的《飛將軍》觀後感：易庸，抗戰戲劇，第 3 期，1937 年。）

「不論從哪一方面看，洪深先生都是目前演劇界的一位好好前輩，一位值得敬佩的領導者。在洪深先生的創作中有一個普遍的特徵，就是情節自然，有舞臺效果。洪深先生是極力在現實中奮鬥的一位前輩，他自己說：我記得去年某期的《新群眾》週刊上，某批評者曾說過這樣的話，批評一部作品是不是有價值，應以社會的要求為準繩；而批評一部作品是不是佳作，還得以文藝的要求為準繩。在這兩方面，我都應當努力。我們追隨洪先生學習的後輩自應作更大努力了。」（讀《走私》劇作集：舒非，新演劇，第1卷第5期，1937年。）

　　「洪深回國後，因為他有著豐富的戲劇學識，在上海復旦大學開闢了一塊肥沃的戲劇園地──復旦劇社，他不但領導著學生們的演劇，而且更進一步的領導他們學習理論，今日戲劇界有不少的活躍分子，都直接或間接地接受他的深刻的戲劇理論的影響或指導。假如我們稱洪深是一位劇作家，倒不如稱他為戲劇理論專家更來得妥當或切實些。從1934年到抗日戰爭爆發的1937年止，我們出版了以下的這些理論書籍──洪深的《洪深戲劇論文集》（1934）、洪深的《電影戲劇的編劇方法》、《電影戲劇表演術》（1935）。」（中國戲劇運動：田禽，商務印書館／重慶，1944年11月。）

　　「全國抗戰一開始，洪深就到內地去了。臨行前再三勸石川離開上海。洪深諄諄告誡石川：『什麼都可以幹，就是不能當漢奸。』」（張石川和明星影片公司：何秀君，文化史料叢刊，第一輯，文史資料出版社，1980年8月。）

書目

1.夢裏乾坤（電影劇本）
　　（1）東方雜誌，第三十四卷第1期／第2期，1937年1月1日／16日；
　　（2）明星特刊，第八卷，1937年；／明星影片股份有限公司，1937年。
2.社會之花／原名黑旋風（電影劇本）：明星特刊，第八卷，1937年。
3.四千金（電影劇本）。

4. 鍍金的城（電影劇本）：中國文藝，第2期／第3期，1937年。

5. 舞宮血淚（電影劇本）：新華影業公司。

6. 戀愛的權力（小說／俄P・ROMANOF原著・洪深據英譯本翻譯）：黎明書店，1937年4月。

7. 「走私」劇作集及自序「最近的個人見解」：上海一般書店，1937年7月。

8. 鹹魚主義（獨幕喜劇）
　　（1）光明，第二卷第3期，1937年1月10日；
　　（2）「走私」劇作集收入，上海一般書店，1937年7月；
　　（3）大眾劇選・1，上海雜誌公司，1937年3月初版／1938年1月漢口初版；
　　（4）洪深文集・2，中國戲劇出版社，1957年11月／1988年3月；
　　（5）中國獨幕話劇選，人民文學出版社，1984年12月；
　　（6）洪深代表作，河南人民出版社，1986年10月。

9. 鎢（獨幕話劇）：「走私」劇作集收入，上海一般書店，1937年7月。

10. 飛將軍（獨幕話劇）並〈跋〉
　　（1）上海雜誌公司，1937年；
　　（2）洪深文集・2，中國戲劇出版社，1957年11月／1988年；3月；
　　（3）洪深代表作，河南人民出版社，1986年10月；
　　（4）新文學大系續編，香港文學研究所編，香港，1968年。

11. 米（一幕四景話劇）：華中圖書公司，1937年12月／1938年／1939年／1941年4月。

12. 風雨同舟・上（電影劇本）：東方雜誌，第34卷22～24合期，1937年12月。

13. 把死人埋葬掉（獨幕劇本翻譯）：洪深／唐錦雲合譯，戲劇時代，創刊號，1937年5月16日。

14. 改園成方（蘇・卡達耶夫著三幕劇之第一幕翻譯）：洪深／唐錦雲合譯之美國的英文譯本，戲劇時代，第三期，1937年8月1日。

15. 再行聲明「光明」的態度：洪深執筆，光明，第2卷第5期，1937年。

16. 顧到讀者的需要與便利：讀書月刊，創刊號，1937年5月15日。

17. 抗戰時期中的戲劇運動：1937年11月1日在漢口「世界影院」演講／顏一煙記錄，抗戰戲劇半月刊，第1期，1937年11月16日。
18. 時代與民眾的戲劇——于伶「漢奸的子孫」代序
　　（1）于伶著「漢奸的子孫」單行本，生活書店，1937年1月；
　　（2）中國現代戲劇序跋集・上，北京廣播學院出版社，2003年4月。

導演

1. 蘆溝橋（四幕話劇）／田漢著：中國舞臺協會，南京，1937年8月。
2. 保衛蘆溝橋（三幕劇）／集體創作：洪深是19人導演團成員，上海，1937年8月。
3. 飛將軍（獨幕話劇）／洪深著：上海救亡演劇第二隊，武漢，1937年11月。
4. 米（獨幕話劇）／洪深著：上海救亡演劇第二隊，武漢，1937年11月。
5. 塞上風雲（話劇）／陽翰笙著：上海業餘劇人協會，武漢，1937年11月。
6. 阿Q正傳（五幕話劇）／田漢改編：中國旅行話劇團，武漢，1937年10月。
7. 夜光杯／于伶著：上海業餘劇人協會，武漢，1937年12月。
8. 最後的勝利／田漢著：戲劇界聯合演出，1937年12月。

上海話劇界救亡協會戰時移動演劇第二隊，後立戴眼鏡洪深。

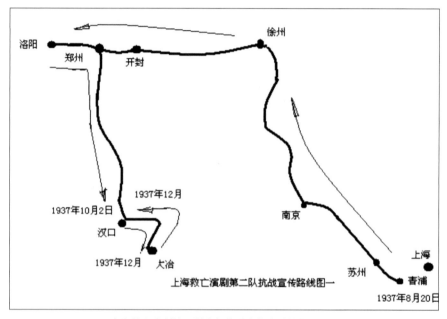

上海救亡演劇第二隊本年抗戰宣傳路線地圖。

1938年　　　　　　　　　45歲

民國二十七年戊寅

事記

1月，中華全國抗敵電影界協會成立，洪深當選為常務理事。

1月，洪深帶領上海救亡演劇第二隊自武漢北上，到花園、安陸。

2月，金山從漢口趕到安陸，經隊委會討論決定：上海救亡演劇第二隊分為甲、乙兩組，由金山和洪深帶領分別活動。

「但第二隊開始分裂了。我們分成了甲乙兩組。甲組由金山率領，起先在中國製片廠拍片，隨後出發宋埠工作。又以馬君武先生的介紹輾轉到桂林。乙組由我率領，由安陸、隨縣，到襄樊一帶。」（我們是這樣戰鬥過來的：洪深，戲劇春秋，第三卷第2期，桂林，1941年。）

3月，洪深帶領上海救亡演劇第二隊乙組，從安陸繼續北上到隋縣、棗陽繼續農村抗戰戲劇宣傳，最後到達襄樊。

3月，洪深正和演劇隊在襄樊進行抗戰戲劇宣傳，忽然連續接到田漢兩個電報和三封快信促他速回漢口，電報和信均未說明具體事因，只是說了「尤須要刻苦而有能力的工作者，不斷供給文化食糧、增加士氣民氣，……。」這樣一些宣傳鼓動的話。洪深沒有遲疑即刻趕往武漢，到武漢後洪深方知事情原委，但他對於要自己在第六處處長少將銜的田漢屬下司戲劇的第一科科長的要求，卻是毫無遲疑地答應了，接受了這個上校銜科長的職務。

「往日是因為不願意做官，才去做戲；今日卻是因為做戲，才來做官；真可算是人生的『哀樂紐』了。」

「當日我為抗戰做官，遂以為所有其他的人亦必如此；而逐漸發現，事實殊不儘然；我不能不自笑『天真』。」

「我在政治部的一點成績，如果算有一點成績的話，我不做官，照樣可有，也許還更多些。這七年來，我個人的損失，自是不小。」（戲劇官：洪深，洪深文集‧4，中國戲劇出版社，1959年6月。）

3月，在漢口市黨部宣傳處召開的文化界座談會上，汪精衛講話悲觀最後連呼三個「犧牲！犧牲！」洪深當即站起駁斥。

3月27日，中華全國文藝界抗敵協會在漢口成立，洪深參加該協會。

國民軍事委員會政治部三廳正式成立後，洪深不只積極進行抗戰戲劇創作和抗戰戲劇導演工作，同時也身體力行地積極參加實際抗戰宣傳活動：

4月，洪深負責「台兒莊大捷」宣傳周活動戲劇方面工作。

5月，洪深連續參加創作話劇《死裏求生》和楚劇《岳飛的母親》劇本創作；中旬，洪深負責戲劇方面參加三廳舉辦的宣傳周活動等，隨後洪深離開武漢北上到位於河南省境內與湖北省交界處的雞公山，指導當地抗戰戲劇工作，而後再去到鄂北，視察了「鄉村救亡演劇宣傳隊」工作。

6月，洪深回到武漢導演陽翰笙創作的五幕話劇《忠王李秀成》。

7月，洪深為遇難犧牲的話劇演員趙曙撰寫發表了〈悼趙曙同志〉一文，表示：「趙曙同志的死，不是一個人的偉大貢獻的結束，而是整個戲劇界壯烈行動的先驅。」

8月1日，政治部重新組建的十個直屬抗敵演劇隊和一個孩子劇團正式成立，洪深是此項籌建工作主要人員；洪深也是對抗敵演劇隊進行培訓的主要教師。

8月25日，周恩來手書對洪深指示：「今晚八時後，如有可能，請指定現在武昌之兩三個戲劇隊在曇花林表演街頭戲及此種宣傳，並約田處長一同參加，以便審查各隊是否克勝前方的任務，如何？希欲今日下午三時前後電話示明。」

洪深和妻子常青真在武漢會合後，常青真在武漢也參加了抗敵演劇宣傳

工作;政治部直屬十個抗敵演劇隊成立後,洪深妻子常青真正式參加抗敵演劇第一隊(隊長徐濤／魏曼青),在短暫的團聚後常青真又一次和洪深分開,她隨抗敵演劇第一隊先是到武漢週邊陽新、大冶地區宣傳;隨後轉到長沙並參加「長沙大火」放賑救災工作。

9月9日,洪深途中乘坐木船——「急流滾滾,轟然奔瀉,如車馬的互逐競馳」——渡黃河,親自送抗敵演劇十隊北上。

11月13日,發生「長沙大火」後,當時洪深已隨三廳撤離到了湘潭,洪深奉周恩來之命連夜趕回長沙擔任放賑救災總指揮,率領三廳幾個演劇隊出色地完成放賑救災工作。

11月19日,洪深親自送配屬國民政府第二兵團的抗敵演劇第一隊到湖南平江第二兵團張發奎處。

11月底,洪深親自送抗敵演劇第二隊到江西省南昌。

三廳自10月從武漢撤離,開始了經長沙、經衡陽,經桂林,輾轉向重慶遷移的路程。

時代

3月,國民政府軍在李宗仁指揮下在山東省台兒莊與日本侵略軍大戰取得大勝,即「台兒莊大捷」。

10月25日,國民政府棄守武漢。

11月13日,國民政府軍棄守岳陽,火燒長沙造成「長沙大火案」。

12月29日,國民政府參政會議長汪精衛在河內發表通電,公開倒向日本國政府。

事件

2月,第二次國民黨共產黨公開合作後,國民黨軍事委員會的政訓處改

組為政治部，陳誠任部長，周恩來任副部長。

4月，國民黨軍事委員會政治部負責抗日宣傳的第三廳正式成立，郭沫若擔任廳長，田漢擔任第三廳主管藝術的第六處處長。

評述

「洪深是有名望的教授、戲劇專家，讓他做科長真委屈了他。他自己倒認為無所謂，熱情很高。當第三廳請洪深把演劇隊帶到前線去，他非常高興。我說：洪老，郭老的意思讓你到前線去，您覺得怎樣？他說：沒有問題。只要抗戰一天我就幹下去，一天不抗戰了，我第二天就滾蛋。我洪深是來抗日的，不是來做官的，你放心好了。你跟郭老說，我一定盡全力幹。洪老這人真痛快，他確實這麼幹。至於第三科，徐悲鴻說，你知道，我是個藝術家，怎麼能幹這些事情？畫一些抗戰的畫還可以。陳誠不知道他是什麼人，不夠尊重，徐悲鴻便拂袖而去。他不說辭職，也不說不辭職，寫信給田漢說，我到中大教書去了，你們叫別人來搞吧！」（第三廳・一：陽翰笙，新文學史料，1980年第4期。）

「1938年4月，政治部三廳成立，洪深先生出任戲劇科長，有人為之惋惜，也有人對他譏諷，說什麼『一個堂堂的大學名教授，還熱衷一個科長的官位』。對此，他還是用習慣說的那句話回答：『這是抗戰的需要。』」

「在周恩來同志的指導下，通過郭沫若、田漢，特別是洪深先生的精心擘劃，10個抗敵演劇隊組建起來了。把這樣一支具有思想性、戰鬥性的話劇隊伍開到農村去，開到前線去，在話劇運動史上是一個創舉。洪老師對此付出了大量心血和勞動。」（為紀念洪深先生致洪師母：龔嘯嵐，回憶洪深專輯，中國文史出版社，1991年7月。）

「有一次，陳立夫在武昌召開一個會，我隨洪先生去了。在會上，汪精衛突然出現，大發一通悲觀失望的賣國謬論，最後一句是連喊了三聲『犧牲！犧牲！犧牲！』洪先生不禁大怒，汪精衛一坐下，洪先生立刻站

了起來，頭一句話是：『我對汪副主席的話有意見！』接著就把汪賊大罵一通。洪先生的話還沒有講完，只見一群爪牙護著汪精衛蜂擁而去——溜了！之後，李公撲等先生也都接著講了話，把汪精衛駁得體無完膚。」
（憶洪深同志的話劇導演工作‧金山發言：戲劇報，1961年第19期／第20期合刊，1961年10月30日。）

「參加組織抗敵演劇隊具體工作的有田漢、洪深、石凌鶴等一些同志。抗敵演劇隊和抗敵宣傳隊成立以後，加上孩子劇團，進行了短期集訓。洪深這些著名戲劇家給他們講戲劇理論、導演、⋯⋯業務課。」（第三廳‧七：陽翰笙，新文學史料，1981年第2期。）

「10個隊都集中在武昌曇花林政治部第三廳裏，一面準備宣傳節目；一面聽一些有關抗戰宣傳工作、抗戰形勢以及戲劇、音樂理論常識等報告。集中學習完畢，8月1日由部長陳誠來授隊旗，算是演劇隊正式宣告成立。」
（演劇隊的生活回憶：舒模，中國話劇運動五十年史料集第二輯，中國戲劇出版社，1958年2月。）

「我從二十年代起就在上海大世界開始唱滑稽。抗日戰爭爆發後，我卻參加了周總理和郭老領導的抗敵演劇第五隊；那時演劇隊都是演話劇的，怎麼會吸收我這個唱滑稽的呢？原來抗敵演劇隊的十個隊中，只有我們演劇五隊，是由王夢生領導的文明戲劇團『上海劇社』改編的，除演話劇外還演唱滑稽獨角戲。當時政治部三廳主管戲劇的洪深同志很讚賞獨角戲；他認為：話劇是西式大菜；獨角戲是大餅油條，大眾化，通俗易懂，老少皆宜。而且學、說、演、唱樣樣俱全，可以成為『雜劇』。」（烏龜偷看日記本：張樵儂，新民晚報，1985年9月2日。）

「當三廳已經撤離長沙到達湘潭時，忽然發生了國民黨一手製造的震驚中外的『長沙大火』。從大火中衝出來的周恩來同志立刻命令1、2、8、9演劇隊及抗宣一隊在洪深率領下日夜兼程返回長沙參加救災工作。他們的工作和精神使廣大災民十分感動，並且受到了周恩來同志的表揚。」（第三廳‧七：陽翰笙，新文學史料，1981年第2期。）

「周恩來和湖南省主席張治中等磋商後，電告『三廳』通知田漢、洪深立即組織一個先遣隊——『長沙火災善後工作隊』星夜馳回長沙。洪深出任放賑總指揮，他要求我們在總的安撫原則下，根據現場實際靈活機動地工作。洪先生沉重地說：『救災如救火』，我們不能有一點疏忽失當，否則怒火中燒而又饑寒交迫的災民，極易形成騷亂，釀成又一場災難。」

「早晨8時許，洪深先生胸前佩著『總指揮』紅色綢帶登上司令台，接過硬紙板製成的『揚聲筒』用洪亮有力的嗓音向災民們講話，對他們的不幸遭遇，深表切膚之痛。他說：今天發放的賑款，可能是杯水車薪，然可救燃眉之急。諸位深明大義，顧全大局，當會和政府站在一起共度難關。」

「災民們紛紛讚揚：『世上少有啊。過去放賑大員是地方官老爺，現在來了個文人教授，讓災民得一實惠。』一位青年會總幹事說：『放賑救災往往是當官的中飽私囊。這次真是大公無私，災民受益。』」（洪深在長沙大火中：石炎，上海灘，1995年第1期。）

書目

1. 第二期抗戰中的戲劇運動：新華日報，1938年4月11日。
2. 在鬥爭中成長：抗戰戲劇，第三卷第1期，1938年5月25日。
3. 悼趙曙同志：抗戰戲劇，第二卷第4期／第5期合期，1938年7月25日。
4. 岳飛的母親（楚劇）：洪深／朱雙雲合編
   （1）婦女前哨，第5期，1938年5月；
   （2）抗戰歌劇選·1，軍事委員會桂林政治部，1942年。
5. 死裏求生（獨幕話劇）：洪深／徐萱
   （1）生活書店，1938年5月，漢口生活書店初版；
   （2）中國現代獨幕話劇選·3，人民文學出版社，1984年12月。

導演

1. 李秀成之死（五幕話劇）／陽翰笙著：中國旅行劇團，漢口，1938年6月。

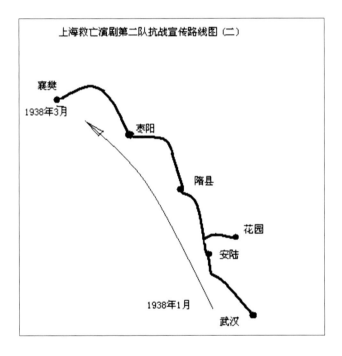

「上海話劇界救亡協會戰時移動演劇第二隊」（乙組）抗戰宣傳路線地圖。

中卷

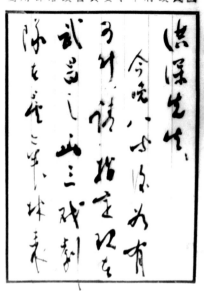

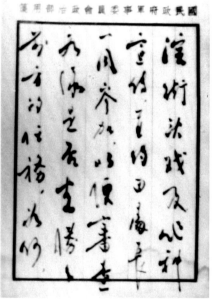

1938年8月25日武漢周恩來致洪深信件。

「上海話劇界救亡協會戰時移動演劇第二隊」在安陸與小戰士合影，後戴眼鏡者為洪深。

1939年　46歲

民國二十八年己卯

事記

　　1月，洪深隨三廳轉道桂林；在桂林洪深應邀為國防藝術社執導了于伶編劇的話劇《夜光杯》，31日公演。

　　2月，洪深隨三廳到重慶。田漢沒有與三廳一起去重慶，他留在桂林和歐陽予倩一起從事戲曲改革等戲劇活動。

　　3月，中華全國劇協在重慶召開年會，洪深和田漢、張道藩等35人被選為理事。

　　4月，洪深擔任新成立的三廳下屬教導劇團團長。

　　5月初，洪深妻子常青真從曲江抗敵演劇第一隊到重慶和洪深會合。之前，抗敵演劇第一隊隨第二兵團張發奎從湖南省平江，轉至湖南省衡陽，再到廣東省曲江市，在曲江時，該隊由政治部三廳領導改屬戰區指揮，人員亦同時有所變動。

　　8月至10月中旬，洪深率領教導劇團全團由重慶出發徒步赴成都，全程一千餘里，費時兩個半月，沿途經合川、銅梁、潼南、遂甯、樂至、簡陽等縣，進行演劇——大規模演出70多次、歌詠、文字和口頭的抗戰宣傳；洪深用四川方言創作的話劇《包得行》很受鄉民歡迎。

　　「我們在途兩月餘。用地方語表演四幕劇《包得行》70餘次。鄉村老百姓，雖對話劇形式非素習，但因所述為抽壯丁服兵役的故事，而臺上說話又用本省的語音與詞彙，感覺甚為親切。他們的一般反映如此誠懇，論斷劇中的人物與行事如此頂真，遠非都市看客的消遣——至多鑒賞——的態度

可比擬，不能不使我私感，話劇在這裏才獲得它的真正知己！」（戲劇官：洪深，洪深文集‧4，中國戲劇出版社，1959年6月。）

11月，教導劇團在重慶上演洪深改譯並導演的獨幕話劇《寄生草》，該劇四個角色：男女主角由洪深和馮乃超妻子李聲韻出演，另外兩個男女角色由石凌鶴和洪深妻子常青真出演。

時代

9月3日，英國、法國正式對德國宣戰，第二次世界大戰（歐洲戰場）爆發。

事件

4月，移遷重慶的國民政府政治部批准成立教導劇團，歸三廳直接領導，以在陪都和成渝公路一帶從事抗戰戲劇宣傳。

評述

「中國劇作家概論：曾經有一個時期，我企圖把十位在戲劇藝術上有成就的藝術家的作品作一有系統的批判，這十位劇作家的名單是：洪深、熊佛西、田漢、歐陽予倩、丁西林、夏衍、陳白塵、宋之的、曹禺、于伶。1936年，戲劇界曾提出了國防戲劇的口號，就在這一口號的號召之下，產生了許多優秀的作品，支援了『七七』前夕的反日運動的新演劇，如洪深的《走私》。洪深是美國哈佛大學倍克教授的高足，他的戲劇學識與經驗是非常豐富的，他不但是一位優秀的劇作家、導演家，而且他還是一位最會教書的教授。他對於戲劇理論的研究頗有獨到之處。在編劇方面，洪氏是最講究技巧的，因此，也就或多或少的限制他創作的產量，戰前，他所發表的

劇作如《五奎橋》、《趙閻王》，曾經轟動一時，尤其是後者，在國內一個劇本裏七場獨白還是一個大膽的嘗試，以獨白來描寫心理狀態，多少是受了美國當代名劇作家歐尼爾（同師學長）——的影響。他寫過不少的電影劇本，1936年的國防戲劇運動他是一位最有力的支持者，他主編的光明雜誌幾乎變為國防戲劇的專刊。復旦大學的復旦劇社之所以名聞國內多半也仰賴他的努力！抗戰以來，他寫了不少的抗戰劇，在武漢他創作了《飛將軍》、《米》，以空軍作題材的劇作，他是一位創始者。《飛將軍》主題選擇的敏銳，以及故事處理的技巧，可以說是抗戰時期難得的劇作。入川後，他主持過政治部的教導劇團，就在那個時期他又創作了以兵役問題為題材的《包得行》，以及描寫金融界在上海鬥爭的《黃白丹青》，以及《女人》等。《包得行》無論在編劇的技巧或演出的效果上都獲得相當的成功，造成戰時劇壇新紀錄。這一劇作可以說是洪氏在抗戰期中的代表作。在抗戰期中上演最多者當推《包得行》。在運用四川方言編劇，各種方言混合演出（以川語為主）的新的嘗試上給了我們一個新的啟示。洪氏年已五旬，但精神甚旺，創作亦頗勤，想來他會不斷的為我們創作更多，更好的劇作或理論。」（中國戲劇運動：田禽，商務印書館／重慶，1944年11月。）

「中央社訊：婦女工作隊、政治部三廳徵募寒衣聯合大會公演，九日起國泰舉行，最後一日，洪深及其夫人親自演出《寄生草》。」（新民報／渝，1939年11月2日。）

書目

1. 包得行（四幕四川方言話劇）

　　（1）重慶上海雜誌公司，1939年10月／1940年1月；

　　（2）洪深文集・2：中國戲劇出版社，1957年11月／1988年3月；

　　（3）海上文學百家文庫・洪深卷：上海文藝出版社，2010年5月。

2. 「汪逆精衛底禮義廉恥」說明：洪深／高龍生合編，抗戰藝術，第4期，

1939年。

3.「回鄉」演出說明：抗戰藝術，第4期，1939年。

4.如何培養戲劇幹部：戲劇戰線，第一卷第2期，1939年10月。

導演

1. 夜光杯（多幕話劇）／于伶
　　（1）國防藝術社，桂林，1939年1月；
　　（2）青年劇社，重慶，1939年11月。

2. 包得行（四幕四川方言話劇）／洪深著：三廳教導劇團，重慶及四川鄉間，
　　1939年7月～10月。

3. 日本間諜（話劇）／林道存改編：成都劇人，成都，1939年10月。

4. 寄生草（獨幕話劇）／英國H.H.Davies原著／洪深翻譯改編：教導劇團，
　　重慶，1939年11月。

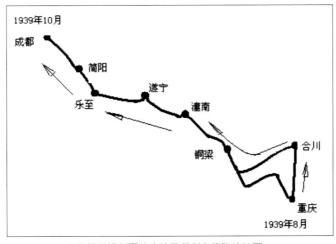

政治部教導劇團徒步抗戰戲劇宣傳路線地圖。

1939年11月演出《寄生草》中兩位女演員李聲韻（右）與常青真1985年4月24日晚北京南沙溝李聲韻寓所。

1940年　　47歲

民國二十九年庚辰

事記

洪深任聘因戰爭西遷重慶的復旦大學外國文學系教授，學校位於重慶北邊150餘里北碚對岸的夏壩。

5月，洪深為石凌鶴創作的四幕兒童劇《樂園進行曲》寫「演出說明」，特別強調：「本劇有正面的光明描寫，但也有反面的黑暗的暴露。演出時務須十分留意，使得兩者在對比之下，正面永遠占著優勢，光明必然從黑暗中生長出來。」

5月，洪深為反戰同盟西南支部日本朋友演出的日語劇《三兄弟》，撰寫〈戲劇以上的戲〉一文，稱讚道：「高度的情感，真切的表現，卻是最好的戲劇手法，有最大的演出效果。」

6月，田漢從桂林來到重慶，洪深見到1939年留在桂林分別一年多的田漢很是高興。

12月，洪深被任命為新成立的政治部文化工作委員十名專任委員之一。

時代

7月，國民政府提出「中央提示案」，意欲縮編八路軍和新四軍。

9月，國民政府改組政治部，第三廳被撤銷。

12月，政治部屬下成立「文化工作委員會」，郭沫若任該委員會主任。

評述

「文化工作委員會具體籌集工作於1940年9月基本就緒，10月起開始正常工作。12月7日正式宣佈成立。文化工作委員會主任委員由郭沫若擔任，副主任陽翰笙、謝仁釗。設有十名專任委員：沈雁冰、沈志遠、杜國庠、田漢、洪深、鄭伯奇、尹伯沐、翦伯贊、胡風、姚蓬子；十名兼任委員：舒舍予、陶行知、張志讓、鄧初民、侯外廬、盧于道、馬宗融、黎東方、王昆侖、呂振羽。文化工作委員會分兩處辦公，鄉間在賴家橋全家院子。」

「文化工作委員會包容了比第三廳更廣泛的各界代表。作為學術機構來說。文化工作委員會卻是名副其實的」（戰鬥在霧重慶：陽翰笙，新文學史料，1984年第1期。）

書目

1. 寄生草（獨幕話劇：英國 H・H・Davies／洪深翻譯改編）：重慶上海雜誌公司初版，1940年1月／重慶上海雜誌公司，1945年6月再版／上海雜誌公司復興一版，1946年3月。

2. 「樂園進行曲」演出說明：抗戰藝術，第5期，1940年。

3. 戲劇以上的戲：新華日報，1940年6月5日。

4. 編劇二論（美國 Louis Bromfield／編譯文稿）：戲劇時代，創刊號，1940年11月。

在重慶洪深（中）、馬彥祥（右）和吳祖光合影。

1941年　　　　　　　　　　48歲

事記

　　1月，洪深在《青年戲劇通訊》上發表〈新的希望〉一文，激情地表示：「在抗戰的熱潮中，全國戲劇工作者已經團結的如鐵一般的堅強，創造三民主義的新文化，新戲劇。」

　　1月，洪深完成揭露漢奸罪行的獨幕劇《櫻花晚宴》。

　　1月，洪深在「戲劇的民族形式」座談會上發言，提出：「今日中華民族最需要的文藝形式，應該是最習慣的，最能跟隨的，最易理解的，最使接受的。」並表示了「抗戰的實際需要之下更正確地處理現實也就是真正的現實主義。」的觀點。

　　2月5日，洪深和妻子常青真自殺，幸搶救及時得救；據說，洪深曾留遺書：「一切都無辦法，不如且歸去。」

　　「1941年我們的自殺，與外界所報導的經濟艱難的說法，從根本上說是無關的。因為我們家裏生活一向艱苦，洪老一生對自己生活毫無奢求，他在生活上只是一個起碼的低水準：吃飽、穿暖、有棲身之地；而且，當時我們的生活也並非比我們曾經遭遇過的一些情況更糟糕。真正的『壓力』是政治上的。」（1995年12月24日上午洪深妻子常青真在上海寓所對常州市文化局蔣柏連／韓斌生訪詢談話，洪鈴面聽。）

　　2月14日，洪深復函常任俠，謂：「任俠兄：惠書慰問，慚感交並，將何以致謝愛我厚我之諸友耶！近來不如理想事太多，可傷心者非祗一端，而弟一時軟弱，遂出下策。蓋理智不弱不會吞毒，情感不弱，便不會許醫施救

也。事後部長贈千元，又文藝獎助金保管委員會贈千元，一律壁謝。弟經濟誠窘，但甯舉債，不能以此事博取金錢，此亦稍見弟在不軟弱時之故我也。小女洪鈴病已甚深，相者（即前在漢相予者）謂其不能逃過去年舊曆年底，今已過年半月有餘，但痊癒之望，恐僅百分之十而已。內人已健復，囑附筆道謝。耑此，即請大安弟洪深啟30.2.14.」

2月下旬，洪深女兒洪鈴因病去世。9月，洪常氏在坪石生下一女，洪深為該女取名鈴以紀念失去的愛女洪鈴。

「是年冬間，我最愛的十八歲的女兒洪鈴，以平時營養不足而病，病後又以無力覓致昂價之藥而死！我以四十元在巴縣金剛坡邊購易一棺之地，為其聊安白骨。」

「你在坪石出生後，你爸爸為紀念死去的洪鈴原要給你取名也叫洪鈴，但你馬（彥祥）叔叔卻以為不妥，建議你的名字用『鈴』字去掉一點的『鈐』。」（洪深妻子常青真1982年4月同洪鈐的談話。）

3月4日，洪深與妻子常青真一同前往已北遷至廣東省坪石鎮的廣州中山大學文學院，任英國語言文學系主任，文學院位在距離坪石鎮30里外的鐵嶺。

「在坪石，我們在一家農戶租住了一間三面有牆一面敞開的房子，開敞的房間外一條落水溝的對面，就是房東家的豬圈。」

「在坪石，你父親早上去學校上課總要帶很多參考書，他常常就把布袋書包掛在手杖一端，然後扛在肩上。傍晚時，遠遠地我就會看見你父親用手杖挑著大書包和他順路買的菜走回家來。」（洪深妻子常青真1982年4月同洪鈐的談話。）

洪深在中山大學任教期間，中山大學劇社聘他為名譽戲劇顧問，該校學生劇社曾演出多出抗戰戲劇，洪深亦親自為該劇社導演戲。

4月下旬，洪深致函重慶的常任俠，談及離開重慶後情況：「任俠吾兄：渝地一別，瞬將兩月矣。弟途中翻了一次車。又病了幾天，幸於上月底安抵坪石。本欲亟函諸舊友報告平安，而一因文學院去坪尚有30餘里，覓

屋遷居，都甚費事。又因放下書本較久，不敢不準備功課，遂覺忙碌不堪，信函祇有分期寫寄，而吾兄之信，竟遷延至今也。文學院環境幽靜，弟與內人，租居一室，可半蔽風雨──此地一日之間，時冷時熱，時晴時雨，雨如傾盆，滿屋都漏，弟等常蓋油布睡眠──惟無須趕車買票，不受『持特約證排班』之苦也。生活必需品程度也在趕速高漲中，但米猶每斤七角，肉猶每斤一元三角，因此乃得每頓放膽吃飽。此間樂，不思蜀矣！重慶文藝動態，暇時乞告知一二。來信並祈寫明文學院，以免取信周折。傅抱石兄寓金剛坡，而地名不知如何寫法。附一信，請代轉去。至托。崇此，即請大安

弟洪深啟30.4.24.

再，壽昌兄即將到桂」

杜宣到坪石邀請洪深為新中國劇社排戲，洪深熱情接待一口答應給該劇社導演話劇。

11月，洪深在坪石為女作家趙清閣的劇本《生死戀》──改編自雨果作品《向日樂》──寫序。

時代

6月22日，蘇聯對德國正式宣戰。

12月7日，日本偷襲珍珠港。

12月8日，英國、美國正式對義大利宣戰；德國、義大利正式對美國宣戰；太平洋戰爭爆發。

12月9日，中國國民政府正式對日本宣戰。

事件

1月6日，新四軍奉命北移途中遭國民政府軍包圍襲擊，雙方激戰七晝夜後新四軍約犧牲四分之三，此稱「皖南事變」。

評述

「洪深先生熱烈服務抗戰的精神，是朋友們十分欽佩的。其夫人常青真女士也是如此，不辭艱苦的在鄂東、粵北參加抗敵演劇工作。他們夫婦，為了對於祖國的熱愛，不惜犧牲一切，以爭取抗戰勝利。什麼原因使他們自殺，事業和政治不能分開。為了洪鈴小姐的病，洪先生曾借債兩千元左右，都是必須以寫稿還的。但是最近許多悲憤的消息使他不能安心寫作。無疑的，經濟壓迫決不是他捐生的主要原因。最近他應中山大學文學系主任之聘，月薪三百元，並多支六個月的月薪，他決於三月間前往履新的。他們決不會那末平庸的被經濟逼迫而死。」（關於洪深先生的「不幸」：凌鶴，新華日報，1941年2月7日。）

「有人因為洪深謝絕饋贈，而且在他的絕命書中，首先提到政治沒有辦法，就推測他的自殺是為了政治上的原因。這說法當然也有道理。但洪深並不是偏於一黨一派的人，他有著遠大的理想，卻處處碰著現實的壁，他想有所作為，卻處處都遭擯棄，像他這樣富有熱烈的感情的人，怎能不走上消極的自殺的道路上去呢？」（記洪深：王易庵，雜誌月刊，第十卷第3期，1942年12月10日。）

「1941年1月『皖南事變』。我們黨組織和少數左派人士研究，一是身份已經暴露的黨員或黨外骨幹，從速離開重慶國統區，送延安；二是在重慶已不便於工作，但以後可以繼續工作的同志，安排去香港或西南；三是身份比較隱蔽，尚可留在重慶，或工作需要必須留在重慶的。」（戰鬥在霧重慶：陽翰笙，新文學史料，1984年第1期。）

「1941年初發生了皖南事變，以重慶為代表的大後方，令人感到了嚴重的白色恐怖，八路軍駐重慶辦事處的周恩來同志，運用一切手段將大後方的進步文化人，疏散到香港去，後來固然是大部分的進步文化人都到了香港，一時鼎盛。我也是其中的一個。」（阿英：胡考，新文學史料第4期，1979年8月。）

「1941年1月，國民黨策劃了『皖南事變』，隨後重慶的中國共產黨對在重慶的共產黨人和左翼文化人士安排了分批撤離的計畫。這個計畫中沒有你父親，你父親也不知道有這個計畫。後來他得知了此事，而且發現不少進步文化人士對其均無好感的某某人卻是『赫然在列』，你父親倍感寒心：想到自己半生為中國共產黨衝鋒陷陣，危境時竟遭如此對待，深為痛苦。當時你父親對摯友某某說：『像××這樣的人都……！他們不相信我！』隨後發生你父母自殺事情。」（1985年7月6日洪鈴某位父執對洪鈴談。）

「關於你父親1941年自殺原因，似乎有受到『攻擊』？『刺激』？的說法。」（1982年5月23日晚陳白塵於南京傅厚崗寓所對去訪的洪鈴談。）

「洪深自殺的消息，是極其驚動人心的。這樣一個進步的戲劇家，積極的文化人，竟至於自殺，竟至於全家服毒自殺，其間定有極大的隱情。說洪氏的自殺，單純地出於生活困迫，是難以相信的。」

「又看到政治上、文化上的逆流，這實在可使血性的洪氏由於悲憤而墮入政治煩悶，再加上生活的困迫，就容易走上自殺之路。」（洪深的自殺：則鳴，文心雜誌，1941年。）

「著名戲劇家洪深君因經濟困難，在渝服毒自殺，幸發覺時間尚早，獲救慶生。洪君留學美國，早著文名，竟至窮困自殺，想不少文人聞訊之後，定有兔死狐悲之感。」（洪深自殺：寄傲，宇宙風，乙刊第42期，1941年4月1日。）

「武漢淪陷後，洪深到了『大後方』，繼續從事話劇活動。他的工作是很有成績的。但是，非常困難的處境，大概也使熱情澎湃的洪深遭受不少的打擊。當時曾有他一家自殺的傳說，這個傳說見於1941年2月香港的報紙。」（畢生獻身影劇的洪深：余惠，香港海洋文藝，第六卷第四期，1979年4月10日。）」

「搭車到廣東坪石。因洪深同志那時正隨中山大學遷居到坪石，我們缺乏導演，想請洪深同志來為我們導演幾個戲。坪石地方很小，中大的教授住得很散，我化了整整半天的時間才好容易在一個農民家裏找到洪深同志和

洪師母常青真同志。洪深同志那時雖已五十左右了，但興奮起來還是和孩子一樣。我的造訪使他十分高興，他們夫婦立刻邀我到街上一家小館中吃了一頓豐富的午餐。我把來意談了，又談了一些桂林情況，洪深同志他立刻表示至少每年可以到桂林專門為我們導演兩個戲。我因為已買好當天下午回桂林的火車票，在車上與洪深同志揚手告別。」（回憶新中國劇社在初創時的一些情況：杜宣，中國話劇運動五十年史料集・第二輯，中國戲劇出版社，1958年2月。）

書目

1. 新的希望：青年戲劇通訊，第8期，1941年1月。
2. 寫在「怎樣利用地方戲作抗戰宣傳」之後：戲劇時代，第3期，1942年1月。
3. 在「戲劇的民族形式」座談會上的發言：戲劇春秋，第一卷第3期，1941年2月1日。
4. 醉夢圖（話劇）──「時代畫報」第三幕：抗戰文藝，第一卷第2期／第3期，1941年3月。
5. 櫻花晚宴／又名「傀儡形」（獨幕話劇）──時代畫報第四幕
   （1）重慶新生圖書文星公司，1941年5月初版；
   （2）文學月報，第三卷第1期，桂林，1941年6月；
   （3）「走」（獨幕話劇集）收入，新生出版社，1941年初版／1946年再版。
6. 導演設計：戲劇春秋，第二卷第1期。
7. 我們是這樣戰鬥過來的
   （1）戲劇春秋，第三卷第2期，1941年；
   （2）洪深文集・4，中國戲劇出版社，1959年6月／1988年3月。
8. 導演的任務：戲劇春秋，第一卷第5期，1941年10月。
9. 生死戀（話劇劇本）／趙清閣著・序
   （1）生死戀・序，上海商務印書館，1947年2月；
   （2）洪深文抄，人民文學出版社，2005年9月。

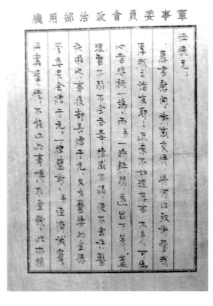

1941年2月14日洪深致常任俠信件。

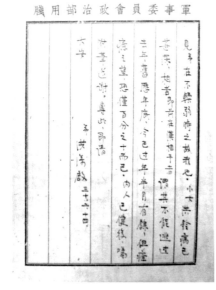

1941年2月14日洪深致常任俠信件。

1941年秋・桂林・洪深

1942年 　　　　　　　　49歲

民國三十一年壬午

事記

上半年，洪深繼續在廣東省坪石鎮的中山大學文學院外國文學系任教授。

1月，洪深利用學校寒假時間由坪石到桂林，為新中國劇社導演話劇。

2月，太平洋戰爭爆發香港淪陷，在桂林的洪深建議由田漢、夏衍和自己聯合創作一部多幕話劇，定為《再會吧，香港》——後易名《風雨歸舟》。

3月7日，洪深為新中國劇社導演的話劇《再會吧，香港》在桂林舉行公演；演出開始前，國民黨憲兵到劇場下令停演，洪深堅持演出第一場後率全體演員登臺，面對全場觀眾洪深高舉劇社領取的演出許可證，憤怒說明被禁之真相。

3月10日前，洪深在不讓新中國劇社知道情況下，用典賣自己兩套西裝的錢款付清旅館住宿費和購買車票，從桂林趕回坪石為已開學的中山大學授課。

洪深為中山大學學生劇團話劇表演予以指導也親自導演了戲，在坪石演出。

7月，洪深離開廣東再到四川，在四川江安國立戲劇專科學校任教，講授「希臘戲劇」和「編劇」兩門課目。該校於1940年奉國民政府教育部令，原兩年制的南京國立戲劇學校升至大專建制改為國立戲劇專科學校。

10月，洪深為中華劇藝社導演的夏衍編劇的話劇《法西斯細菌》在重慶公演。

12月，洪深年內應中央銀行劇社創作的兩幕四景話劇《黃白丹青》在重慶公演；洪深努力欲將此劇寫成一部「從『八‧一三』到『一二‧八』的上海銀行界抗戰的戲劇記錄」。

12月30日，重慶戲劇電影三百餘人以慶祝洪深五十歲生日之名（洪深1894年生人此時實為48歲）集會，周恩來到會，郭沫若致辭，茅盾、老舍、夏衍、陽翰笙、馮乃超、曹禺等三百餘人參加，洪深和妻子常青真出席。慶祝會亦成為文化界一次團結統戰的活動。洪深在會上講話答謝，洪深感慨言道：「今天非常高興，應首先謝謝諸位先生。回想到從前，我放棄了化學工程不學而開始做戲劇工作的時候，就有許多朋友來勸阻我，但我認為如果工作值得做的，是應該做的，即使我只能勝任一位二三流戲劇家。記得從前在上海市某報，為我做這工作，曾提名罵了十天，不提名罵了二十天，但事實證明，男女合演戲的效果是勝過了男性的反串。」

「那時演員在社會上是被認為連戲子都不如的，經過我們二十餘年來的努力，總算在今天社會上，我們有了光榮文化工作者的地位。」

「人總是要過去的，而事業——對人類的貢獻——是永生的。」（陪都戲劇電影界昨在百齡餐廳舉行茶會：新華日報，1942年12月31日。）

時代

1月1日，美國、英國、蘇聯、中國等26國在華盛頓簽訂《聯合國宣言》。

事件

3月，延安解放日報連續刊登了丁玲的〈三八界有感〉、艾青的〈瞭解作家尊重作家〉、王實味的〈野白合花〉等文章。
5月，毛澤東在延安文藝座談會上講話。

「在這種情形之下，必須擴大劇作的產量，而且尤需擴大主題的範疇。洪深的《飛將軍》和《米》，也都是在武漢時期創作的，前者反映了那一階段的飛將軍們的現實生活，而後者又預先指出了奸商操縱糧食的嚴重性。洪氏同樣從生活中發掘了新的主題。洪深的《包得行》，演遍了後方大都市與農村，無論哪一地區的觀眾都在熱烈地歡迎著它。這些劇作之所以被人推崇，主要是它們有著崇高的藝術成熟，而沒有陷入一般膚淺的『八股式』的戲劇泥塘裏。關於表現淪陷後的上海現實生活的作品，如洪深的《黃白丹青》，是值得令人喜悅的劇作。」（中國的戲劇運動：田禽，商務印書館／重慶，1944年11月。）

「大約在1942年，我開始在粵北坪石中山大學文學院中文系當講師，洪深先生到坪石來了，仍任外文系主任。在坪石，他導演了自己寫的和別位寫的《黃白丹青》、《包得行》、《法西斯細菌》等劇，團結了一大批堅決主張抗日的師生。」（紀念洪深先生：徐中玉，新民晚報，1985年5月18日。）

「二十多年來，經過多少變化，即以話劇和電影的發展而言，其間迂回曲折，亦復詭譎萬狀，然而在每一變化的階段，洪深先生的熱情和他的藝術家的風度，總是一個寶貴的力量。最近看了他的近作《黃白丹青》，又感覺得行年五十的洪深先生依然是20多年前那樣的熱情，而他的善善惡惡的藝術家的良心卻更真摯而深湛。在這個劇本中，洪深先生以他一貫的熱烈而明快的風格申訴了站在金融戰線最前哨的戰士們的艱苦與悲憤，沉毅與英勇。」（祝洪深先生：茅盾，新華日報，1942年12月31日。）

「今天，是中國新戲劇運動主要奠基者洪深先生的50歲生日。洪深先生敢說，敢寫，敢做，不稀罕留美戲劇專家、大學教授這些一部分人常常拿來炫人的『身份』。他從不自命清高他也從不和現實世界的主潮隔絕。」

「洪深先生的作品是雅俗共賞，洪深先生的為人是清濁相容。這性格使他安貧，使他樂觀，使他不怕挫折，使他保持年輕的感情，來繼續他的工

作。」（為中國劇壇祝福：夏衍，新華日報，1942年12月31日。）

「在四川江安，洪老也被請到劇專任教。當時洪老胃病很厲害，痛得要命，但他仍堅持並很認真地上課，講義寫的清清楚楚，一字不苟。」（他是一個真正的戲劇家：曹禺，回憶洪深專輯，中國文史出版社，1991年7月。）

「我想起一件往事。洪深1942年在桂林寫了一個劇本（《黃白丹青》），其中一個反面人物叫張經理，戲上演第二天被禁止了，原因是廣西銀行經理也姓張，硬說是諷刺他的，不讓演。但洪深的本事挺大，他舉行記者招待會，說：我寫了一個劇本，其中一個反面人物叫張經理，想不到本地正有一個張經理提出了抗議，但姓張的人也不少嘛。現在我決定把張經理改成洪經理，今後我寫的戲中的壞蛋全叫洪深，引得大家哄堂大笑。當天晚上演出時戲裏的張經理確實改成了洪經理。」（文藝上也要搞點法律：夏衍，文藝報，1979年第8期。）

「關於郭沫若寫洪老『拼命文章大膽酒』的說法，可能是誤傳；這句詩是不是郭老寫的，這句詩是不是寫洪老的，都是問題。洪老參加外事活動或和朋友聚會，他都喝酒，但喝的不多；而且在家裏，他一般也只是喝點黃酒。」（1995年12月24日上午洪深妻子常青真在上海寓所對常州市文化局蔣柏連／韓斌生訪詢談話，洪鈴面聽。）

「洪深是中國現代文學史上三十年代左翼戲劇運動中的著名戲劇家。抗日戰爭初期，大批進步文人會集重慶北碚，洪深也在其中。當時整個社會極端黑暗，生活又十分艱苦窘迫，在這種情況下，洪深自題了——大膽文章拼命酒，坎坷生涯斷腸詩——這副對聯。洪深自擬的這副聯，既表達了對黑暗現實的憤懣之情，又顯示出勇於鬥爭，不向惡勢力低頭的豪邁氣概，同時也道出了他當時苦悶的心情。『大膽文章』是他對自己創作的一個總結。他的著名作品如《趙閻王》等，都是從不同的角度，大膽地揭露了封建軍閥統治的罪惡和農民的苦難生活及其英勇頑強的鬥爭，給當時社會以無情的抨擊。說起『大膽』，當時還有段小插曲，那是在1929年（是1930年），上海正在放映美帝國主義侮辱中國的影片《不怕死》，洪深也在劇院，他當場就憤怒

抗議、演講，極大地鼓舞了群眾的愛國熱情。抗戰爆發後，又領導上海救亡演劇二隊赴內地演出，積極推動了戲劇界的抗日救亡宣傳工作。

　　與『大膽文章』相對照的是『坎坷生涯』這句。這又是他對自己大半生生活的總結。他1917（1916年）從清華大學畢業赴美留學，先是學建築（化工），後專攻戲劇，1922年毅然放棄國外優厚生活待遇回國任教，從事戲劇活動。曾領導『復旦劇社』、『戲劇協社』，並參加了『南國社』。抗戰爆發後又斷然辭去大學教授的職務，積極籌組抗敵演劇隊，組織宣傳抗戰活動。

　　對聯的後部分『拼命酒』與『斷腸詩』，卻是他當時在重慶的生活與心情的寫照。當時的重慶是抗戰的後方，國民黨的首府，在國民黨反動派的迫害和高壓政策下，進步文人不僅生活十分艱苦，精神上也極度苦悶，只有把僅有的幾個錢全用來買酒喝。希望在酒精中一醉方休。然而借酒澆愁愁更愁，拼命地喝酒仍解除不了那苦悶的心情，便又轉而寄情于詩文中。在那使人盪氣迴腸的詩句中多少能發洩一些憤懣之情，也多少能寄託些希望與光明。

　　這副對聯，讀後撲面迎來一股豪邁之氣，卻又夾雜著點點傷心淚。」

（洪深撰「大膽文章拼命酒，坎坷生涯斷腸詩」之註釋和鑒賞：陳紅濤，情詩網，2010年3月13日。）

書目

1. 風雨歸舟／又名「回到祖國」──原名「再會吧，香港」（四幕話劇）／聯合編劇：夏衍第一幕／洪深第二幕第三幕／田漢第四幕與主題歌
   （1）戲劇春秋，第二卷第1期，1942年5月25日；
   （2）桂林集美書店，1942年5月。
2. 黃白丹青（兩幕四場話劇）
   （1）文藝獎助金管理委員會，重慶建國書店，1942年12月；
   （2）時代中國，第六卷第4期／第5第6期合期，1942年10月1日／12月1日。

導演

1.再會吧，香港／聯合編劇

　　（1）新中國劇社，桂林，1942年3月／5月；

　　（2）中山大學學生劇社，坪石，1942年4月。

2.法西斯細菌（多幕話劇）／夏衍編劇：中華劇藝社，重慶，1942年10月。

1942年夏秋在四川江安，洪深（坐左）、洪深妻子常青真（坐中）、馬彥祥（坐右）和江安國立劇專學生合影。

1942年2月桂林洪深（後右）、田漢（後左）、夏衍（前左）和歐陽予倩合影。

1943年 50歲

民國三十二年癸未

事記

洪深繼續在四川江安國立戲劇專科學校執教。

秋季開學，洪深回重慶北碚復旦大學外國文學系任教。

1月，洪深為慶祝新華日報五周年紀念，撰寫發表〈貢獻與更大的貢獻〉一文，文章中洪深表示：「新華日報的國際新聞非常出色」；並讚賞該報「始終留出巨大篇幅，刊載自然科學社會科學的論文，以慰一般讀書人的饑渴」態度和「力顧大局，誠懇地坦白地參與討論一切問題，發表平易正和的議論」的作風。發表洪深這篇文章同時，還刊出洪深對該報的祝詞：「同登彼岸」。

2月，洪深發表〈舞臺上的現代與歷史——略論十個劇本〉文章，提出：「抗戰戲劇的創作主旨，是反映當前現實；積極的啟示或消極的暴露。促進民族進步，爭取抗戰救國勝利。」

秋，洪深病故的第二位妻子洪余氏所生的二女兒銅和常青真所生的大女兒鋼從保育院回到家中，和父母團聚。

10月，政治部軍中文化工作研究班在重慶遠郊山村「三聖宮」開辦，政治部部長張治中兼研究班班長；洪深為戲劇系總教官，並親自講授心理學、舞臺技術和導演三門課。

12月，洪深特別用英文創作獨幕劇《鶴頂紅》，並擬自己扮演主角，其意在向國際朋友宣傳中國士大夫「可殺不可辱」的傳統精神。

9月8日，義大利政府宣佈無條件投降。

11月，國民政府主席蔣介石與美國總統羅斯福、英國首相邱吉爾在埃及開羅舉行會議，討論對日本國作戰問題。

12月1日，發表「開羅宣言」。

事件

4月，國民政府公佈「非常時期報社通訊雜誌社登記管制暫行辦法」。

9月13日，蔣介石任國民政府主席。

評述

「1997年7月15日晚上，臺灣來的王生善高興地坐在北京和平賓館一座套房客廳裏。他這天和孩子劇團的同志們歡聚一堂。50年代初，王生善在臺灣參與建設戲劇教育體系，致力與臺灣戲劇教育四十餘年。在臺灣影劇界，他的學生最多。他創作的話劇、電影、電視劇多達50多種，而且在海外演出最多。」

「他告訴我，孩子劇團給了他與戲劇的機緣，後來到了國立劇專，洪深是中國話劇編、導、演全能，要他努力讀書悉心學習。他在劇專畢業，正面臨就業困難時，洪深帶他到軍委會軍中文化研究班任教官，這對他這個20歲剛出頭的年輕人來說，是破格栽培，讓他怎麼不感激涕零。」

「洪深親自教給他編劇與導演的技能，從洪深那裏，他學到了從來未知未聞的東西，奠定了他以後幾十年間展露才華的基礎。更重要的是，洪深這種『有教無類』的教育精神和『因材施教』的教育方法，王生善銘記在心，貫徹到他在臺灣的教學當中去，加倍地照顧、愛護、培植他的學生。」

「王生善對我說，這都是他承受洪深恩師影響的結果。今天他邀約我來的目的，就是想瞭解洪深最後幾年在大陸的情況，請我給他找一張洪深的照片，終生珍藏。」

「王生善急切地問道：『洪師母和家人還在北京嗎？』我告訴他：『洪師母常青真已遷往上海，身體還好，和小女兒洪鈴住在一起。王生善歎息著說：「恩師洪深病重，我未能親奉湯藥，深以為憾。』」我安慰他說，洪先生的照片我有，我回重慶後，給他寄往臺灣去。」（我與臺灣影劇界人士的交往：石曼，紅岩春秋，2006年第6期，2006年11月20日。）

「抗日戰爭時期，我慕洪深先生之名，我從萬縣到了重慶，報考了洪深先生主持的軍中文化工作研究班的戲劇系，拜洪深先生為師。洪先生學識淵博、治學嚴謹、熱情洋溢，誨人不倦的精神，給我留下了深刻的印象。」

「洪先生辦學思想最顯著的特點，是讓學生廣泛地吸收知識，兼收中外所長。許多專家名流來校任課，曹禺、馬彥祥、谷劍塵、鄭君里、陳白塵、焦菊隱、史東山紛紛來校講課。那些名家講課，洪深先生每課必到，坐在講臺旁邊陪同。」

「洪先生排戲，啟發和示範並重，絕不故弄玄虛、繁瑣哲學。他的教學方法學生記得住、抓得著，一聽了然。如果你還不懂，他就親自示範，惟妙惟肖。意趣昂然，引起學生極大的興趣。」（洪深先生的教學活動：項奇，回憶洪深專輯，中國文史出版社，1991年7月。）

「洪深先生已決定最近執教復旦大學。」（新民報，1943年7月29日。）

「洪深教授已到復旦，又講『批評文學』，旁聽者踴躍。」（復旦一角：《新民報》晚刊，1943年12月10日。）

書目

1.戲的念詞與詩的朗誦

　　（1）重慶美學出版社，1943年12月；

（2）上海大地書屋，1946年；

（3）上海中華書局，1950年；

（4）中國戲劇出版社，1962年／1982年；

（5）洪深文集・3，中國戲劇出版社，1959年6月／1988年3月。

2.戲劇導演的初步知識：中國文化服務出版社，1943年9月重慶／1944年9月重慶／1945年12月上海／1946年9月上海。

3.人之初（三幕話劇）／軍人守則之一

（1）戲劇月報，第一卷第3期，1943年3月；

（2）正中書店，1947年1月。

4.鶴頂紅（英文獨幕劇）／潘子農、李麗水聯合翻譯中文：文萃，第9期，1945年12月。

5.聲音表現（上）：戲劇月報，第一卷第1期，重慶，1943年1月。

6.「對話節奏」試論：文學創作，第二卷第3期，1943年7月。

7.舞臺上的現代與歷史——略論十個劇本：中央週刊，第28期，1943年2月25日。

8.貢獻與更大的貢獻——祝新華日報五周年紀念：新華日報，1943年1月11日。

9.祝詞——祝「新華日報」五周年：新華日報，1943年1月15日。

10.蕃茄和小鋤頭（兒童劇）：重慶文風書店，1943年10月初版。

11.論如何導演業餘演員（翻譯稿）：戲劇時代，第一卷第2期，1943年12月。

導演

1.祖國在召喚（話劇）／宋之的著：中國藝術劇社，重慶，1943年2月。

2.法西斯細菌（話劇）／又名「第七號風球」／夏衍著：中華劇藝社，成都，1943年7月。

3.北京人（話劇）／曹禺著

（1）國立戲劇專科學校，重慶北碚，1943年；

（2）政治部軍中文化工作研究班戲劇系。

4. 第二夢（三幕話劇——英國J. M. Barrie著／洪深翻譯改編）：政治部軍中文化工作研究班戲劇系學員，1943年。

5. 妒誤（法國話劇翻譯）：國立戲劇專科學校，重慶北碚，1943年。

1944年　　　　　　　　　　　51歲

事記

洪深胃疾嚴重，幾次胃出血。

洪深繼續在重慶北碚復旦大學外國文學系任教。

1月，英語演出洪深創作的英文獨幕劇《鶴頂紅》招待重慶的外國記者，洪深自任主角。

2月，重慶慶祝第六屆戲劇節，洪深為此撰文和參加有關活動。

4月，政治部軍中文化工作研究班戲劇系第一期學員畢業。

下半年，洪常氏在四川重慶北碚產下一子，名鍇。

時代

9月15日，中國共產黨代表林伯渠在國民參政會上提出國民政府應該改組，成立聯合政府。

9月24日，重慶各界、各黨派五百餘人集會，要求改組國民政府和成立聯合政府。

10月7日，成都二千學生集會，要求成立聯合政府。

10 月 10 日，周恩來在延安演說，要求改組國民政府，成立聯合政府。

事件

2 月，「西南第一屆戲劇展覽會」在桂林舉行。

9 月 17 日，周恩來致郭沫若信：「年來發展甚速，……文化界其有意乎？……事雖未必有成，蓋亦可造為輿論，但創意須出自舒洪姚等，不知能推動否。」（上海文匯報，1983 年 3 月 2 日，刊發報紙注：舒，指老舍。洪，指洪深。姚，指誰，未詳。）

11 月 21 日，毛澤東致郭沫若信：「你的史論、史劇，大有益於中國人民，只嫌其少，不嫌其多。」（人民日報，1979 年 1 月 1 日。）

評述

「他確實知識面廣得很，在閒談中，他會告訴你『雞尾酒會』的來歷，美國人愛說『OK』的根源，butter-boy 的典故等等。因為他見識豐富，英語的造詣甚高，特別是他的口譯技能真是令人欽佩。1944 年的戲劇節，重慶影劇界人士舉行各種慶祝活動，美國劇評家──金生，應邀作了一次公開講演。講演會由郭沫若主持，在旁口譯的就是洪深。他當時不但能譯的確切無誤、流暢易懂，而且還加進了他自己的見解。無怪乎郭沫若最後致謝詞時，大大頌揚的洪深一番，連說兩次『我還沒有見過像洪老夫子這樣好的翻譯。』」（從「洪深教授捐贈」談起：蘇明，戲劇與電影月刊，1981 年第 11 期。）

「洪深教授今胃出血仍劇，常感全身發冷，已再度赴渝就醫，去渝前仍照常抱病上課。」（新蜀報，1944 年 10 月 11 日。）

書目

1. 希臘的戲劇節
   （1）重慶大公報，1944年2月15日；
   （2）洪深文集・4，中國戲劇出版社，1959年6月／1988年3月。
2. 民間的戲劇研究——地方戲劇的研究
   （1）國訊，第363期，1945年3月15日；
   （2）洪深文集・4，中國戲劇出版社，1959年6月／1988年3月。
3. 戲劇節感言——小小的願望：文藝先鋒，第四卷第2期，1944年。

導演

1. 春寒（話劇）／宋之的著：中國藝術劇社，重慶，1944年11月。

1945年　52歲

民國三十四年乙酉

事記

洪深繼續在重慶北碚復旦大學外國文學系任教。

國立戲劇專科學校從四川江安遷至重慶北碚，洪深任教該校。

3月，洪深創作的三幕話劇劇本《女人女人》出版，作者題辭將此書「獻給：熱心兒童福利事業和從事育嬰保幼工作的人們。」

6月，洪深的學術講演「柏拉圖與亞里斯多德的戲劇理論」出版，洪深認為：「亞理士多德的戲劇理論是比較科學的。柏拉圖雖欲利用戲劇作理想

國中的教育工具，而絕不尊重藝術的本質與性能。多少年來，戲劇工作者，研討前者而不甚理會後者，或者是不無理由的。」

8月，日本國無條件投降，中國八年抗戰勝利，洪深興奮地用最快速度創作了三幕話劇《雞鳴早看天》，10月在重慶公演。洪深對參加《雞鳴早看天》演出的演員們談他這個劇本是：「啟發人民大眾要求民主生活的自覺性」和希望觀眾能夠理解這出戲的「悲歡離合的內含因素，而不是個別人物所造成。」

洪深10月和11月連續發表了〈『民主』人〉長篇文章，表明洪深對抗戰勝利後國家建制發展的關心和期待。洪深在文章中，明確提出可藉「他山之石」的態度，清楚地說出了：「美國民主的道路，也許不是最理想的。即就制度本身而言，也還有應當要求進步與改善的地方。但是，『政府是屬於人民的，應當由人民主持的，為了人民而生存的』這個觀念最早是在美國具體地語言化的——林肯總統所做蓋德斯堡戰勝紀念演說，而美國人從事民主政治和民主生活的實踐，也有三百年左右的歷史了。」

時代

8月6日，美國在日本廣島投下第一顆原子彈。

8月8日，蘇聯對日宣戰。

8月14日，日本國天皇宣佈無條件投降。

9月9日，日本侵略軍在南京簽投降書舉行中國戰區投降儀式，八年抗日戰爭勝利結束。

9月，蘇聯軍隊繼續在我國東北全境推進；直至1946年5月3日，蘇聯軍隊從我國東北境內撤離完畢。

3月30日，國民政府下令解散政治部下屬的文化工作委員會。

8月28日，毛澤東率中國共產黨代表團到重慶。

10月10日，簽定「國民政府與中國共產黨代表會談紀要」——雙十協定。

10月11日，毛澤東從重慶返延安。

12月1日，上海市立實驗戲劇學校正式開課，顧仲彝任校長。

評述

「洪深教授月來忙於在渝排戲，每週返校上課一次，每次返校，登門造訪者不絕，最近洪深府門上貼一字條，內云：『年關將屆，不得不稍理文債，諸公始無特殊必要，改日再為。』因之洪深氏稍可安居。聞12日洪氏將再至渝排戲，下月一日前可返砝。」（洪深清理文債：新民報，1945年1月16日。）

「一日，美國新聞使節在復旦大學舉行盛大討論會。麥吉爾作了誠懇演說，主持討論達三小時。教師學生千餘人參加。麥吉爾解答的問題，由洪深教授翻譯。」（新民報，1945年4月2日。）

「洪深一生寫了幾十部話劇劇本，常被人提起的有《趙閻王》、《五奎橋》、《香稻米》等，而初版於1945年10月的三幕鬧劇《雞鳴早看天》卻有些被冷落。其實，作者本人卻很看重這部作品，兩年後還將其改為電影劇本。這部劇本也確實代表了洪深話劇創作最高水準與其創作特色。」

「『中國打了勝仗，就可以天翻地覆了？』這話從多方面顯示出該劇的主題：家庭仍是封建專職那一套；外面的世界又能怎麼樣，漢奸搖身一變成為緝拿漢奸的特務，區公所參與敲詐勒索，魍魎世界，果然變為天翻地覆。真是雞鳴早看天，長夜何時了。如果要確認這部劇作的主人公的話，那麼確切地說應該是長夜。作者警告將要陶醉於抗戰勝利的國民：千萬不要麻痺，

真正的黎明還在將來。」

「這部劇作創作於抗戰勝利後一個月左右，眼光之敏銳、現實感之強令人稱奇。其實，緊密追蹤時代的腳步本是洪深劇作的基本特色之一。同是緊扣時代脈搏，田漢往往直接從精神切入，而洪深則從社會切入。」（雞鳴早看天，長夜何時了：張中良，中國新文學圖志・上，人民文學出版社，1996年8月。）

「抗戰勝利後不久，《雞鳴早看天》舞臺劇就出現在重慶舞臺上，復員後不久又在上海上演，最近改編為電影，又一次和上海觀眾見面。作為一個描寫勝利後形形色色的戲，它怕是出現的最早的。這個戲的寫作時間不過是日本投降後一個月，它接觸到當時人們最注意的義民復員問題和漢奸懲罰問題。」

「家庭中的封建統治和突破這封建統治是《雞鳴早看天》的主要矛盾。作為一個反封建的戲，作者讓他的人物沖出了牢籠。不過，出走，在今天我們還是可以贊同的。突破封建牢籠到底要比那向封建力量投降強得多。」

「在結束的鏡頭和合唱歌詞裏『安全大家都好，翻下去大家都沒有命，這好比一個多難的中國，得從驚險中開闢生路。』作者的用心並非毫不可取。」（雞鳴早看天：唐漠，大公報・戲劇與電影，第79期，1948年4月28日。）

「我覺得《雞鳴早看天》，把黑暗和光明的交替，規劃得太簡單了。」

「看起來，作者有是非之見，然而又覺得他同情的給予，不免欠了斟酌。一個畏罪而來後方的漢奸，和一個『多情』的舞女，何需給予他們那麼多的溫暖呢？」（評《雞鳴早看天》：趙涵，大公報・戲劇與電影，第81期，1948年5月12日。）

書目

1. 女人女人（三幕話劇）

　　（1）華中圖書公司，1945年3月／1946年1月；

　　（2）洪深文集・2，中國戲劇出版社，1957年11月／1988年3月。

2.雞鳴早看天（三幕話劇）

    （1）華中圖書公司／重慶，1945年10月；

    （2）洪深文集‧2，中國戲劇出版社，1957年11月／1988年3月；

    （3）洪深代表作，河南人民出版社，1986年10月。

3.竊火者——劇場漫話之四：洪深文集‧4，中國戲劇出版社，1959年6月
  ／1988年3月。

4.哀「紅梅」——劇場漫話：洪深文集‧4，中國戲劇出版社，1959年6月
  ／1988年3月。

5.戲劇官——劇場漫話之六

    （1）洪深文集‧4，中國戲劇出版社，1959年6月／1988年3月；

    （2）洪深文抄，人民文學出版社，2005年9月。

6.柏拉圖與亞理士多德的戲劇理論

    （1）中山文化季刊，第二卷第1期，1945年6月；

    （2）洪深文集‧4，中國戲劇出版社，1959年6月／1988年3月。

7.「民主」人

    （1）文萃，第二卷第4期／第5期，1945年10／11月；

    （2）洪深文抄，人民文學出版社，2005年9月。

導演

1.黃花崗（話劇）／集體創作：中國青年劇社／中國萬歲劇團，重慶，
  1945年3月。

1946年　53歲

民國三十五年丙戌

事記

洪深繼續在北碚復旦大學外國文學系執教。

1月，洪深在《文選》雜誌元旦創刊號上發表文章〈草鞋頌〉。

1月8日，洪深在重慶政協會上講演，悲憤陳詞：「救救戲劇電影界，救救中國。我們千辛萬苦熬過了抗戰八年，將來還要到漢奸下面去找一碗飯吃！」

1月下旬，洪深應新中國劇社之邀，到昆明為該社導演兩部話劇：陽翰笙寫四川袍哥在辛亥革命的《草莽英雄》，和洪深自己創作的《雞鳴早看天》。

3月2日，重慶北碚復旦大學校內發生特務學生對進步學生壓迫脅持的「谷風」壁報事件，當時提著英文打字機正從參考室出來的洪深，見到跪在地下的學生和旁邊一持槍者看守，再看到學校訓導長、總務長對此事表現的不作為的默認，洪深便揚起手臂憤怒高聲叫喊：「跪下的同學站起來！」，因此洪深遭到特務學生圍攻毆打。洪深後來曾有：「每夜有持槍者包圍住所，做精神上迫害幾及一個月。雖堅決挺持，而本人後腦神經系統發炎，兩耳失聰，均於此時加重。」的記述。

「1946年春，為了『谷風』壁報這篇稿子，特務學生竟迫令一年紀學生莊明三在烈日下跪在登輝堂前草地上，還要一特務學生持槍監視他。洪老對特務學生無視國法校規，氣得沖進教導處仗義執言，竟遭到特務學生的辱罵，繼以磚石扔擊，特務學生但家瑞還越窗進入教導處直接打罵洪老。」

「洪老說：『我個人倒不怕，只怕兩邊學生打起來，要流血。我不走，

走也沒有地方去。」我們在北碚夏壩的住所，每晚有特務持槍包圍監視一月之久。為此，洪老氣得後腦小血管破裂，遺留了腦神經的病，健康受到很大損害。」（懷念親人洪深：常青真／李嘉整理，戲劇藝術，1981年第2期。）

4月19日，洪深為飛機失事遇難的中國共產黨幹部在新華日報發表短文〈悼念遇難的諸位先生〉；文章感慨：「老百姓嚮往和平，於是嚮往團結統一，而這是靠和平民主得來，不是靠打仗……。」

5月，洪深在重慶致函在昆明的新中國劇社劇人石炎、汪鞏、嚴恭、姚萍，主要談劇社與陽翰笙劇本《草莽英雄》和自己劇本《雞鳴早看天》演出收入事宜：「汪鞏、石炎、姚萍、嚴恭暨諸兄：前寄航快信，當已抵達。茲接翰老來函，特寄諸兄一閱（閱後乞寄還，關於田家事，並乞弗向外洩露）。前貴社允匯之款，望即速匯寄。如有特別困難，不妨將賬寄去，先匯一部分錢，當可商量。無下文決非處世交友之道，以後還能問人要劇本乎。至弟《雞》劇上演稅，全部贈給貴社，聊以答謝在昆時招待之誠，亦稍還從前墊付安娥先生之款也，弟六月中先赴上海，赴美事，有人開玩笑，大約不放心弟出去耳。且看情形再說，《草》劇上演稅事，祈速覆，如飛機班次少，請先覆一電為懇。即頌暑祺　弟洪深啟35.5.11.」

6月中旬，洪深乘坐飛機自重慶到上海。只攜帶一個皮包，裏面裝有《青紅幫叢考》已完成部分的初稿：「安清會的興起」。

洪深妻子常青真帶著洪深病故的第二位妻子洪余氏生的女兒鋼和自己生的女兒鋼和鈴、兒子鍇四個孩子，跟隨重慶復旦大學復員大隊伍，由陸路輾轉幾省後到上海。時洪深全家住江灣復旦大學教師宿舍「廬山新村」十九號。

「1946年夏，復旦師生分期回到上海江灣本校。我深感洪老受不得刺激了，就勸他跟陳望道教授一起坐飛機先回上海，我則帶著孩子們跟隨陳子展教授等繞到成都、寶雞經陝、豫、蘇回上海。一路上受到陳子展教授和學生們很好照顧。回到上海時，我簡直疲乏得不像人樣了。」（懷念親人洪深：常青真／李嘉整理，戲劇藝術，1981年第2期。）

洪深全家從重慶復員回到上海，八年抗戰中斷聯繫此時方得知：寄養在

常州親戚家常青真生的第一個兒子鍾，早已病亡。

7月，洪深在發表的〈命運論與決定論〉一文中，強調：「相信命運的悲劇，就在這裏使人悲觀，使人消極，使人放棄努力，使人無意鬥爭，使人藉口推卸責任。」

7月，洪深又發表了〈美國憲法怎樣保證反對黨的存在〉一文；反映出抗戰勝利後的形勢促使洪深作這種思考。

7月28日，洪深在上海致函編輯《文藝春秋》刊物的范泉：「范泉先生：昨承枉駕，失迎為歉。文藝春秋稿，因連日腹瀉，尚未執筆。惟星期一晚，弟在某處將作一演講，題為〈文學與鬼〉，講後或可寫一二千字，仍可為『隨感』性質。耑此，即請撰安　弟洪深啟35.7.28.」

7月，《文藝春秋》第三卷第1期刊出洪深的「賣稿」

賣稿……洪深端節將屆，兄頗望能賣稿一部。不知北新有辦法否？

一・書名《電影戲劇導演術》

二・字數約十萬左右

三・稿費希望每千字五元

耑此即請

撰安　　　　　　　　　　　　　　　　　　　弟洪深啟6.9.

上海市立實驗戲劇學校秋季開學，洪深受聘在該校兼課。

9月10日，越劇皇后袁雪芬在左派人士支持下舉行記者會，斥責控訴了自己在藝術上接受了共產黨指導和幫助而遭國民黨特務威脅的事實；洪深在會上發言，呼籲「讓一個善良的人活下去吧！」

10月4日，上海各界人士五千餘人在天蟾舞臺舉行大會追悼李公朴、聞一多，洪深擔任大會司儀。

10月，洪深擔任上海大公報《戲劇與電影》週刊主編，除負責週刊稿件與編輯外，洪深自己也經常為週刊撰稿，更是基本為每期撰寫《編後記》，

本年撰寫《編後記》11篇。

洪深在10月10日大公報・戲劇與電影週刊創刊號上撰寫的《編後記》，表明了該週刊宗旨：「我們都是誠懇的嚴肅的戲劇與電影工作者；我們深切認識戲劇與電影的道德觀影響與社會效果；我們在本刊上發表文字的目的，在求戲劇與電影的各方面的進步，擴大它們的社會教育作用。如果我們的批評是嚴格的──但一定是學術性的，建設性的，更是善意的，友誼的，決非謾罵的或意氣從事的。如果我們的推薦是熱情的──但一定也是學術性的，建設性的，更是公平的，慎重的，決非門戶的，或互相標榜的。敬請關心戲劇教育的讀者們，不停的鞭策我們。」

10月中旬，洪深與茅盾夫婦、及陽翰笙、陳白塵、葛一虹、女作家趙清閣、鳳子同遊杭州。

10月20日，洪深和上海文化界人士及魯迅夫人許廣平女士一起，到萬國公墓為魯迅先生掃墓。

12月，洪深發表〈《孟姜女》給我們的教訓〉一文，表示：「我說這些話，因為我不能不愛中國，《孟姜女》能代表中國的什麼？能代表中國的舊戲嗎？可以代表中國的舊有民間音樂嗎？。」

時代

8月10日，美國對國民黨和共產黨的「調停」失敗，國內內戰呈公開狀態。

事件

2月10日，參加重慶校場口集會的郭沫若、李公樸等被毆打致傷。

7月11日和15日，昆明民主同盟負責人李公朴和聞一多在昆明遭國民黨特務暗殺。

評述

「本市消息：陪都文化界郭沫若、茅盾、田漢、陽翰笙、沈起予、馬思聰、艾蕪、聶甘弩等二十餘人，為復旦大學少數目無法紀分子辱打該校老教授洪深事，特致函慰問洪深先生，原函如下：『淺哉先生：驚聞先生仗義執言，橫遭毆辱，同人不勝憤慨，特函慰問，敬祈為國為×（該字原稿已辨不清）珍重。』（郭沫若、茅盾等慰問洪深教授：新華日報，1946年3月4日。）

「本報特訊：中國民主文化教育事業協進會，對復旦少數特殊學生，無法無天，任意毆辱洪深等教授及同學莊明三事憤慨異常，特去函慰問洪深等教授。原函如下：驚聞先生等被『黨棍子』所收買的『學棍子』所辱毆，同人等痛感切膚，恨入骨髓！尚望先生等早日康復繼續為民主事業而奮鬥！謹此慰問，即祝早瘥！中國民主文化教育事業協進會3月5日。」

「又訊：留渝復旦校友鑒於母校特殊學生橫行不法，憤怒異常。並即成立抗議暴行後援會，以示抗議和聲援。」（新華日報，1946年3月5日。）

「二日復旦大學特務學生暴行事件發生後，各界認識甚為關切，今陶行知、鄧初民、翦伯贊三先生去函慰問。原文如下：淺哉震亞文淑諸先生，驚聞先生等以勸阻少數特務學生暴行橫造侮辱，淺哉先生被毆傷。至此教育豈不×（該字原稿已辨不清）天下而禽獸也。特電慰問。」（陶行知、鄧初民、翦伯贊慰問洪深等教授：新華日報，1946年3月11日。）

「假如那時候我不聞不問，提著打字機低頭走過，我覺得這才是恥辱。我這輩子都會不安的。他們當時叫打，我並不怕呀！就是打死，我也還是要說話的。——讀聖賢書，所為何事？」（洪深教授：鄭北田，人物雜誌，1946年11月15日。）

「洪老也很愛才，記得他對上海孤島時期的一位年輕女作家張愛玲的作品，十分賞識，但人歧視張愛玲，他便和我商議，要我以女作家身份和張愛玲聯繫，給以鼓勵。並約張愛玲為他當時主編大公報《戲劇與電影》寫文章；他說：『應當支持張愛玲，她是有才華的女作家。』」

「我回憶起洪老寫的〈安清會的興起〉一文。其中『青紅幫的叢考之一』，是他交由我轉交《文潮》月刊發表的。這是一篇介紹我國民間幫會興建的宗旨和經過的考據性文章。他告訴我，幫會具有濃厚的民族意識，它的動搖性很大，所以清王朝怕它，也拉攏它。於是我理解了洪老研究幫會史，是想探索它早期的人民性和逐漸的蛻變。」（忘年之交的良師益友：趙清閣，回憶洪深專輯，中國文史出版社，1991年7月。）

「我1946年～1948年編《文藝春秋》雜誌，由熊佛西先生介紹與洪深先生認識，洪先生欣然同意寫稿，不久即寄稿來了。」

「1948年，洪深先生在給我信中講：自己最滿意的作品是《五奎橋》。對自己不滿意的，準備修改。」

「我曾問洪先生所學的外國那些東西有用否？他答：用得上。但洪先生強調中國民族風格，認為國外的是一種啟發。」（1984年2月1日範泉在上海長樂路寓所對洪鈐談。）

「9月10日上午10時在四馬路大西洋菜社舉行了記者招待會。郭沫若、田漢、洪深、許廣平以及文藝界、新聞界一百多人參加了這個會。袁雪芬在會上講了自己的遭遇。許廣平發言。洪深大聲疾呼『讓一個善良的人活下去吧！』」（袁雪芬的藝術道路‧十一：李侖，上海文匯報，1981年1月22日。）

「六月中旬抵滬之作家，尚有洪深。」（文潮月刊，第一卷第3期，1946年7月1日。）

「茅盾、洪深、陽翰笙、鳳子、趙清閣等於上月中旬曾作西子湖遊，為趕回上海參加魯迅紀念會，僅逗留三日。」（文潮月刊，第二卷第1期，1946年11月1日。）

「洪先生擔任追悼李公樸、聞一多大會司儀，在這個會上做司儀是不簡單的，因為台下就有很多特務，我們一部分同學留著做戒備，以應付突發事故。會前，洪先生對我說：『我準備作聞一多第二，要是出了亂子，我就挺身而出。』」（洪深年譜：陳美英。文化藝術出版社，1993年12月。）

「編後記：洪深先生所著青紅幫叢書，關於安清會的一章，共分三節。

本期所載為第二節，該稿搜集材料甚豐，洪先生自渝搭乘飛機時，合併在三公斤手提行李之內，親自攜帶飛滬，足見洪先生對該項資料之重視。」（文潮月刊，第二卷第1期，1946年11月1日。）

書目

1.草鞋頌：文選雜誌，創刊號，1946年1月1日。

2.申訴幾年來的痛苦

　　（1）戲劇與文學，1946年2月；

　　（2）洪深文集・4，中國戲劇出版社，1959年6月／1988年3月。

3.悼念遇難的諸位先生：新華日報，1946年4月19日。

4.命運論與決定論

　　（1）週報，第45期，1946年7月13日；

　　（2）洪深文抄，人民文學出版社，2005年9月。

5.美國憲法怎樣保證反對黨的存在：

　　（1）週報，第47期，1946年7月27日；

　　（2）洪深文抄，人民文學出版社，2005年9月。

6.文學與鬼

　　（1）文藝春秋，第三卷第3期，1946年9月15日；

　　（2）洪深文抄，人民文學出版社，2005年9月。

7.安清會的興起（一）～（四）／清紅幫叢考之一

　　（1）文潮月刊，第一卷第6期／第二卷第2期／第3期，1946年10月1日／11月1日／12月1日；

　　（2）洪深文抄，人民文學出版社，2005年9月。

8.上海大公報・戲劇與電影・編後記

　　（1）創刊號，1946年10月10日；

　　（2）第2期，1946年10月17日；

（3）第3期，1946年10月24日；

（4）第4期，1946年10月31日；

（5）第5期，1946年11月7日；

（6）第7期，1946年11月21日；

（7）第8期，1946年11月28日；

（8）第9期，1946年12月5日；

（9）第10期，1946年12月12日；

（10）第11期，1946年12月19日；

（11）第12期，1946年12月26日。

9. 上海大公報・戲劇與電影・文章

（1）我們抗議，第3期，1946年10月24日；

（2）評洪深關於「草莽英雄」的導演，第7期，1946年11月21日；

（3）「孟姜女」給我們的教訓，第10期，1946年12月12日；／洪深文集・4，中國戲劇出版社，1959年6月／1988年3月。

導演

1. 草莽英雄（五幕話劇）／陽翰笙著

（1）新中國劇社，昆明，1946年2月；

（2）上海藝術劇社，上海，1946年11月；

2. 雞鳴早看天（三幕話劇）／洪深著：新中國劇社，昆明，1946年3月。

1946年洪深從重慶復員回到上海。

1946年冬上海洪深（左二）、茅盾（中）、葉聖陶（右二）和郭沫若（左一）合影。

1946年9月在上海洪深參加袁雪芬記者招待會。

1946年在上海洪深和冒廣生（長須者）、周信芳、梅蘭芳合影。

賣稿──洪深

端節將屆，兄以能否惠稿一部。不知兄新有辦法否？

一、書名「電影戲劇導演術」。

二、字數約十五萬左右。

三、稿費希望每千字玉元。

專此即請

撰安

弟洪深啟 六月九日

1946年7月文藝春秋登載的「賣稿──洪深」。

1946年10月洪深和茅盾夫婦等同遊杭州。

1947年　54歲

民國三十六年丁亥

事記

春季學期，洪深繼續在復旦大學任教。

秋季學期，洪深因復旦大學不發聘書遭變相解聘。

「1947年夏，洪深同志支持上海學生舉行反迫害反饑餓運動，遭到特務持槍威脅和毆擊。常青真同志說：『他是支持進步學生的，有一次他剛走出家門口，三四個特務蒙著臉舉著刺刀對著他，他很鎮靜，後來被特務架著到校長家，家裏立即受到搜查，三個住在三樓的學生也被逮捕。』」（回憶洪深同志的創作和生活——記常青真同志的談話：狄小青，劇本月刊，1957年10月號。）

洪深繼續主編上海《大公報・戲劇與電影》週刊；本年為該週刊撰寫〈編後記〉45篇。

元旦，洪深在發表的〈賀李健吾先生新作〉文中，提出了：「抗戰後，戲劇工作應該堅持與企求的——人民經濟與政治的民主與平等。」

1月，洪深發表〈話劇似應暫停「營業」〉文章，提出了「在戰後美國傾銷影片的情形下，話劇戲劇怎樣競爭。」的問題。

1月，洪深致函趙景深：

> 景深先生吾兄：
>
> 　　昨日帶拙稿至簡公堂，未晤為恨。慈特寄奉，並附轉信乙件。近來文思甚澀，即翻譯亦不行，附稿最好不用。過一陣或改一他題，不知能稍易否？

即請

撰安

弟洪深啟 36.1.11. 晨五時

1月，洪深在上海《大公報·戲劇與電影》週刊第十三期〈編後記〉中表示：「英郁先生兩次來函，要求刊登他的對於王戎先生一篇文字的答復。我個人覺得兩位的憤慨，都在情理之中；而本刊的編輯政策，尤在不限制相反的論調，只要總的目標是一致的！不過，話劇正在低潮，大家似乎都無好氣；稍有不快，便不免悻悻然見諸詞色；這樣會得分散力量的。我覺得在朋友同事之間，應當彼此留點餘地——也許我真是老了！」

2月，洪深應滯留在無錫的原抗敵演劇宣傳隊第九隊之邀，從上海到無錫為該隊導演田漢創作的21幕話劇《麗人行》。

洪深熱情並竭盡全力地來導演話劇《麗人行》這個戲，是包含著他對抗戰勝利後這些昔日抗戰戲劇戰友們的感情，也是表示他對仍然堅持著演劇隊集體戲劇活動這種精神的一種支持。

田漢創作的21幕話劇《麗人行》，是一個包括21個場景的劇本，這使得劇本舞臺演出時要換20個場景；對於這個難題，洪深的處理是：把舞臺分成三組，佈景則是風格化的粗線條，通過燈光轉暗進行轉景；這樣就避免了這齣戲因頻繁換場景而產生斷續割裂的感覺。

在無錫，洪深在江蘇社會教育學院做報告；當時無錫《青年新聞》刊登了報告記錄稿。

2月，洪深撰文〈團結合作·相互學習·自我批判〉，表示了：「我們的戲劇，不論劇種，是平等的；我們的戲劇界同人，不論參加那一部門工作都是文化工作者；我們要彼此尊重，相互學習；我們要力求上進，不斷改革。」的態度。

2月13日，洪深在上海《大公報·戲劇與電影》週刊第17期，〈編後記〉中，特別提出請關心幫助患病中的戲劇界同志何家槐：「徐光珍是何家

槐夫人。她的原信,我未及徵求她的同意,全部刊載在此。請求家槐的師友和同情者,匯款幫助,愈速愈佳。在漢口無錫的四、九隊,請直接匯寄「浙江義烏城內縣前街當店巷民生診療所楊靜娟先生轉何家槐」——。復旦的陳望道、顧仲彝、伍蠡甫、夏炎德諸教授都已斟酌自己經濟情形,匯了點款子去。還請大家幫忙。」

3月,《麗人行》在無錫公演,獲得成功;4月下旬到上海公演,連演幾十場。

4月,洪深發表的〈病起偶筆〉文章,稱:「俗稱『老爺卡車』,我現在就是這樣一輛『老爺車』。我的病實在不少——胃痛,十年以上;肝與脾,由於慢性瘧疾,經常在發炎狀態之中;血壓當然過高,但有時又會腦貧血;左耳四分之三聽不見,右耳亦有四分之一發聲;心臟甚不正常,透視結果,一個大血管特殊擴大。以這樣一個多病的身體,而我還偏偏不能休息——一家多口,全仗我的勞力,勉強生活,姑且不談;而我實在是覺得,目前就有這麼許多書需要讀或再讀,就有這麼許多文章要寫,就有這麼許多事業應當參加,因為目前我才開始成熟,我不該吝嗇我能對大家的貢獻。」

「我能集中使用我的健康,而人家竟不相信我興奮過後的病苦!我倒並不怕拋錨,我的願望暫時還能追隨那些比我新比我好的車子,一同爬山過嶺。望使用我這『老爺車』的人,能夠留情,不致過量的太多,而在我水箱脫落鋼板折斷時,可否賜絪麻繩矣。」

洪深在同篇文章中,還談到自己對美國人的看法:「美國人凡是到過中國幾次,都覺得他比中國人更懂得中國;美國人向來是勇於支配別人命運的。我並不是普遍的反對美國,美國人有許多好處——爽快、大膽、有錢的時候很大方願意幫人家的忙,有正義感、有遠見,對中國人在主觀上是不懷惡意的。美國人的自命不凡,自居『衛道』,其實祇是一知半解。」

4月24日,洪深在《大公報·戲劇與電影》週刊第二十七期〈編後記〉中說到自己近況:「導演·編劇·教書·全仗精神飽滿,才會有成績。如果精神不能貫注,天大的本事,也是白白的。三者之中,我個人的感覺,是教

書最省體力，而導演真可使人身心俱粹。近來我曾兩次使得友人失望：一是我辭謝導演《麗人行》電影──這原是很早便和聯華公司談定的，刻下我還在研寫這戲的分鏡頭劇本，但是我的健康不允許我從事這個十分耗費氣力的工作，雖然預定的攝製時間是在本年暑假中；我已向聯華當局明白表示過了。二是我辭謝吳祖光兄的《嫦娥奔月》話劇──這比導演電影：當然較為省力；但如精神不繼（原文如此），便無所謂靈感，無所謂創作，無所謂精彩；健康不許我盡我所能，結果必然是對不起劇本，對不起作者，亦對不起一切和我共事的人；我也已向祖光兄明白表示過了。我相信，大家會得瞭解我的用意，還是為求影片好與戲好──在我，有著工作的機會而竟然捨置，並非沒有痛苦的──我相信，大家可以原諒我。36.4.20.」

5月，洪深支持復旦大學學生反饑餓反迫害運動，並建議全校教授罷教和以復旦大學教授名義發表通電及向南京國民政府嚴正抗議，洪深因而遭到肉體、精神和生活的迫害。洪深對此有記述：「1947年5月，上海學生反饑餓反迫害運動中因本人支持進步學生，被反動分子持槍威脅、毆擊前後七、八次，最後變相解雇。」

6月，洪深在上海《大公報・戲劇與電影》週刊第三十六期的〈編後記〉中寫道：「如果市儈主義曾經流行於話劇界；如果話劇界『爭取觀眾』的努力漸已變質墜落為爭取『買主』；如果『既要賣錢又要具有現實主義』的造成若干工作者的投機與庸俗；如果『只求存在而不問為什麼存在與怎樣存在』使得若干話劇工作者不擇手段；如果『連到行幫義氣都沒有』的『小圈子』腐蝕著目前的話劇界；如果市儈主義將使那原為服務與教育人民大眾的話劇，成為無恥的『娛樂賣淫』的『寄生藝術』──如果這些正在困苦著今日的話劇界；那麼，恕我直言，今天走入與工作於中國電影界的我們，似乎應當更加警惕：『錢』與『賣錢』又會怎樣『挾著雷霆萬鈞之力』支配與控制一切──我個人非常感謝光沛先生的這篇文字。」

7月，洪深全家由江灣復旦大學教工宿舍「廬山新邨」搬至上海虹口橫濱橋的市立戲劇學校，洪深夫婦和四個孩子──病故的洪余氏所生女兒銅、

洪常氏所生女兒鋼和鈴、兒子鍇——借住在學校四樓走廊頂端的一間教室內。此時洪深除在上海市立實驗戲劇學校代課任教外,主要是靠不停地寫稿賣文維持全家生活。

「到了暑假,學校裏雖說要繼續聘請他,實際上聘書不發,變相解雇了。復旦不能安身了,我們只好從江灣搬到北四川路橫濱橋上海劇校,一家六口擠在四樓一間房子裏暫且安身。」(懷念親人洪深:常青真,戲劇藝術,1981年第2期,李嘉整理。)

7月10日,洪深在上海《大公報・戲劇與電影》週刊第38期〈編後記〉中談道:「關於歐陽先生的《桃花扇》劇中的楊龍友,我以為批評明末的文人,應以其是否投降異民族為是非愛憎的標準。我們今日難做『誅心之論』——現代心理學者指示我們,只有精神病者的行為的真正動機,可用科學方法查出。對於一個比較正常的人的行為,無法測知其真實動機的——而一個文人,如果愛惜他自己的文才,超過愛重自己的民族,或至少自己的人格,無有不成為罪人為小人的。」

7月17日,洪深致函電影工作者魯思:

> 魯思吾兄:
> 　　有事須與吾兄面談。可否於本星期五(十九日)下午來市立劇校弟處一談,二時至六時之間,弟當恭候。如時間地點不便,祈賜電話改約。
> 　　即請
> 　　撰安
>
> 　　　　　　　　　　　　　　　　　　　　弟洪深啟七月十七日晨
> 再,如星期二(十八日)上午能來,更好。

9月,上海市立實驗戲劇學校開學,洪深為學校研究班授課,講授「導演術」。

9月11日，洪深在上海《大公報・戲劇與電影》週刊第47期〈編後記〉中，談到小兒子（洪鍇）的病對自己的影響：

「惟是要請投寄人原諒的，是我近來情緒不寧，不能集中精力，從事任何須要持久用心的工作；至於到底什麼事使得我情緒不寧——這是個人的事，本無公開的必要，但是昨天又收到兩位讀者的信，不大客氣的責備我，所以今天不得不答復——我的三歲半的幼子得一怪病，病了一個多月，從上月十三日開始住醫院，雖經諸醫師悉心診治，至今未見起色——雖然每天注射STREPTOMYCIN以及其他針藥，每天須費六十萬元左右。而並無一定把握——我在市立劇校代課的收入，是每月一百二十萬元餘；寫稿的收入，每月亦乙百萬餘元；合起來，可夠購買五天的針藥。友人有約我寫劇而以預支大數稿費為助的，但是我手裏尚待完成的工作太多，《芙蓉花下》、《麗人行》、《酒・女人・歌》，雖都寫影劇初稿，而詳細分場分鏡頭的劇本，尚未交卷；而《千朵桃花一樹生》，至今還只有一個大綱！於是我就堅決的辭謝了。電影戲劇界的友人又有免利長期借款給我的，我倒是感謝地接受的；一總從五位友人那裏也借到一千一百餘萬元；雖然此數用不到很久。孩子患的是生理上的『慢性結核腦膜炎』；而我亦在患著經濟上的『慢性結核腦膜炎』。不過我和他都會『自力更生』的。慢慢地我會習慣於這種困苦，慢慢地我還會如常的埋頭寫稿的。我能要求諸君原諒我這『慢慢地』。」

夏，洪深和妻子常青真攜小女兒洪鈐並邀田漢同到杭州，參觀正在那裏拍攝的田漢編劇應雲衛導演由周璇和馮喆主演的電影《憶江南》。

10月，洪深在發表的「創作題材的困難」文章中，表示：

「我們想寫的，偏偏不能寫；能寫的，我們又不願意寫；這真是我們這些生於非常的動亂時期文人的共同悲哀！」

10月29日，洪深在上海《大公報・戲劇與電影週刊》第54期〈編後記〉中表示：

「《一江春水向東流》自是一部不可多得的佳作。它的技術上的成就，尤其是在演技方面（幾乎沒有一個人不是卓越的）與在蒙太奇方面（從廣義的到狹

義的無不優美），我個人看來，乃是空前的。」

秋，洪深和女作家趙清閣開始合作電影劇本《幾番風雨》的工作。

11月，洪深在在上海《大公報・戲劇與電影週刊》第57期〈編後記〉中談道：

「我記得美國紐約時報的戲劇版編者愛金先生，有一次在重慶演講『美國的戲劇批評』；他說，批評者為了個人的自尊心，應須做到，第一，批評者與編劇導演演員及任何戲劇工作者無私交；第二，批評者不為演出者或公司老闆或導演或演員編寫劇本或翻譯劇本；第三，不參加任何戲劇界的宴會。這種批評者對於被批評者保持適當距離的作風，到有點像從前的御史；但在今天的中國似乎難於做到。」

11月18日晨，洪深的幼子洪錯病亡。

「我寫編後記，有時只是報告事實，有時卻也把它當作抒情小品，隨便寫些身邊瑣事和個人感想。外國的報紙雜誌，不乏先例，都是興之所至的雜寫。固然我有時講到我個人的貧病，最近並提及我三歲半幼兒的結核性腦膜炎，但是說我『往往在大公報上處理私人事務』，也還未見得是事實。好在我的幼兒已於本月十八日晨間死亡，以後我絕對不在編後記中再說我當前的境遇就是了。」（編後記：洪深，上海大公報・戲劇與電影週刊第58期，1947年11月26日。）

12月3日，洪深為鄭君里11月20日完稿的戲劇理論著作《角色的誕生》一書撰寫了序。年內，洪深從無錫為原抗敵演劇第九隊導演《麗人行》回到上海後，去找當時上海參與投資經營電業的柳中亮，希望他出資建立一家電影公司，而且招收抗戰勝利後境遇艱難的原抗敵演劇隊隊員進入公司工作，以能解決這些昔日抗戰文化工作者的就業問題，同時也保存了戲劇人才和藝術力量。

時代

1月29日，美國政府宣佈退出（中國）軍事調處執行部。

2月1日，中國共產黨中央委員會發表聲明：國民政府於1946年1月10日以後單獨與外國簽定的條約、協定等一概無效。

2月28日，臺灣發生「二‧二八」武裝起義。

5月，上海學生舉行反內戰遊行示威，並迅速擴及南京、北京、瀋陽、青島等城市。

10月10日，中國人民解放軍總部發表宣言發出「打倒蔣介石，解放全中國」號召。

評述

「認識洪先生已是他在無錫演劇九隊排演《麗人行》的時候。那時，我當記者，在無錫和上海大公報寫了多篇洪先生排演《麗人行》的報導。在無錫，洪先生在江蘇社會教育學院，做過一次報告，是我陪洪先生去的，我做了報告記錄，發表在無錫《青年新聞》上，常州「洪深紀念室」建館時，我把保留的樣報寄給紀念館了。」（2005年10月1日石曼給洪鈴的信。）

「1947年臨近暑假的時候，復旦校長章益約張志讓、洪深、章靳以和父親（馬宗融）等幾位教授談話，說是接政府命令，要求一些教授停止民主活動，否則下學期就不發聘書。教授們全都拒絕了這一無理要求。」（走出皇城牆：馬小彌，新文學史料，1992年第2期。）

「洪深教授是我國現代著名的戲劇家。他在復旦大學任教期間，又是一位著名的愛國民主教授。我於1943年至1947年這一段時間，是洪深教授的學生。1947年5月30日下午，我接到通知，躲到洪教授家中。因為有消息說，我已被列入黑名單。到了洪教授家，看到還有兩個同學躲在他家。」

「夜間，我聽到他躡著腳幾次上樓來看望我們。大約到了9時左右，我們聽到他被人叫出去了。不一會，洪教授回來。嚴肅地對我們說：『敵人已

經包圍了學校，教授宿舍也被嚴密封鎖了，看來，只好委屈你們跟敵人去一趟，我和別的老師，一定盡力在外面營救你們！』洪教授又囑咐我們：『出了門你們千萬不要把手放在口袋了，以免敵人以你們企圖拒捕為藉口，殺害你們！』停了一會，洪教授一字一停的說：『對不住，我沒有能保護了你們！』想不到，洪教授這麼剛強烈性的人，說到這裏，眼淚一滴一滴地流了出來。」（我所認識的洪深教授：孟慶遠，追求雜誌，1986年第3期。）

「1947年，我考進上海市立實驗戲劇學校研究班。洪深先生講的導演術偏重于導演基礎理論的講授，但是他從來不像一般教科書那樣講些抽象的理論。他把他講的課起個名字叫『導演的戰略』，實際上是從戰略高度總結了他二十幾年導演工作的經驗。洪先生知識淵博，社會閱歷豐富，古今中外，三教九流，無所不知。他講課能做到深入淺出，妙趣橫生。」

「他在研究班上課，正科的一些同學常來旁聽，他在正科講『電影常識』，我們也每課必去旁聽。同學們覺得聽他講課是一種藝術享受，而洪先生講得高興的時候，也不掩飾自己滿意的心情。」（中國現代話劇教育史稿·上海市實驗戲劇學校概貌：袁化甘，華東師範大學出版社，1986年5月。）

「對合作電影劇本的事，我不相信；他是專家，怎麼會和我這個毫無經驗的人合作呢？關於寫電影劇本，原是我十幾年前的志願，洪深鼓勵過我。現在他要和我合作他的熱情使我非常感動，我服從了。他不但關注我的生活，還關注我的創作宿願。他真是我難以忘懷的良師益友呵！」

「洪老待朋友仁義厚道。由於洪老自己貧困，體會貧困之苦。因此樂於幫助朋友。由於他和田漢的友情深厚，他一度代田漢奉養老母，按月資助，使得田老太太逢人便誇。」（忘年之交的良師益友：趙清閣，回憶洪深專輯，中國文史出版社，1991年7月。）

「洪先生在大同影片公司工作時，要我到上海某處給一位林維中女士——此前我不認識也不知該女士——送錢款，並再三叮囑要我告訴那位女士：這錢是田漢先生讓我送來的。第一次去，那位女士——後來我才知道她是田漢先生的太太——對我所言好像有所不信，遲疑後才收下。我後來按洪

先生所囑每月都會把錢送去，她也就照收不說什麼了。」（2009年4月20日在洪深妻子常清真上海寓所柳和清談，洪鈴面聽。）

「洪老還很愛朋友，樂於助人，家中常有友人來訪，老友田漢也常住到他家來寫作休息。」（一個真實的人，一代文藝家：吳佟，回憶洪深專輯，中國文史出版社，1991年7月。）

「前年年末，我住在洪深家。那時洪先生在復旦任文學系教授住江灣山村（應是盧山新邨）十九號，我借居他家的三樓，一者圖靜，二者也是避林女士的取鬧。」（告白與自衛：田漢，臺灣新生報，1948年1月／田漢自述羅曼史在台發表《告白與自衛》：田漢，上海新民報晚刊，1948年2月5日～7日。）

「『1946年我回滬後，一位戲劇界名人曾通過我，向《大公報》洽編了一份《戲劇週刊》，占一整版。這個週刊是我向老版推薦的，我對它道義上負有一定責任。週刊為另一位更大的戲劇權威出了期《祝壽專號》。原定每期排新五號字也許因為祝壽詞來得不夠踴躍，那一期全排了四號字。老版因此嚴厲質問我這個推薦者。』──摘自蕭乾《回憶錄》──附帶說一下，估計『一位戲劇界名人』指的是洪深，『一位更大的戲劇權威』則指的是田漢。」（建國前夕文化界的一個斷面──『從蕭乾看中國知識份子的選擇』補遺：日本‧丸山昇作，新文學史料，1993年第一期。）

「洪深先生近來身體不適，精神也舒服不了。丈夫愛幼子，而他的幼子不幸患了TB性慢性腦膜炎，臥病累月，舉債千萬以買不甚有效的特效藥，終致使洪先生慨然歎曰：『在經濟上我也患了慢性腦膜炎了。』再加，為著關於出處大節上的疑慮，他躁急地和一位老朋友爭吵，他自己非常痛苦而又控制不了他的感情。這樣他決心陪他的夫人和最小的一位女公子洪鈴作杭州兩日之遊。他買了三張票，但他的小女公子實在只需要補半票，他便邀我同去。我雖已去過杭州一次了，但我若陪他們去，旅途上顯然會熱鬧些，也便利些。況且我也有我自己想去的理由，所以我答應了。」

「周璇女士表演也用功，雖在烈日下，不辭反覆練習。唱『好個王小姐』的那一段戲拍完，洪深先生不覺拍手稱讚。『喲，洪先生，您還拍手

哩，請多多指教。』周小姐很惶恐地說。這態度是好的。」

「許多外國的觀光者也擁到茶山拍照，他們問這戲叫什麼名字，雲衛一時說不出「哀江南」的譯名，請洪先生代擬，洪先生想了許久，寫出來的是：『Lament for Kiangnan Home.』」

「一位高個兒的北方朋友端著酒杯過來對洪先生說：『老師，您還記得我嗎？』洪先生想了想，含笑不語。『咦，您忘了？我們一道演過《西哈諾》的。在上海新中央，那次您還從樓上摔下來。』『哦，我記起來了，您是徐──』『我叫徐浚，又叫伯川。在學校裏我念土木科，沒選您的課。可是我挺愛戲劇，也歡喜演劇。可是也多年不搞這個了。我現在在公路上搬石子。』他是公路局杭州段工務處長。」（和洪深遊杭州：田漢，新聞報·藝月，1947年10月21／22日。）

書目

1. 雞鳴早看天（電影劇本）／改編自本人同名話劇：上海啟明電影公司，
   1948年。

2. 人之初（話劇劇本）──軍人守則之一：正中書店，1947年1月。

3. 賀李健吾先生新作：文匯報，1947年1月1日。

4. 讀書偶譯：文藝春秋，第四卷第1期，1947年1月15日。

5. 話劇似應暫停「營業」：上海文化，第12期，1947年1月。

5. 創作題材的困難
   （1）文潮月刊，1947年10月1日；
   （2）洪深文抄，人民文學出版社，2005年9月。

6. 我們怎樣迎接新建的歌與舞
   （1）上海「大公報·星期論文」，1947年12月；
   （2）洪深文集·4，中國戲劇出版社，1959年6月／1988年3月。

7.《角色的誕生》／鄭君里·序

（1）香港生活書店，1948年2月；

（2）三聯書店，1950年3月。

8.良公民纔能成為好演員：文訊，第七卷第6期，1947年12月15日。

9.上海大公報‧戲劇與電影‧編後記

（1）第13期，1947年1月9日；

（2）第14期，1947年1月16日；

（3）第15期，1947年1月25日；

（4）第16期，1947年2月6日；

（5）第17期，1947年2月13日；

（6）第18期，1947年2月20日；

（7）第19期，1947年2月27日；

（8）第20期，1947年3月6日；

（9）第21期，1947年3月13日；

（10）第22期，1947年3月29日；

（11）第25期，1947年4月10日；

（12）第26期，1947年4月17日；

（13）第27期，1947年4月24日；

（14）第28期，1947年5月1日；

（15）第29期，1947年5月8日；

（16）第30期，1947年5月15日；

（17）第31期，1947年5月22日；

（18）第32期，1947年5月29日；

（19）第33期，1947年6月5日；

（20）第34期，1947年6月12日；

（21）第35期，1947年6月19日；

（22）第36期，1947年6月26日；

（23）第37期，1947年7月3日；

（24）第38期，1947年7月10日；

（25）第39期，1947年7月17日；

（26）第40期，1947年7月24日；

（27）第41期，1947年7月31日；

（28）第42期，1947年8月7日；

（29）第43期，1947年8月14日；

（30）第44期，1947年8月21日；

（31）第45期，1947年8月28日；

（32）第46期，1947年9月4日；

（33）1947年9月11日；

（34）第48期，1947年9月18日；

（35）第49期，1947年9月25日；

（36）第50期，1947年10月1日；

（37）第51期，1947年10月8日；

（38）第52期，1947年10月15日；

（39）第53期，1947年10月22日；

（40）第54期，1947年10月29日；

（41）第55期，1947年11月5日；

（42）第57期，1947年11月19日

（43）第58期，1947年11月26日；

（44）第59期，1947年12月3日；

（45）第61期。1947年12月17日。

10.上海大公報・戲劇與電影・文章

（1）團結合作・相互學習・自我批判：1947年2月13日；

（2）為我師為我友的田漢先生長壽1947年3月13日；

（3）病起偶筆：1947年4月24日；

（4）附言：1947年7月17日；現存：鉛印打字件

（5）論『假鳳虛凰』與一般劇中人的身份：1947年7月24日；

（6）敬請指教——關於『賣油郎』的導演：1947年8月28日；

（7）評「天橋」附記：1947年9月18日；

（8）謹向投寄答案的觀眾致謝——一個老去的導演懺悔錄（一、二、三、
　　　四、五）：1947年9月／18日／25日，10月2日／9日／23日；

（9）復京滬錫港讀者函：1947年12月31日。

導演

1. 麗人行（21幕話劇）／田漢著：原抗敵演劇宣傳第九隊，無錫／上海，
　　1947年3月／4月。

2. 賣油郎／陳白塵著：新中國劇社，上海，1947年8月。

1947年2月無錫洪深（左二）和田漢（右二）、呂復（左一）合影照。

1947年2月無錫洪深排話劇《麗人行》討論劇本。

1947年春洪鐕和洪鈴在復旦大學教師宿舍
「廬山新邨」家後門合影。

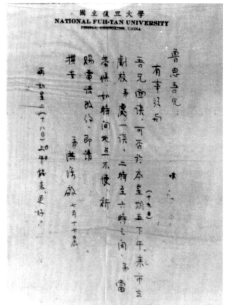

1947年7月洪深致魯思信件。

1948年　　　　　　55歲

民國三十七年戊子

事記

　　洪深繼續為上海大公報主編《戲劇與電影》週刊，本年為該刊撰寫〈編後記〉8篇；本年11月24日該週刊停刊，共出版108期；洪深共撰寫〈編後記〉64篇，在該週刊發表文章22篇。

　　春季，洪深受聘任廈門大學外國文學系教授，為該系三年級和四年級學生講授「外國戲劇名著選讀」和「歐洲文學名著選讀」及「文學批評」課。

　　洪深在廈門大學授教期間，仍然保持幾十年不改的清晨起早用英文打字機編寫講義或撰寫文章的習慣。

　　「杜宣叔叔是和你爸爸一樣一輩子都不會睡懶覺的人，他是像你爸爸一樣，一輩子都要早起用功的人。你爸爸每天都是很早就起床，起來就在打字機上不停地工作：不是寫文章，就是編學生用的講義。」（2000年2月4日──己卯年除夕──洪鈐代表母親給杜宣提前拜年回家後，洪深妻子常青真與洪鈐談話。）

　　1月1日，經洪深建議並努力促成，「大同電影公司」在上海創建，公司老闆柳中亮。原抗敵演劇隊和孩子劇團的一些隊員，如男演員高博、刁光覃、強明，女演員梁明、朱琳等，均成為與該公司正式簽約演員，因此進入上海。

　　2月，洪深撰寫的《鼠世界》一文發表，文章說：「老鼠使我腦火；它們似乎永遠在跟隨我，鼠輩就是這樣損人不利己的；人鼠難分──人類縮影──強凌弱，眾暴寡；武力與強橫行不通時，也會甘於居住牢籠受人飼養；做工具之外，還可作為人們玩具。」文章感歎「人類何至於如此不堪呢！」

2月，洪深不聲張地一人往廈門與廈門大學具體尚洽自己在該校任教一事。

　　「1948年初，洪老感到政治空氣更為惡化，只得把我們安置在親戚家，而他自己應廈門大學之聘離開了上海，隻身去了廈門。後來又把我們接去。」（懷念親人洪深：常青真，戲劇藝術，1981年第2期，李嘉整理。）

　　3月，洪深與妻子常青真和三個孩子——洪深病故的第二位妻子洪余氏所生女兒銅、常青真所生女兒鋼和鈴——從上海乘海輪到廈門大學任教於外文系，離滬前上海文化界朋友為他們夫婦聚會合影以送行。

　　4月，大同電影公司拍攝的影片《弱者，你的名字是女人》在上海多家影院公演；該影片編劇署名歐陽予倩，導演署名鄭小秋、洪深。

　　洪深拍攝《弱者，你的名字是女人》，起用了既無電影表演經歷、更無一點名氣的多名原抗敵演劇隊隊員作為主要演出班底；為確保影片成功，洪深特地去請已成名的舒繡文來為影片《保駕》——擔任女住角之一，舒繡文不僅一口答應，而且很好地幫助和帶動了影片另一位女主角——第一次拍電影的原抗敵演劇第九隊的朱琳。

　　洪深在廈門大學期間，繼續上海大公報《戲劇與電影》週刊主編工作，同時自己也為該刊撰寫文章。

　　洪深撰寫的〈文藝工作者對於人民的道德責任〉，介紹1947年倫敦出版《Made For The Millions》書的書評，洪深文章說：「雖此書寫與英人讀，但對中國文化工作者亦有所貢獻——『傳播知識與娛樂大眾的媒介』——忠告而言同樣。」

　　洪深在另一篇文章〈關於『表面真實』〉中，認為：「用十足的寫實手法，寫出一個全不真實的戲（細節真實然故事人物不真實）不是不可能的」所以「允許部分的放棄表面真實」。

　　洪深撰寫的〈關於《小城之春》的窘言〉一文，對這部電影予以了「看片子的時期，似乎都在經驗人生——我覺得這是不容易有的成就；這正是每一個『戲劇工具』運用者所響望而未必每次能夠做到的。」很好評價。

洪深在廈門，翻譯了美國著名作家威‧薩洛揚的劇本《人生一世》；與在上海的女作家趙清閣合作編寫電影劇本《幾番風雨》。

5月，洪深趕到上海導演青年作者李洪辛編寫的話劇《大涼山恩仇記》。

暑期，洪深根據自己同名話劇改編的電影《雞鳴早看天》在廈門上映，洪深帶女兒特地由所居廈門大學前往市區觀看。

洪深發表讀書箚記《恩仇》，記讀書體會：

「人民不是不能『犧牲一切目前享受』，但他們覺得這祗應是手段；他們底目的，所謂『天下之心』，還是幸福的生活；如果這個目的太遼遠渺茫，目前全不見有實現的可能，那麼犧牲一切享受，本身便像是目的；人民自然是『不堪』這樣的，而願意堅持犧牲的人，恐怕祗是極少數而已。」並以為：「清朝的使俠行義，與報復家恨私怨外，尤知為國誅仇，為民族除害。」

洪深發表自習備忘錄「論者謂易卜生非思想家」，文章對美國文藝理論者 Barrett H. Clark 認為易卜生不應享受思想家之名表示異議：「在曾受易卜生甚大影響的我們——在寫劇的諸方面，從目的內容到技巧，都曾向易卜生學習的我們，不能不覺得話的苛求與不公。作者的成為思想家，在於他對於人生的基本見解，確是他時代中的積極性的思想。」

洪深在廈門，為文稿等諸事與上海文化界友人常有聯繫。如洪深與當時主持《文藝春秋》雜誌編輯的范泉的聯繫。

范泉先生吾兄：

　　回廈後一直有小病，上次忘復，乞諒。

　　賜函敬悉。拙作《永結同心》下半部，本托廈大一位同學抄寫，不意他於上月底回福州，至今未回校。惟有一全份，已交大中華影業公司，備他們濾廠之用者。現存鳳昔醉先生處。弟已寫信給鳳，懇其同意借給吾兄一抄。可否即請直接就近接洽。大中華住址為四川路中

央大廈南部二樓二十二號。因弟稿致兄如此麻煩，容後面謝。

　　　即請

　　　撰安

弟洪深啟 37.9.27.

又：

范泉先生吾兄：

　（一）大中華至今無回信，可能負責人不在上海，祇好將來再
　　　　說了。

　（二）日內大同公司將送上弟與趙清閣合作之「幾番風雨」，較
　　　　之前作更精彩，必為吾兄所喜也。仍懇決定可用與否。

　　　即請

　　　撰安

弟洪深啟 37.10.30

　　洪深在廈門大學也如同曾在所任教大學所做過的一樣，將自己不少藏書贈與廈門大學圖書館。

　　11月24日，上海大公報・戲劇與電影週刊第108期刊出〈啟事・休刊聲明〉：「本刊近接館方通知，12月1日起將縮減篇幅，各種週刊擬出至本月底暫停。此為本刊停刊前最後一期，特此聲明。」

　　年末，洪深以牙患需到香港治療為由隻身離開廈門到香港。

　　「1948年冬，在黨組織安排下，他假稱到香港治病離開廈門，經香港到了東北，進入解放區。」（懷念親人洪深：常青真，戲劇藝術，1981年第2期，李嘉整理。）

時代

　　12 月，金圓券發行總額超過八十億元，8～12 月上海物價漲幅為
3500%。

事件

　　7 月 5 日，國民黨政府在北平殺害學生一百餘人，逮捕三十七人，為
二十餘年來北平最大一次殺害學生慘案。

評述

　　「歐陽予倩先生寫了電影《弱者，你的名字是女人》的創意大綱，而
電影劇本是由洪深先生和刁光覃完成的。那是刁光覃第一次寫電影劇本，是
洪深先生『逼』著他寫的。」（2009 年 4 月 20 日柳和清在洪深妻子常青真上海寓所
談，洪鈴面聽。）

　　「我第一部電影是洪深先生導演的《弱者，你的名字是女人》。後來演
的話劇《賣油郎》也是洪先生導演的。洪先生看出我是能演戲的，他說：梁
明很可惜，會演戲，是可以當主角的。但一不喜交際，二非『美極』，故不
能為主角。從此，我瞭解、認識了自己，也有了信心。幾十年的努力，與這
句話給我的最初的鼓勵不無關係。我幾十年能有的一些成績，以至今天能成
為在電影、電視、話劇三者表演，也證明洪深先生當時看得準確。」

　　「洪深先生注重形象整體。他說，考一個演員，只要他從台口走過舞
臺，而無須開口講話，我就能百分之八十斷定此人可演戲否。洪先生認為演
戲首要是給觀眾一個形象概念。」

　　「影片《弱者，你的名字是女人》男主角舒適當時是名角，對本子裏的
臺詞，感到不上自己的口。洪深先生作為導演，只能婉轉地說：多琢磨吧，

一開始總是會感到不適宜自己念的；否則，演一百個戲，說的也還是演員自己的語言。」（上海電影製片廠離休演員梁明1985年2月23日在寓所對洪鈴談話。）

「洪深先生是在1948年春天從上海應聘到廈門大學外文系任教的。洪深先生第一次給我們上課，講『外國戲劇名著選讀』，這門課程是專為外文系三年級學生開設的，但別系慕名前來旁聽的同學卻密密麻麻地擠滿整個教室，後到的只好站在外面的走廊上。洪深先生登上講臺站定，向大家答禮後，隨即轉身在黑板上端正地寫上自己的姓名，又在下面寫上『淺哉』兩字，並以稍帶幽默的口吻解釋到：『這是我的別號，淺哉者，不深也！』謙虛、風趣，又純樸、持重，這就是洪深先生給大家留下的最初印象。」

「第二學期，洪深先生除了為下一屆三年級學生開『外國戲劇名著選讀』外，又為四年級學生新開了『歐美文學名著選讀』和『文學批評』，其中『文學批評』的教材是他親自編選的。我們有事去找他，一進門，常聽到從二樓書房裏傳來的『嗒、嗒、嗒』的打字聲，那聲音裏凝聚著對學生的多少深情。洪深先生已年逾半百，卻在不到一年的時間裏，以『只爭朝夕』的精神，做了那麼多工作，不能不令人欽佩。」

「洪深先生在教學過程中很注意培養學生的獨立工作能力。他在開設『文學批評』課的時候，有一次特地邀我們四年級全班同學——只有七個人——到他家裏，對他和趙清閣女士合寫的電影劇本《幾番風雨》提意見。洪深先生非常注意傾聽我們的發言，最後他詳細地談了這部電影劇本的創作意蘊，肯定了我們提出的某些意見，為我們上了一堂生動活潑的文學批評的實踐課。」

「更使人感念不忘的是洪深先生對青年學生苦心扶掖的精神。他教『歐美名著選讀』課時，給每個同學佈置的作業都不一樣，每次都得分批批改，有的還要當面指導。在解放前的大學裏，像他這樣認真地批改作業，一般教授是不屑為之的，洪深先生早已是全國有數的名教授了，這種精心撫育後學的崇高品質是多麼難能可貴。」

「洪深先生作為國內的知名作家、學者，卻有虛懷若谷的精神，樂於向

其他專家學習。廈大文學院院長周辨明教授曾在市區舉辦過有關語音學的學術講座。按規定,外文系同學都要出席,卻無論如何想不到那天洪先生也去了,他見到我們後對我們說:『周先生是國內外聞名的語音學專家,他在這方面的造詣很深,他又是我的老師,他的講座,我非聽不可。』」

「1948年11月下旬洪深先生對我們說,他的一口牙齒大部分蛀了,最近晚上痛得睡不了覺,準備過幾天去香港醫治,他又說已經向學校請准了假。直到一個多月以後,我們才從報上得知,洪深先生到達香港後,乘輪北上解放區了。」(洪深先生在廈門:黎舟,新文學史料,1994年第4期。)

「電影《幾番風雨》1948年10月投入攝製,這是我從事電影編劇的第一部影片。接著『大同』就正式聘我任基本編劇,我的宿願終於實現了。」(我怎樣從寫小說到寫電影劇本:趙清閣,香港海洋文藝,第六卷第4期,1979年4月10日。)

「1948年洪先生從上海到廈門(2月第一次去)去的前一晚,是住在『柳園』我們家,第二天上船他要我們用家裏汽車送他到碼頭,而且登船時他是作為我的跟班跟上船的,為此第二天他還要我戴上他的帽子,直到我們上船進了艙室,洪先生才鬆口氣,又把自己帽子拿回;他說這樣做是為防止特務認出他,而不能順利離滬。」(2009年4月20日柳和清在洪深妻子常青真上海寓所談,洪鈐面聽。)

「洪深曾於五月間專程來滬導演《大涼山恩仇記》,頗成功。近聞該劇即將由洪深等合作,改編為電影。惟因某種關係,洪氏或不擬署名云。」(文潮月刊,第五卷第4期,1948年8月1日。)

「洪深上月來滬,即與22日搭輪返廈矣。」(文潮月刊,第五卷第5期,1948年9月1日。)

「田漢所著《麗人行》,已由洪深改編為電影,由昆侖公司攝製,約明春可以拍竣。」(文潮月刊,第六卷第2期,1948年12月。)

「洪深教授在《文訊》第八期的文藝專號上所發表的〈論易卜生非思想家〉那篇文章,洪教授澄清了許多不同國籍的作家們對於易卜生的批評。自然,他們的見解大都近於偏頗,然而他們所以著文攻擊的原因,難免不是起

于易卜生孤立群眾，思想矛盾這一點上。無論如何，其中的論證足以作為研究易卜生的資料。」（作者田禽，文潮月刊，第六卷第2期，1948年12月。）

「一張老照片，保存了半個多世紀，41人的合影中，其中的大多數不僅在當時，而且在整個20世紀中，都是為中國電影和戲劇事業作出過卓越貢獻的人物。這是為了洪深教授到福建去工作，為他送行。」

「抗戰勝利了，本來他（洪深）是滿懷希望的，覺得中國有奔頭了。但是上海連續發生的很多事情，使他看到當時政府的黑暗。1947年5月，『反饑餓、反迫害、反內戰』學生運動，洪深所在的復旦大學是走在最前面的，受到軍警包圍，大量抗議學生被封鎖在大禮堂裏，洪深教授不顧危險，帶頭給學生送去食品，並親自趕到市區，找到同學、當時的上海市長吳國楨，希望他出面解決問題，但這給他帶來了很多麻煩。洪深倡議復旦教授簽名罷教活動，因此被反動軍警軟禁在家裏，失去了自由，還遭到綁架和毆打。洪深被校方解聘。……洪深接受了廈門大學的邀請去教書。1948年3月，他坐船離開上海到廈大。」

「洪先生夫人常青真現與女兒住在市北一條簡陋的弄堂裏，但常青真和女兒謝絕了採訪，她們不願以痛苦的回憶來打破如今平靜如水的生活。」

（為人師表——一代劇作家洪深：海上舊聞・『星期五檔案』選粹，上海辭書出版社，2003年7月。）

書目

1. 鼠世界
   （1）文藝春秋，第六卷第2期，1948年2月15日；
   （2）洪深文抄，人民文學出版社，2005年9月；
   （3）長夜行——上海四十年代散文集（收），上海書店，2002年6月。
2. 恩仇——讀書箚記之一
   （1）文藝春秋，第七卷第6期，1948年12月15日；

（2）洪深文抄，人民文學出版社，2005年9月。

3.電影與話劇的分工

　　（1）文潮月刊，第四卷第4期，1948年2月1日；

　　（2）洪深文抄，人民文學出版社，2005年9月。

4.抗戰十年來中國的戲劇運動與教育

　　（1）中華書局，1948年10月；

　　（2）洪深文集・4，中國戲劇出版社，1959年6月／1988年3月。

5.論者謂易卜生非思想家──自習備忘錄之一。

　　（1）文訊，第九卷第1期，1948年11月；

　　（2）洪深文集・4，中國戲劇出版社，1959年6月／1988年3月。

6.幾番風雨（電影劇本）：洪深／趙清閣合作編劇，上海大同影片公司，
　　1948年10月。

7.上海大公報・戲劇與電影・編後記

　　（1）第65期，1948年1月14日；

　　（2）第66期，1948年1月21日；

　　（3）第67期，1948年1月28日；

　　（4）第70期，1948年2月25日；

　　（5）第75期，1948年3月31日；

　　（6）第85期，1948年6月9日；

　　（7）第94期，1948年8月11日；

　　（8）第108期，1948年11月24日。

8.上海大公報・戲劇與電影・文章

　　（1）文藝工作者對於人民的道德責任：第80期，1948年5月5日；

　　（2）關於「表面真實」：第84期，1948年6月23日；

　　（3）另一型的有聲電影／（蘇）普特符金／洪深根據英文版翻譯並做附
　　　　記：第99期，1948年9月15日；

　　（4）關於「小城之春」的窘言：第105期，1948年10月27日。

1. 弱者，你的名字是女人（電影）：大同影片公司，1948年4月。影片編劇署
   名歐陽予倩——歐陽予倩創意，洪深／刁光覃編劇，影片導演署名鄭小秋
   ／洪深——洪深是確定演員、全劇策劃等實際工作者。
2. 萬事如意（話劇）／洪深編劇：上海市立實驗戲劇學校，上海，1948年1月。
3. 萬世師表（話劇）／張駿祥著：廈門大學劇社，廈門，1948年（未公演）。
4. 大涼山恩仇記（四幕話劇）／李洪辛著：希望劇社，上海／無錫，1948年5月
   ／6月。

1948年洪深赴廈門大學離滬前上海文藝界友人合影前排中立者洪深前坐者左四洪深妻子常青真。

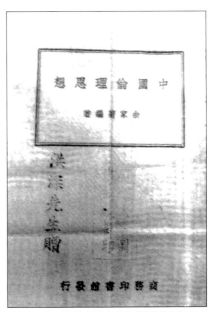

洪深捐贈廈門大學的捐贈圖書印章。

電影《弱者，你的名字是女人》劇照。

1949年 　　　　　　　　　　　　56歲

民國三十八年己丑

事記

　　1月7日，洪深同茅盾等其他民主人士乘蘇聯貨船「阿爾丹號」從香港抵達大連。

　　2月25日，洪深與其他一些民主人士乘坐專列由東北抵達北平。

　　2月，洪深妻子常青真帶著兩個女兒鋼和鈴離開廈門乘海輪到上海，由共產黨上海地下組織安排住江甯路一新式里弄房底樓，二樓住的是共產黨地下黨員原孩子劇團張英／張瑋夫婦和張英母親。三樓是共產黨地下黨員劉厚生。

　　5月，洪深被中國共產黨指派參加第一屆保衛世界和平代表大會，代表團從北平乘坐火車前往歐洲；洪深在大會的捷克布拉格會場做了發言。

　　5月12日，中國共產黨參加第一屆保衛世界和平代表大會代表團乘火車回國途中，同代表團的徐悲鴻為洪深畫素描肖像畫，該畫題款：「淺哉兄由歐返國車中卅八年五月十二日悲鴻」。

　　5月30日，洪深在文學界座談會上發言，天真地提出：「在國統區時，幾位文藝界的朋友曾經談到新民主主義共和國成立以後，電影戲劇工作應該怎樣開展，其中有一點，就是以後的電影是否還要檢查？」（文藝報1949年第8期。）

　　7月，洪深妻子常青真帶著兩個女兒鋼和鈴乘坐上海軍管會安排的專列，和在上海的一些民主人士家屬到北平，洪深自1948年末和妻、女分別後終於團員；共產黨有關部門安排洪深一家四人住北京飯店二樓朝北一間客房。

「我帶著你們，乘坐軍管會專車離開上海於7月到達北京，當時是由共產黨黨內負責接待文化人工作的陳志平同志安排我們一家住在北京飯店，享受供給制待遇。」（1985年5月25日洪深妻子常青真對洪鈴講。）

7月，洪深參加在北平舉行的中華全國文學藝術工作者代表大會。此後，洪深聽從了周恩來要他留在北京為政府工作的要求。

「建國的時候，洪老的心願是要回覆旦教書的。他提出回到上海在復旦大學教書。但周總理要他留在京城，於是他聽從了，留在北京搞行政工作。但洪老他想教書，想寫劇本，想排戲。於是他只能在繁忙勞累中，從自己緊張的時間中，抽自己一點點的休息時間來用在教書——北京師範大學音樂系主任，寫劇本——《這就是美國的生活方式》，排戲——《四十年的願望》、《法西斯細菌》，以了心願。結果是，僅僅六年他就去世了。」
（1995年12月24日洪深妻子常青真在上海寓所對常州市文化局蔣柏連／韓斌生訪詢的談話，洪鈴面聽。）

8月6日，晚飯後洪深到當時同住在北京飯店的阿英房間，向阿英詢問：「教徒是否可以加入共產黨」的問題。這是洪深對民間人士講演時，遇到的聽眾提問，洪深對該問題答案自感沒把握，特地來請教共產黨員的文化人士阿英。

9月，洪深被安排以「無黨派民主人士」身份，參加在北平舉行的中國人民政治協商會議。

9月，共產黨有關部門為洪深妻子常青真安排了工作；洪深的兩個女兒鋼和鈴也被安排分別進入共產黨幹部子弟學校：北京師大女附中和北京育才小學。

「當時，周總理要你父親留在北京參加新中國的政府工作。因此，我也留在北京，也是由陳志平同志經辦將我分配到北京電影製片廠工作，並由當時文化部電影局局長在北影廠會議上宣佈了這一工作安排。」
（1985年5月25日洪深妻子常青真對洪鈴講。）

1月31日，北平宣告和平解放，國民黨傅作義率部二十萬人接受人民解放軍改編。

5月25日～27日，人民解放軍佔領上海蘇州河北岸，隨即越過蘇州河佔領上海市。

事件

7月2日，中國共產黨在北平召開中華全國文學藝術工作者代表大會。中華全國文學藝術界聯合會成立。

9月21日，中國共產黨在北平召開中國人民政治協商會議。

9月25日，中華全國文學藝術界聯合會的機關刊物《文藝報》創刊。

評述

「接送第三批民主人士……離港時間定在12月26日，……李（濟深）由饒彰風陪同到達停泊岸邊的一條小船上，一個多小時後才靠攏蘇聯貨船『阿爾丹號』。……此次同行的著名民主人士還有彭澤民、柳亞子、章乃器、鄧初民、洪深、翦伯贊、施復亮、孫起孟和沈雁冰夫婦等30多人。……1949年1月7日上午，中共中央代表李富春、張聞天前往大連碼頭迎接李濟深等人的到來。」（秘密接送民主人士北上參加新政協紀實：許永濤，作家文摘，1998年9月28日。）

「文壇一月訊：洪深，陽翰笙，臧克家等以相繼赴港。去年12月12日曾出席香港文藝界舉行之歡迎會。」（文潮月刊，第六卷第3期，1949年1月25日。）

「8月6日：晚飯後，洪深來談教徒入黨是否可以問題。」（第一屆文代會日記：阿英，新文學史料，1978年第1期。）

「1949 年 4 月 1 日：此次辦理護照於 3 點鐘完成，的確很不容易。洪深代我填表。

1949 年 4 月 2 日：大家討論見外國人的禮節與宴會怎樣處理問題，我感到很對，尤其是代表中國的團體更須如此。丁玲不主張如此，她說我們是土豹子，外國的共產黨也是這樣的。洪深提議這問題，他表示既然如此，他不敢堅持，只有各自自理好了。

1949 年 5 月 20 日：開正式大會。永光代洪深譯法文講詞，譯得很流利很快，我很高興。

1949 年 5 月 24 日：上午 10 時，演說。中國方面，洪深講得最好，連唱代做，得了很多彩聲。丁玲寫中文講詞，由永光譯成法文。」（程硯秋史事長編，程永江編，北京出版社，2000 年。）

「1951 年 6 月，我去北京參加全國文工團工作會議，拜訪洪先生，他告訴我擔任對外文委（1951 年是政務院文化事物委員會對外文化聯絡事務局）副主任（副局長）的經過，老夫子一向不想做『官』，仍想去大學任教，周總理確定請他出山，這才答應。」（深情緬懷恩師洪深先生：趙沅，太湖，2009 年第 2 期，2009 年 4 月。）

書目

1. 人生一世（美國 William Sarayan 所著五幕劇劇本／洪深翻譯）：晨光出版社，1949 年 3 月。
2. 序「大時代的插曲」獨幕劇集：影劇雜誌，第 1 期，1949 年 1 月 25 日。

1949年5月徐悲鴻畫洪深素描像。

1949年5月洪深在保衛世界和平大會布
拉格會場發言。

1949年7月洪深（右二）、陽翰笙（右三）、田漢（右一）、
鄭君里（左一）、陳白塵（左二）和黎莉莉遊北京頤和園。

1949年北京飯店洪深與阿英（錢杏邨）合影。

下卷

中華人民共和國時期

1949 年 10 月 - 1955 年 8 月

1949年 　　　　　　　56歲

己丑

事記

10月，洪深一家四口自北京飯店搬出，住北京西四大紅羅廠胡同內小紅羅廠胡同四號西廂房。

12月16日，周恩來簽署洪深任「中央人民政府文化部對外文化聯絡事務局副局長」任命書。局長蕭三。

洪深行政級別不夠享受當時對領導幹部的免費配房；他所任職的聯絡局是新建小單位亦無適宜住房提供。洪深租借到西四一個兩進小四合院的西屋：面積不大，在校住讀的女兒回來需另外搭床；洪深書桌所靠牆壁常年泛白跡，是緣起隔牆即是全院蹲坑廁所之故。

洪深工作的聯絡局地處東四，洪深經常早上從家裏帶兩個夾肉的燒餅作為午飯，或中午買兩個燒餅充饑。

洪深的工作，包括迎送外賓和陪同外國友人觀看演出，參與對外文化交流宣傳活動的實際運作工作，參加對外文化交流宣傳方面會議，和撰寫有關對外文化交流交流宣傳的命題文章等等，洪深工作的這種性質，讓他不可能享有正常的固定上下班時間。

時代

10月1日，中華人民共和國成立，首都北京。

12月10日，蔣介石離開大陸從成都飛往臺灣。

評述

「起初，對外文化聯絡局是由蕭三和洪老兩人負責，後來蕭三到國外，就由洪老擔任局長。當時我什麼也不瞭解，就聽洪老說這是一門新工作、新學問，對國外要搞文化交流、交友和宣傳新中國，任務十分繁重艱巨。後來我才慢慢理解，新中國成立之初，從舊政府接過許多舊的破爛的攤子，但是只有這一行是嶄新的業務，還無矩可循。」

「想想看，洪老已是國內外知名的作家藝術家，但對這個國際文化外交方面的工作，他事無大小都親自動手實地幹。他一心摯戀著戲劇，但卻認為對外宣傳和聯絡工作是黨和國家的領導人信任他、交給他的重任，也就毫無怨尤地擔當起來。」

「洪老不僅是我國話劇、電影藝術事業的開拓者、先驅者，也是新中國對外文化交流工作的開拓者、耕耘者。」（一個真實的人，一代文藝家：吳佟，回憶洪深專輯，中國文史出版社，1991年7月。）

書目

1. 關於新文協諸問題：文藝報，1949年第8期。
2. 備忘隨錄擇譯：戲劇報，第一卷第1集，1949年10月10日出版。

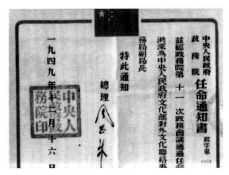

洪深「中央人民政府文化部對外文化聯絡事務局副局長」任命書。

1950年　　　　　　　　57歲

庚寅

事記

　　洪深仍任對外文化聯絡事務局副局長，繼續對外文化交流方面的行政事物管理工作。

　　洪深兼任北京師範大學戲劇音樂系主任，講授戲劇。

　　4月，洪深閱讀西洋戲劇理論的筆記文章〈一個人在一個坑裏〉發表：「所謂公式化的可厭，是作者沒有寫成一個一方面合乎公式一方面自己有生命有運動有發展的故事；作者應注意到『一個人』或『一群人』須用暗示或明說造成他性格與特點的現實力量；人物怎樣通過具體的鬥爭發展著自己，並調整了他和環境的關係；凡是不堅決鬥爭，人自身發展是有限的，對別人或環境的作用是消極的。這種人物身上不容易寫出精彩來。

　　『坑』是使人物遭受迫害的環境，個人的罪惡不同於階級的罪惡。『坑』兇險到什麼程度；出坑是否真由於他的掙扎？具體地細節地指出人物進行掙扎的戰略、戰術、步驟、態度中有益、有效、可行、可範正當合理的。」

　　6月，洪深閱讀演劇理論的筆記文章〈試論手與小資產階級知識份子的手〉發表。

　　春夏之際，洪深因公到南京上海等地，這是1948年離開上海後第一次回到舊地。

　　8月15日，洪深為新文學選集第二輯的《洪深選集》撰寫的自序寫道：「1935年以後，雖然我也寫了一些劇本，但全部是『急就章』，往往是為

了某一特殊的短期的宣傳需要而寫，如《飛將軍》、《包得行》、《黃白丹青》、《雞鳴早看天》之類，事過境遷，曾無再顧的必要。所以祇可以說，這時期之內，在創作方面，我差不多是完全沈默的──所以竟無創作可選。」（洪深選集・自序：洪深，洪深選集，開明書店，1951年7月。）

11月，洪深為配合抗美援朝，創作了五幕話劇《這就是美國的生活方式》。

時代

3月1日，蔣介石在臺北宣佈復「中華民國總統」職。

6月25日，朝鮮半島爆發戰爭。

6月30日，大陸政府公佈「土地改革法」，大陸進行土地改革運動。

10月25日，中國人民志願軍赴朝鮮參戰。

本年，大陸開展了鎮壓反革命運動。

事件

3月，香港拍攝的電影《清宮秘史》在大陸被禁演。

評述

「《這就是美國的生活方式》主要是描寫美帝發動侵朝戰爭前後國內的混亂情況，揭露了掩飾在『美國生活方式』後面美國人民的貧困、失業及統治階級的造謠、迫害、凌辱有色人種，破壞和平運動等情況。」（文藝動態：文藝報，第三卷第14氣，1951年3月25日。）

「洪深先生留在北京工作後，主動寫信給我提出：他沒有時間再繼續為『大同電影公司』寫劇本和做其他事，因此公司原給予他的酬勞合約也就不

存在了；但今後公司有什麼事——如劇本分鏡頭等——他願意義務幫忙。」

（2009年4月20日柳和清在洪深妻子常青真上海寓所談，洪鈴面聽。）

書目

1. 一個人在一個坑裏：人民戲劇，創刊號第一卷第1第1期，1950年4月。
2. 試論手與小資產階級知識份子的手：人民戲劇，第一卷第2／3合期，1950年6月。
3. 向「莫斯科性格」學習：人民日報，1950年2月5日。
4. 演技漫談：新戲曲，第一卷第1期／第2期，1950年9月10日／10月10日。

導演

1. 千年的冰河開了凍（多幕話劇）：洪深／馬彥祥合導，北京，1950年3月。
2. 新大名府（京劇）：文化部京劇研究院，北京，1950年6月。

洪深1950年

1950年北京洪深和妻子常青真女兒鋼和鈴

1951年　　　　58歲

辛卯

事記

2月23日，周恩來簽署洪深任「政務院文化事物委員會對外文化聯絡事務局局長」任命書。

洪深為中央戲劇學院話劇團導演他創作的話劇《這就是「美國的生活方式」》，北京演出。

10月，洪深陪同參加我國國慶觀禮的印度、緬甸、巴基斯坦、印尼等國代表團到東北及天津、南京、上海、廣州參觀訪問。

時代

7月10日，朝鮮停戰談判首次會議在開城舉行。

12月8日，中國共產黨中央委員會發出「關於反貪污鬥爭必須大張旗鼓地去進行的指示」，大陸開始三反——反貪污、反浪費、反官僚主義——運動。

事件

4月，大陸開始對電影《武訓傳》的批判。

5月，人民日報發表毛澤東寫的〈應當重視電影《武訓傳》的討論〉。

7月，人民日報發表周揚批判《武訓傳》文章。

「記得五十年代初，有人寫了個戲叫《美國生活方式》。這戲沒有正式上演，就是因為我們認為美國人喜歡怎樣的『生活方式』這是美國人自己的事，我們去管她幹什麼。」（美、醜與電影文學：鍾惦棐，上海文匯報，1983年2月27日。）

書目

1.這就是美國的生活方式（五幕話劇）
　　（1）三聯書店，1951年3月；
　　（2）洪深文集・2，中國戲劇出版社，1957年11月／1988年3月。
2.「洪深選集」自序：開明書店，1951年3月。

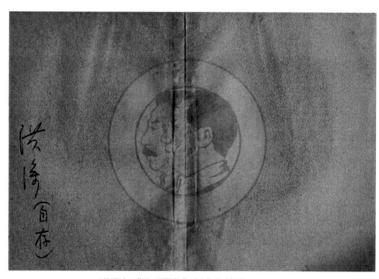

洪深在《洪深選集》封內的簽名

導演

1. 這就是美國的生活方式（五幕多場話劇）／洪深編劇：中央戲劇學院話劇
   團，北京，1951年。

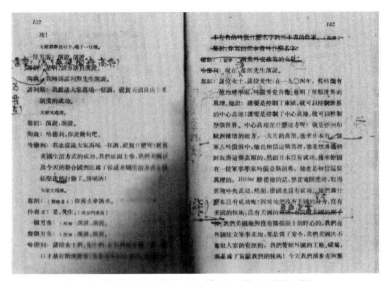

洪深在《這就是美國的生活方式》校正樣本上修訂手跡。

任命書

1952年　　　　　　　　　　59歲

壬辰

事記

　　洪深在對外文化聯絡事務局局長任上，繼續對外文化交流的行政事物管理工作。

　　春，洪深一家由西四遷往東四什錦花園小細管胡同十號北屋居住；十號是個有二十幾戶的大雜院；但遷此後，洪深的住房可以較前稍寬裕些，特別是較前離洪深工作單位近了很多。

　　2月27日，人民日報刊出洪深為紀念世界文化名人、法國作家維克多·雨果而撰寫的〈紀念維克多·雨果誕生一百五十周年〉一文；文章說：「雨果曾是推著社會從黑暗走向光明的動力，博得了『和平、自由與進步的著名傳播者』的光榮稱號。他的愛好和平、自由、民主的傳統，不僅是法蘭西人民的，也是全世界人民的。」

　　5月1日，洪深陪同來訪的匈牙利國家人民文工團參加首都「五一遊行」；行至天安門廣場，該文工團代表在洪深陪同下走上天安門城樓向毛澤東主席獻禮。

　　7月，洪深率中國人民雜技團訪問北歐芬蘭、瑞典、丹麥三國，巡迴演出67個城市，十餘萬觀眾觀看。

　　為組建這個中華人民共和國第一個出國到西方訪問演出的雜技團，洪深親自到北京天橋觀看藝人表演；親自挑選、確定和完整節目的表演；親自對藝人進行全面培訓：文化、禮貌、表演台風等等。

1月26日，中國共產黨中央委員會發出「在城市限期開展大規模的堅決徹底的『五反』鬥爭的指示」。（五反——反行賄、反偷稅漏稅、反盜竊國家財產、反偷工減料、反盜竊經濟情報。）

事件

1月1日，毛澤東號召大張旗鼓開展反貪污、反浪費、反官僚主義的鬥爭。

10月～11月，文化部在北京舉辦第一屆全國戲曲觀摩演出大會，二十多個劇種參加會演。

評述

「【新華社一日訊】……匈牙利國家人民文工團參加文藝大隊遊行。他們在主席臺前表演了馬刺舞、瓶舞、獻禮舞，並以中國話高唱《東方紅》。表演完畢，六個團員由政務院文化教育委員會對外文化聯絡事務局局長洪深陪同走上主席臺，代表匈牙利國家和人民，向毛主席獻旗獻禮。」（慶祝「五一」國際勞動節，首都五十萬人民舉行遊行大會，毛澤東主席親臨檢閱受到熱烈歡呼：人民日報，1952年5月3日。）

「1952，洪老率領中國人民雜技團到北歐三國進行訪問演出。這是新中國派往西方的第一個演出團體，當時作為新中國的文化友好使者，以國內外著名的第一流的文學藝術家、教授為團長，第一流演員的技藝，引起了被訪問國家的政府和人民的重視，首先是芬蘭總統吉科寧熱情隆重地接待他們，打破了西方人認為雜技藝術團不能進入國家音樂廳演出的傳統看法。」（一個真實的人，一代文藝家：吳佟，回憶洪深專輯，中國文史出版社，1991年7月。）

「新中國第一個出國訪問西方演出的雜技團，正是洪伯伯率領出訪的。

當時洪伯伯對這個團的演出提出了：『不開口——即雜技不要嘴皮，和不要滑稽——即不「庸俗」的兩個要求。』」（中國雜技藝術協會退休幹部黃銘華1981年12月13日晚在洪深妻子常青真上海寓所談，洪鈴面聽。）

「解放後，我與洪老南北相望，靠互通音訊報告近況。1952年我到北京送審自己編劇的影片《女兒春》，去看望了他。他高興地勉勵我努力創作。他也忙得團團轉，一會兒招待客人，一會兒幫助青真。只聽他口口聲聲叫『洪師母』，叫得那麼親熱。據青真說，幾十年來，他一直都是這樣稱呼，而且一直相敬如賓，彬彬有禮，這是男子中可貴的美德。」（忘年之交的良師益友：趙清閣，回憶洪深專輯，中國文史出版社，1991年7月。）

「1952年他經常感到疲勞，不能做費腦力太多的工作。他常常告訴他愛人說，他沒有時間體驗生活，恐怕不能再寫劇本了。他想寫論文，總結他一生的導演經驗，可惜一直沒有動筆寫。」（回憶洪深同志的創作和生活——記常青真同志的談話：狄小青，劇本月刊，1957年10月號。）

「據新華社訊：由中華全國文學藝術界聯合會派出應邀赴北歐表演的中國人民雜技團，在演出工作結束後，已於1952年12月27日返京。該團在1952年7月應芬蘭『芬中協會』的邀請前往芬蘭表演，隨後又應丹麥社會名流及文化界知名人士的邀請，於9月間赴丹麥，再應瑞典瑞中友好協會的邀請於10月間轉赴瑞典。五個月期間，共在芬蘭、丹麥、瑞典三個國家的67個城市做了大小120次的演出。」（中國人民雜技團由北歐返京：人民日報，1953年1月19日）

書目

1.紀念維克多・雨果誕生一百五十周年：人民日報，1952年2月27日。

梅蘭芳的《舞台生活四十年》封面和扉頁簽名

1953年　　　　　　　　　60歲

癸巳

事記

　　洪深在對外文化聯絡事務局局長任上，繼續對外文化交流的行政事物管理工作。

　　洪深在近半年長的時間裏，全部使用自己的假日和休息時間，為中國青年藝術劇院導演歌頌成渝鐵路建設的話劇《四十年的願望》，面對該劇要赴朝慰問演出的政治任務，以及劇本不成熟、演員不合位的矛盾，洪深首先幫助劇本修改，包括舞臺佈景的合理設計，他還熱情地邀請該劇本重慶年青的原創人員石曼等到家裏來，一起商談劇本的修改；隨後再對主要演員進行了全方位的表演培訓；然後才開始進行全劇的導演。

　　洪深在中華全國戲劇工作者協會全國委員會擴大會議上，實事求是地誠懇地發言表示：「話劇在我國近五十年的奮鬥歷史，它和半個世紀以來的偉大革命運動一直發生著密切的聯繫，……發揮了他的戰鬥作用。」

　　「在對待新創作的反映當前現實鬥爭題材的劇本，我們的要求還可以更實事求是一些，只要劇本在總的傾向上不違反社會主義現實主義的基本原則，即令它還存在著部分的缺點，這樣的劇本仍可以采作上演節目。」

　　「適當選擇『五四』以來具有革命民主主義內容的優良劇本以及適合我國觀眾口味的外國古典名劇，只要這些劇目選擇得當，輔之以正當的宣傳評價工作，它們只會幫助豐富我國勞動人民的精神生活，而不會有什麼害處。」

　　「同時，話劇演員也應當經常向我國優秀的戲曲演員學習，經常看戲曲

演出，和戲曲演員交朋友；不是從形式上模仿他們的表演，而是吸取他們現實主義表演方法的神髓；例如他們的典型化的能力、強調誇張的能力、細緻而簡練的表現能力、動作的穩定感雕塑感、掌握語言的能力以及掌握觀眾情緒的能力。」（載劇本月刊1953年10月號）

6月，洪深作為有關領導對郭沫若原作話劇劇本《屈原》修改而成立的九人小組成員，向周揚呈交了自己關於《屈原》的修改稿並附短箋說明：

> 周楊副部長：
>
> 　《屈原》劇已依個人見解，刪改了三十處。改的句子比較少——因欲盡可能地保存原文——而刪去的相當多——但仍望可不減其精彩。送上刪本，供九人小組其他組員的參考。
>
> 　　此致
> 　　敬禮
>
> 洪深啟6.21.

9月28日，光明日報刊出洪深〈紀念何塞‧馬蒂〉一文，此是為紀念世界文化名人、古巴文學大師和民族英雄何塞‧馬蒂而作；文章真切地表示了：「古巴的人民不會忘記馬蒂的一句話：『自由有一位最慈祥的父親，就是友愛，有一位最慷慨的母親，就是和平。』友愛、和平，這正是今天中國人民和全世界人民在一道奔赴的共同目標。」

10月，洪深成為新一屆中國戲劇家協會副主席，田漢仍任主席。

10月4日，中國人民第三屆赴朝慰問團離北京，賀龍為總團團長，洪深擔任第一總分團副團長。

時代

7月27日，朝鮮戰爭三方簽定停戰協定。

10月4日，中國人民第三屆赴朝慰問團離開北京前往朝鮮。賀龍為總團長，下設八個總分團。

12月14日，中國人民第三屆赴朝慰問團回國。

評述

「我到了重慶，留在戲劇界。集體創作了話劇《四十年的願望》，北京中國青年藝術劇院要演出，調我們赴京改劇本，導演竟是洪先生。《四十年的願望》排演長達半年之久我們常和洪先生在一起討論劇本修改問題。」

「1953年5月，《四十年的願望》即將公演，由賀龍請周總理看戲，中央的領導幹部到了幾十位。我們幾個作者因為過於緊張，走出劇場到天安門附近度過這難捱的幾個鐘點，等到回到劇場時，看到洪先生夾著一個大公文皮包從貴賓室走出來，看到我們時高興地說：『通過了，我馬上去發外文新聞稿。』」（2005年10月1日石曼寫給洪鈐的信。）

書目

1. 紀念何塞・馬蒂：光明日報，1953年9月28日。
2. 發展人民的話劇藝術：劇本月刊，1953年10月號。

《屈原》劇本封面。

導演

1. 四十年的願望（三幕六場話劇）／集體創作：中國青年藝術劇院
   （1）北京，1953年5月／6月；
   （2）參加第三屆赴朝慰問團赴朝鮮演出，1953年10月。

洪深致周揚短箋。

1954年 　　　　　61歲

事記

　　洪深繼續任對外文化聯絡局局長，繼續對外文化交流的行政事物管理工作。

　　洪深在近半年長的時間裏，仍然是全部使用自己的假日和休息時間，為中國青年藝術劇院導演了夏衍編劇的多幕話劇《法西斯細菌》。1943年，洪深在重慶曾為中華劇藝社導演了此劇。洪深現在第二次導演這部戲時，表示了：「我們試想摸索出一條『整理五四以來優秀劇目』的正確道路。」的想法。

　　6月，陪同蘇聯、匈牙利等東歐六國駐華使館文化參贊南下參觀訪問。第一站南京，隨後再到上海、杭州。

　　7月，洪深到上海，到以原抗敵演劇第九隊為基礎建立的上海人民藝術劇院參觀座談。

　　7月，洪深到杭州，並和時在杭州的田漢看訪了京劇表演藝術家蓋叫天和參觀了浙江美術學院。

　　9月，洪深接貴州省政府通知函：「根據中央指示」洪深被安排為貴州省的第一屆全國人民代表大會代表。

　　9月15日，中華人民共和國第一屆全國人民代表大會第一次會議開幕，洪深以大會正式代表身份與會。

　　10月1日，人民日報發表洪深撰寫的〈新中國五年來的對外文化交流〉一文，此文專為新中國五年大慶而寫，該文也是洪深因位在對外文化聯絡

局長的「工作」之一——同版還刊有：馮雪峰關於文學創作，戴愛蓮關於舞蹈，劉開渠關於美術的類似文章。

10月31日，周恩來簽署洪深任「中華人民共和國對外文化聯絡局局長」任命書。

12月3日，洪深作為商談對外文化協定執行計畫的中國文化代表團團長離開北京前往東歐三國：民主德國、匈牙利、波蘭。

12月27日，洪深在東柏林和民主德國簽訂「中德文化合作協定1955年執行計畫」。

洪深發表的〈電影的特性及其他〉，是他本年（文中「去年在朝鮮慰問」，洪深1953年赴朝慰問）在電影劇本創作講習會上的講話。洪深開始的第一句話就是：「我寫電影劇本已經是很久以前的事了，從1949年到現在就沒有再搞過，雖然也看過別人的劇本，提過意見，但究竟是生疏了。」更是強調了：「我搞電影還是從資產階級電影學的，大部分理論也是從資產階級學的，很可能有不妥當的地方。如果發現有錯誤的地方，請同志們聽了多提意見。」

關於電影，洪深說：「一個作品有沒有價值與其對話沒有多大關係。作品的藝術思想性，是在故事中。……創作不外兩件事，在生活中經歷磨練，對事情有了一定的看法，有了一定的哲學觀，然後再在生活中體驗，於是便有了許多人物、故事、情節——那是真正的創作。……創作故事時千萬不要去考慮電影的特殊技術，否則就是以詞害意，想到這個那個鏡頭如何拍，反而妨害了故事的發展。……故事從哪裡開始呢？編電影多半從頭開始，話劇則從接近高潮的地方開始。」

時代

9月15日，中華人民共和國第一屆全國人民代表大會第一次會議在北京開幕。

11月1日，國家統計局發表公報：全國人口總數為六億零一百九十三萬八千零三十五人。

7月，胡風向中國共產黨中央委員會提交關於文藝問題的意見書。

9月15日，中華人民共和國第一屆全國人民代表大會第一次會議開幕。

10月～12月，大陸開展對《紅樓夢》研究的批判。

「五十年代初社會主義國家舉辦了世界文化名人紀念，那次所提出的文化名人中有契訶夫。我國由洪深撰寫文章，通過新華社向國內外發佈。洪文中提到契訶夫的早期多幕劇《伊凡諾夫》。當時讀後使我驚訝的是，洪深竟將劇中萊渥夫醫生當作正面形象來加以歌贊。」

「我實在不能明白，為什麼洪深會把事情全弄擰了？那時候建國不久，正在加緊學習用階級觀點分析文學作品，難道劇中人物氣壯山河的『正義』說教，使得一眼就可以辨清的是非也弄糊塗了？或者萊渥夫的道德教誨被當作了革命的大道理，以致使自己的頭腦變得簡單化了？像洪深這樣的戲劇家本不該是這樣的。」（人物小記‧文學小集‧八／1997年：王元化，東方出版中心，2008年1月。）

上文所言洪深文章中提到「萊渥夫」的全部文字：

「但是年青醫生萊渥夫卻是忠實於自己的信仰，見義勇為；正因為他有膽量有決心要在伊凡諾夫婚禮之日當眾揭發他的隱惡，才防止了他的陰謀得逞。」

「1954年洪深為國家對外文化聯絡局局長，當年6月，蘇聯、匈牙利等六國文化參贊們要求去南京和上海、杭州參觀訪問，南京的重點是瞭解妓女改造就業情況。周總理指示洪深和外交部辦公廳主任章漢夫先去三市協調安

排。章、洪二人先到南京，當年夫子廟石壩街一帶大小幾百家妓院都已改為民居或機關、小學、幼稚園等。從良妓女大多被安排進城南工廠，以織襪廠、搖繩廠、紗紡廠三廠最為集中。洪深特為去這幾家工廠，摸底安排發言代表，工作之細緻給地方上幹部們留下深刻印象。

那時，洪深忙完工作，一一探望親友故舊。他還遊逛了中山陵，又去了南京大學（原金陵大學）、南京工學院（原中央大學）等地。第二年，洪深在北京辭世。

洪深一生創作、編譯了38部話劇劇本，作品大都取材于現實生活，時代特色鮮明。他還著有大量理論批評著作，介紹西方話劇知識。他30年間先後導演了大小劇目約40個，為中國的話劇事業做出了重大貢獻。」（《海歸》話劇家洪深與南京的情緣：南京晨報，2007年5月28日。）

書目

1. 洪深劇作選：人民文學出版社，1954年11月。
2. 評「尤利烏斯・伏契克」在首都的演出
　　（1）戲劇報，1954年2月號；
　　（2）洪深文集・4，中國戲劇出版社，1959年6月／1988年3月。
3. 安東・契柯夫逝世五十周年紀念——應蘇聯對外文化協會之邀而作
　　（1）戲劇報，1954年6月號；
　　（2）洪深文集・4，中國戲劇出版社，1959年6月／1988年3月。
4. 「長生殿」傳奇英譯文的引言
　　（1）「長生殿」傳奇英譯本——寫於1954年6月1日；
　　（2）洪深文集・4，中國戲劇出版社，1959年6月／1988年3月。
5. 導演《法西斯細菌》自問錄記
　　（1）戲劇報，1954年7月號——文章署名洪深／張逸生；
　　（2）洪深文集・4，中國戲劇出版社，1959年6月／1988年3月。

6.《洪深劇作選》後記

　　（1）洪深劇作選，人民文學出版社，1954年10月；

　　（2）洪深文集‧2，中國戲劇出版社，1957年11月／1988年3月。

7.再演《法西斯細菌》：天津日報，1954年9月4日——文章署名洪深／張逸生。

8.新中國五年來的對外文化交流：人民日報，1954年10月1日。

9.電影的特性及其他

　　（1）電影劇作通訊，第16期；

　　（2）洪深文集‧4，中國戲劇出版社，1959年6月／1988年3月；

　　（3）「洪深文集」出版者注：是「作者1955年在電影劇本創作講習會上的報告」（根據該文中的「去年在朝鮮慰問——洪深1953年赴朝慰問」一說，報告時間應為1954年）

導演

1.法西斯細菌（話劇）：中國青年藝術劇院，北京，1954年5月～8月。

代表證

任命書

杭州蓋叫天墓

洪深「中德文化」簽字

洪深和上海人藝合影

1955年 62歲

乙未

事記

　　1月20日，洪深率中國文化代表團在布達佩斯和匈牙利簽定「中匈文化合作協定1955年執行計畫」。

　　1月28日，洪深率中國文化代表團抵達華沙。

2月11日，洪深率中國文化代表團在華沙與波蘭簽訂「中波文化協定1955年執行計畫」。

2月，洪深在波蘭民主共和國進行文化訪問和擬簽定中波文化執行計畫期間，因身體不適就醫時，醫院發現洪深已患癌症，但當時未將病情告知洪深，有關上級部門以「身體情況不宜」令洪深立即回國。回途經莫斯科，時中華人民共和國駐蘇聯大使劉曉請洪深吃飯，洪深胃口頗好並向劉曉大使笑稱：「我胃口這麼好，身體不會有大問題。」回家後，洪還因此向家人笑談。

2月，洪深回到北京。

4月11日，洪深主動要求與同庚屬馬的梅蘭芳、周信方「三馬同台」演出京劇《審頭刺湯》，以作為周信芳和梅蘭芳舞臺生活五十周年紀念活動之一。

6月，洪深以全國人民代表身份到江南進行人大代表視察。洪深在家鄉江蘇省常州市視察工作結束後，由後來曾任常州市文化局局長的錢泳林陪同前往位於市郊的原《五奎橋》——《五奎橋》是江蘇武進洪氏家族墓地，洪深父親洪述祖民初「宋教仁案」在北京被處極行後，家人遵其「柩回南安葬」的遺言也將其安葬於此——舊址，此時的舊址已成一片凌亂待建的荒地。

「1955年初夏，洪老到常州（全國人大代表）視察，工作完成後他提出想到洪氏家族祖墳塋地『五奎橋』看看，當時我是小青年，是我陪同他去的。到那裏只見一片荒蕪，說是要建設什麼，見此景，洪老一聲不響地就回來了。」（1984年8月19日前常州市文化局局長錢泳林在常州對洪鈐談）

洪深離開常州即到上海，視察工作之餘洪深到西藏路上眺望了過去自己從江灣復旦大學到上海市區一般必住宿在的「東方大飯店」（1949年後改為「上海工人文化宮」）；洪深專門還獨自去看望了身體不好、境遇困難的女作家趙清閣，在她家中吃了晚飯。

洪深從江南結束人大代表的視察工作回到北京後，他向馬彥祥詳細詢問了其患癌症父親——歷史學家、北京「故宮博物院」前院長馬衡先生，亦是洪深老友——從初發病到病中乃至去世種種症狀。洪深又請北京「協和醫

院」著名內科醫生張孝騫到家中，詢問了有關癌症的一些問題，張沒有正面答復什麼而是含糊其詞的搪塞了過去。此後，洪深便借了許多關於癌症的英文醫學原著書，在家中閱讀。但洪深始終沒有向任何人談過自己的病，包括對妻子常青真。

6月，洪深對兩個尚在中學讀書的女兒鋼（正適高中畢業）和鈴（要升入初中二年級）以後的發展，態度堅決地表示：「（你們）寧可當個二流的科學家，也不要做個一流的文學家。」

7月中下旬，洪深堅持參加第一屆全國人民代表大會第二次會議，每天都到會，連小組會也很少缺席。

「7月15日人民代表大會開會，他每天都出席，連小組會也很少請假。」

「7月29日人代會閉幕，他向局裏正式請假。那天，他對送他回家的司機說，要好好工作愛護車子，他說以後不能再坐這個車子了。從那天起就沒出門。」

「他要我也請假兩天回來幫他整理書籍、衣服。他把書整理得很整齊，把局裏的東西都交回去，就躺下了。他自己知道是患癌症，但不讓我知道。」（回憶洪深同志的創作和生活——記常青真同志的談話：狄小青，劇本月刊，1957年10月號。）

從洪深被查出患有癌症到他去世，有關領導沒有告知洪深本人。直到洪深去世前約一周，洪深住進醫院後，洪深妻子常青真才被正式告知：洪深患了肺癌，已到晚期。

之前，有關方面關於洪深劇烈的痛疼，解釋為是「神經痛」，派一名護士每日到家中給洪深注射一劑止痛針。對於已是肺癌晚期的洪深，每天那一針止痛針早已經不能起什麼作用。

洪深受著劇痛折磨，幾乎都是徹夜不能睡覺：他先是自己親自用繩子編結織了一個床網來代提原來的棕梆；但不斷加重的劇痛，洪深身體幾乎已經不能和床鋪接觸，他只得整夜坐著。他為了不讓自己可能會因為忍受不了痛疼而呻吟，影響家人（孩子暑假在家），於是就自己畫圖設計定做了一張籐

椅：在頭枕處外，兩旁各有一個很結實的拉手，痛疼難忍時，他就用盡力氣用兩隻手拉緊這兩個拉環，不要自己發出聲來。

離家住院前，洪深非常動情地對妻子常青真說：「我不想死，我還要活五十年，我要看到黃河水清的那一天。」

8月25日，洪深被送進北京蘇聯紅十字醫院。

「8月25日他進醫院的那一天，他一早起來刮鬍子，整理書桌，把鋼筆送給大女兒，把手錶送給小女兒，自己穿好衣服等著上車。他上汽車時還風趣地告訴我『如果能好。六個月以後就回來，不能好就不會回來。如果回來一定這樣搖搖擺擺地走回來。』」（回憶洪深同志的創作和生活——記常青真同志的談話：狄小青，劇本月刊，1957年10月號。）

8月29日下午5時13分，洪深在北京「中蘇友好醫院」去世。其時，守護在洪深身邊，目送洪深生命離開這個世界的，是：夫人常青真和常青真生的兩個女兒鋼和鈴，以及洪深的終生摯友馬彥祥。

洪深和常青真生有四個孩子：女鋼、子鍾、女鈴、子鐀；兩個兒子鍾和鐀分別在抗戰時期和1947年幼年時病亡。

去世前約兩小時，周恩來到醫院看望了洪深，並當著洪深夫人常青真面向洪深表示：「放心，你的家屬我們會照顧的。」

8月30日，人民日報發佈了「對外文化聯絡局局長洪深逝世」消息和四十二人的治喪委員會名單。

8月30日，在北京「蘇聯紅十字醫院」一間不大房間內，為數有限的朋友和洪深遺體告別。隨後，洪深靈柩停放到北京地安門西大街「嘉興寺」，家屬和有關人員在此守靈，官方——包括駐京使館官員——和民間人士往此弔唁。

9月1日上午，在洪深靈柩停放地「嘉興寺」舉行追悼會。追悼會後即移棺到北京八寶山革命公墓第一區黃字組第拾號穴下葬。

9月2日，《人民日報》發佈了「我國著名戲劇家洪深追悼會昨在京舉行」的消息。

3月，中國共產黨中央委員會通過了「關於中華人民共和國發展國民經濟的第一個五年計劃草案的決議」。

2月，中國作家協會主席團決定展開對胡風的批判。

5月～6月，人民日報發表三批「關於胡風反革命集團的材料」及毛澤東寫的序言和編者按。

「【新華社二十九日訊】對外文化聯絡局局長、中國人民對外文化協會副會長、中國戲劇家協會副主席、第一屆全國人民代表大會代表、中國人民政治協商會議第二屆全國委員會委員、中國文學藝術界聯合會第二屆全國委員會委員洪深，患肺癌症經醫生診治無效，於一九五五年八月二十九日下午五時十三分在北京逝世。

洪深同志，江蘇省常州市人，享年六十歲。

又訊：洪深同志治喪委員會已於二十九日成立，由下列四十二人組成：郭沫若、習仲勳、沈雁水、周揚、刑西萍、錢俊瑞、丁西林、夏衍、章漢夫、范長江、楚圖南、趙毅敏、陽翰笙、張蘇、餘心清、陳忠經、吳化之、羅隆基、黃琪翔、黃紹竑、張志讓、吳晗、田漢、歐陽予倩、梅蘭芳、周信芳、老舍、曹禺、張庚、馬彥祥、張光年、陳白塵、宋之的、吳雪、袁牧之、蔡楚生、于伶、應雲衛、鄭君里、趙丹、張明養、李超。」（人民日報，1955年8月30日。）

「【新華社一日訊】對外文化聯絡局局長、第一屆全國人民代表大會代

表、中國著名戲劇家洪深追悼會一日上午九時在北京舉行。

在洪深的靈柩前和靈堂周圍擺滿了花圈。其中有國務院總理周恩來、中國文學藝術界聯合會主席郭沫若以及各有關部門、團體和個人贈送的；還有許多國家駐中國的大使館和蘇聯對外文化協會贈送的。

在追悼會上，歐陽予倩介紹了洪深的生平事略。歐陽予倩說：「洪深同志是一個英勇的愛國主義者，在中國話劇和電影事業的黎明時期，作了很大的貢獻。一九三〇年以後，他積極地在党的領導下工作，在戲劇電影方面，對新的一代的教育和培養作了許多有益的工作。最近幾年來對於促進國際文化聯繫，也作出一定的貢獻。」

參加追悼會的有李維漢、習仲勳、沈雁冰、周揚、錢俊瑞、于毅夫、夏衍、陽翰笙、歐陽予倩、余心清、梅蘭芳、老舍、陳忠經等，還有政府有關部門、各民主黨派、人民團體的負責人和代表以及文藝界人士、洪深的生前友好和家屬等共約五百人。

許多外國駐中國大使館也派代表參加了追悼會。

又訊：洪深同志逝世前，周恩來總理曾親往醫院探視並慰問。」（人民日報，1955年9月2日。）

「雁姐夫還從豐子愷的肺癌，談到洪深的肺癌，以及他的外語造詣、他對我國戲劇和電影的貢獻。雁姐夫說洪深也患肺癌，那是1955年，他正在波蘭，診斷是肺癌。回國才幾個月，竟然逝世了。」

「他是我國第一個遠涉重洋去學習西洋戲劇的人，回國以後，他重視電影藝術理論的研究和探討，是我國有聲電影先驅者之一，對我國電影的發展，起到創始性的推動作用。同樣，他對我國現代話劇的形成和劇場藝術水平的提高，也曾作出卓越的貢獻。他先後導演、創作、改編、翻譯了大量的話劇和電影劇本。他確實是我國優秀的戲劇藝術家和電影藝術家。」

「還有一件事給雁姐夫留下很深印象：1930年，上海大光明電影院放映一部美國侮辱我國的影片——《不怕死》。洪深站在銀幕前當眾演說，向觀眾揭露這是一部辱華的壞影片，呼籲大家抵制這部影片，並堅決要求當局

宣佈禁演。他激起廣大觀眾的愛國激情，憤怒離座，罷看而去。通過這次事件，人們給洪深送了個『黑旋風』的稱號。」

「雁姐夫說，抗戰開始，洪深率領『上海話劇界救亡協會戰時移動演劇第二隊』輾轉各地，從事劇藝救亡工作。抗戰勝利後回上海，除在復旦大學任教外，同時從事話劇、電影工作，並在《大公報》主編《戲劇與電影》副刊。」

「全國解放後，被選為人大代表，歷任中國劇協副主席、作協理事、對外文化聯絡局局長等職。總的說，是從事文藝領導和中外文化交流工作。」

「最為人們傳為藝壇佳話的，是他晚年與著名京劇表演藝術家梅蘭芳、周信芳同台合演京劇《審頭刺湯》。」

「他善於辭令，鼓動性強。他的外語特別好，經常糾正翻譯的錯誤。他是一位不可多得的、多才多藝的文學家和藝術家。他和豐子愷可以說是同一類型的人物，但卻有著完全不同的性格和生活實踐內容。」（茅盾談話錄：金韻琴，上海書店出版社，1993年12月。）

「1949年後，洪深擔任政務院對外文化聯絡局局長、對外文協副會長。他的工作，主要是行政業務，創作便沒有時間進行了。不幸的是，他在1955年8月病逝，終年只有61歲。」

「洪深是中國話劇和電影的拓荒者和有重要影響力的推動者。三十多年的工作，主要是完全投進到戲劇裏。他創作、改編和翻譯了三十多個話劇劇本，創作和改編了三十多個電影劇本，導演了九部電影，寫作了不少的影劇理論和大量評論，又培養了許多青年文藝工作者。譽為中國影劇史上的豐碑，洪深是當之無愧的。」（畢生獻身影劇的洪深：余惠，香港海洋文藝，第六卷第四期，1979年4月10日。）

「直至今日，我們這些年輕時曾受過他教益的人，無法忘懷這位滿腔熱血的愛國主義者，中國新戲劇運動的推動者和奠基者，特別難以忘記他為人正直，熱情豪爽，敢說敢幹，不畏強暴，為正義而忘自身的安危；他工作認真，治學嚴謹，但無論寫文章或講學，語言生動活潑，通俗易懂；他在日常

生活中常表現的機智和幽默，更使人感到可親。」（中國話劇運動先鋒——洪深其人其事：林秀清，文藝雜誌季刊／香港，第十五期，1985年9月。）

「『解放』後，他的主要職務是對外文化聯絡局長和對外文協副會長，至於全國文聯委員、全國作協的理事、全國劇協的副主席，也只是掛名而已。但是只這對外文化聯絡工作也就夠他忙的，使他沒有時間和心情來寫作，因為出國訪問，對外賓送往接來，都得奉命行事，而遇有重大事情，自己又做不得主，黨組的外行領導，又不聽從他的意見。發牢騷？洪深哪裡敢？因為中國大陸已不同於三十年代的上海租界，不但不能容你抗議，連發牢騷也不能容。中共說他五五年死於肺癌，實際上恐怕是悒鬱勞累而死，死時止年六十歲。」（現代中國作家列傳・洪深：趙聰，香港中國筆會出版，1975年10月。）

「和我住在一條路上的陳子展同志，是洪老的老同事，老朋友，也很瞭解他；談起他來，陳老有一句中肯的評語，說他是文藝界的一個治學嚴謹，為人正直的前輩作家。這是確切的。」（緬懷洪深同志：趙清閣，新文學史料，1983年第1期。）

「1959年我到北京後和朋友們同遊京郊『潭拓寺』，喝茶時我對陽翰笙感歎『洪老走得太早！』陽翰笙回答說：『他是鬱鬱不得志而死！』」
（1982年9月12日在上海趙清閣寓所趙清閣對洪鈴談。）

「我們中國話劇的三個奠基人，即歐陽予倩、田漢、洪深，他們三個人一方面都是中國話劇的奠基人、創始者；而同時，他們又對於中國戲曲有比較深刻的研究、造詣和愛好。因此在話劇界與戲曲界之間就團結的比較好，爭論也比較少。」

「四十年代洪深同志五十大壽時，我寫了一篇慶祝洪深五十壽辰的文章，我既寫了他的愛國主義、民主思想，以及他的敢於鬥爭的一些英勇實際，同時也寫了他一些缺點，甚至於嚴重的缺點，我記得還講過他為人清濁不分這一句話。文章發表後，一般反映還好。特別是洪深還專門寫了信給我，說只有你敢於、能夠說到我的本質，講出了我的缺點、弱點，非常高興等等。」（悼念田漢同志：夏衍，收穫，1979年第4期。）

「就在他去世前的幾個月，文藝界正籌備周信芳和梅蘭芳舞臺生活五十周年紀念。洪深同志是我們現代戲劇家中少有的幾位精通戲曲、最早從事戲曲改革的一位，而且早年還上臺客串過京戲。周信芳、梅蘭芳和他都互相抱有仰慕之情，有著長久的友誼。他們又是同庚，三人都屬馬。洪深這時向我們提出，希望安排一場『三馬同台』，他要和周信芳、梅蘭芳同台演出一場京戲《審頭刺湯》。我們聽了十分驚訝，他如此病重，怎麼還能登臺演出呢？但卻又不敢對他直言。洪深意味深長地執意要演，我們不忍拂他的願望。」

「我從洪深在臺上久久謝幕的神情裏看到，他這是在向文藝界告別；在向一起戰鬥過來的、患難與共的朋友們告別；在向他心愛的戲劇藝術告別；在向舞臺告別！在會場上一片熱烈的掌聲和歡呼聲中，我不禁悲從中來！」

（懷念洪深同志：陽翰笙，洪深回憶專輯，中國文史出版社，1991年7月。）

「1955年，我們上海越劇團來到北京，做出國訪問的準備工作。洪深先生作為有關部門的領導者。對我們出國演出的《梁祝》、《西廂記》等劇目的修改提高，出了不少點子。他還給我們全團同志上課，講出國的注意事項，講外國的禮節，連吃西餐刀叉怎麼用，湯怎麼喝，他都詳詳細細講到了。哪裡會想到，當我們演出載譽歸來時，卻再也見不到熱情可親的洪深先生了。他的突然與世長辭，使我們痛失了一位良師。」（深情緬懷洪深先生：袁雪芬／吳琛，回憶洪深專輯，中國文史出版社，1991年7月。）

「久聞吾鄉先賢北江後裔洪深先生大名，可惜一直無緣識荊。1955年6月的一天上午當時的市文化處陳方樹處長將我正式介紹給淺哉（洪深之字）先生，同時也知他以人民代表身份回常視察，所以特別關心家鄉戲。1954年已來過一次。翌日晚，我陪著淺哉先生在常州大戲院看演出，洪先生不過一句話，卻真正指點了我挖戲的秘訣。『忘了』兩字，就是不應忘記人物的『特殊性』，這樣才能於無戲處出奇趣。值此淺哉先生誕生百年之際，回顧當年情景不覺愴然而涕下。」（「莫忘」的教誨：史曼倩，常州日報，1994年12月28日。）

「一九五五年四月，文化部、全國文聯、中國劇協在北京舉辦梅蘭芳、周信芳舞臺生活五十周年紀念演出。梅蘭芳、周信芳、洪深三位同庚，都屬馬。三馬同台合演是別開生面的。因為洪深主要是搞話劇的，他客串京劇就尤為引人矚目。其實，洪深雖然是個搞『洋』劇的，但他又酷愛祖國民族戲劇，特別是京劇，不僅學演學唱，而且還能上臺票戲。這次演出在北京飯店的小禮堂舉行，戲碼是《審頭刺湯》。洪深飾湯勤，梅蘭芳飾雪豔，周信芳飾陸炳，這天的戲，是梅、周陪洪深唱的。梅、周的臺上功夫，當然是不用說的，洪深雖然是個京劇的票友，可是演出也十分出色。湯勤是以袍帶醜應工的，洪深出場後，無論嘴裏、身上，都給人以『醜中見美』的感覺。他臉部表情豐富，念白富於韻味，走臺步時，從抬腿畫圈等動作看，功力不凡。特別是洪深所刻畫的湯勤這個形象，很有深度，甚至超過了一般京劇丑角演員的水平。這一台戲堪稱珠聯璧合。演出那天，小禮堂裏座無虛席，著名戲劇家田漢、歐陽予倩、馬彥祥、金山等都出席觀看。行家們眾口一辭地讚揚這場演出別開生面，十分精采。」（梅周與「甲午同庚會」：沈鴻鑫）

1955年4月洪深（前左）、梅蘭芳（前右）、周信芳（後右）、田漢於北京合影。

1955年9月1日北京嘉興寺洪深追悼會，茅盾（前）、後陽翰笙（半影）、余心清（右二）、老舍（右四）、歐陽予倩（左四）、周揚（左三）、梅蘭芳（左二）、夏衍（左一）。

附錄

洪深作品出版

洪深文集

1.　中國戲劇出版社，第一卷／第二卷，1957 年 11 月；第三卷／第四卷，1959年6月。

2.　第一卷～第四卷，1988年3月。

洪深選集

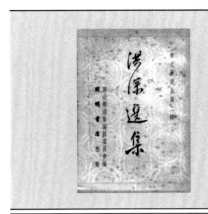

開明書店，
1951年7月／1952年9月。
選收了《趙閻王》、《五奎橋》、《香稻米》和《劫後桃花》四部作品及洪深撰寫的〈自序〉。

洪深劇本創作集

上海東南書店，
1928年9月初版。
選收了《貧民慘劇》、《趙閻王》兩部作品。

洪深劇作選

人民文學出版社，
1954年11月。
選收了《趙閻王》、《五奎橋》和《香稻米》三部作品。

洪深代表作

河南人民出版社，1986年10月。
選收了《趙閻王》、《五奎橋》、《香稻米》、《走私》、《鹹魚主義》、《飛將軍》和《雞鳴早看天》七部作品。

洪深文抄

人民文學出版社，2005年9月。

海上文學百家文庫·洪深卷

上海文藝出版社，2010年5月。
選收了《趙閻王》、《五奎橋》、《香稻米》、《青龍潭》、《包得行》五部作品。

五奎橋（話劇劇本）

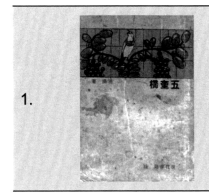

1.

自撰文「戲劇的人生」代序
現代書局，1933 年 11 月／1934 年 10 月。

2.

中國戲劇出版社，1959 年 4 月。

洪深戲曲集

洪深撰寫〈歐尼爾與洪深——度想像的對話〉一文為「代序」）
現代書局，1933 年 6 月 1 日／1934 年——98
選收了《貧民慘劇》和《趙閻王》兩部作品和洪深撰寫的〈屬於一個時代的戲劇〉一文。

洪深戲劇論文集

天馬書店，1934年1月。
論文集附錄電影劇本《劫後桃花》和論文
《編劇二十八問》。

電影戲劇表演術

生活書店，1935年2月／1946年11月。

電影術語詞典

天馬書店，1935年3月。

電影戲劇的編劇方法

正中書局，1935年9月／1946年11月。

戲劇導演的初步知識

中國文化服務社，1943年9月／1944年9月
／1945年12月／1946年9月。

戲的念詞與詩的朗誦

1.

美學出版社，1943年12月。

2.

大地書室，1946年11月。

3.

中華書局，1950年2月。

4.

中國戲劇出版社，1962年11月。

5.

中國戲劇出版社，1981年10月。

香稻米（話劇劇本）

人民文學出版社，1962年10月。

花花草草（有聲電影劇本）

國聞週報社，1936年。

走私（獨幕劇本集）

上海一般書店，1937年7月；──
選收了《鎬》、《多年的媳婦》、《鹹魚主
義》和《走私》四部作品和洪深撰寫的〈自
序〉──「最近的個人的見解」。

包得行（話劇劇本）

上海雜誌公司，1939 年 10 月／
1940年1月。

寄生草（獨幕話劇：英國H.H.Davies／洪深翻譯改編）

1.

重慶上海雜誌公司初版，1940年1月／重慶
上海雜誌公司，1945年6月再版／上海雜誌
公司復興一版，1946年3月。

2.

黃白丹青（話劇劇本）

文藝獎助金出版部，1942年12月。

女人女人（話劇劇本）

華中圖書公司，1945年5月／1946年1月。

人之初（話劇劇本）

正中書局，1947年1月。

戀愛的權力（小說──俄國P. ROMANNOF／洪深翻譯）

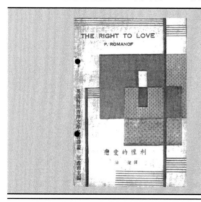

黎明書店，1935年7月。

人生一世（話劇劇本──美國William Saroyan／洪深翻譯）

晨光出版公司，1949年3月。

這就是「美國的生活方式」（話劇劇本）

三聯書店，1951年3月。

西線無戰事（翻譯小說──德國E. M. Remarquede著）

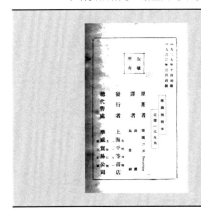

洪深／馬彥祥合譯，平等書店，
1929年10月。

後續訊息

1956年

1月27日，政府向洪深妻子常青真簽發洪深的「病故革命工作人員證明書」。

2月10日，洪深妻子常青真持洪深的「病故革命工作人員證明書」領到政府按照洪深幹部行政8級標準的撫恤金520元。

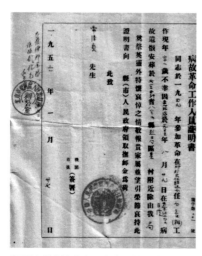

洪深的「病故革命工作人員證明書」及政府發放撫恤金520元的圖章。

1966年～1967年

文化大革命十年浩劫期間：

安葬在北京八寶山革命公墓內的洪深墓，墓碑上所嵌洪深燒磁照片遭「革命行動」而致破損壞裂。

洪深妻子常青真，因洪深被打入「三十年代文藝黑幫」而受到牽連，被強制進入「學習班」檢查交代、受批判和被外調。

1977年

11月15日，洪深妻子常青真掛號郵函致信自己生養撫育的大女兒洪鋼工作單位《北京師範大學》，正式公開聲明自己和洪鋼脫離母女關係：

「外語系黨總支書記：我叫常青真，中央新聞電影製片廠工作，過去是你係洪鋼的母親。我生有兩個女兒，大的洪鋼，小的洪鈴，我愛人洪深去世時她兩尚在學校上學，二十多年來我一直依靠自己的工資維持著一家的生活，把她們兩培養長大。

……

我和洪鋼的關係破裂到這種程度，真是又傷心又丟人。

……

我寫這封信給組織彙報我與洪鋼脫離母女關係的經過，……作為一個母親的我，今年已經六十多歲了，不是到了萬不得已是不會寫這封信給組織上增添麻煩的，請予諒解並存檔備案。」

11月15日，洪深妻子常青真同時也掛號郵函致信洪鋼丈夫×××工作單位《外交部》：

「外交部人事司司長：現將我與女兒洪鋼脫離母女關係的公開信轉呈一份給你們組織，並請對×××提出今後他們與我無任何親屬關係，……。」

1979年

《辭海》（1979年版）縮印本／上海辭書出版社，書中「洪深」條目內容，為：「洪深（1894～1955）戲劇家。字淺哉，江蘇常州人。早年留學美國，專攻戲劇。1922年回國後在上海從事戲劇活動，曾領導復旦劇社、戲劇協社，並參加了南國社，對中國現代話劇的形成和劇場藝術水平的提高有較大貢獻。後任電影編導，並長期擔任學校教育工作。先後創作《趙閻王》、《五奎橋》、《包得行》、《雞鳴早看天》等劇本。1929年（應為1930年）上海放映美帝國主義侮辱中國的影片《不怕死》時，他當場憤怒抗議，鼓舞了群眾的愛國熱情。抗日戰爭爆發後，領導上海救亡演劇二隊赴內地，後在武漢參加籌組抗敵演劇隊，積極推動了戲劇界的抗日救亡宣傳工作。解放後從事國際文化交流工作，作品有《洪深文集》四卷。」

2月，洪深妻子常青真為給洪深墓碑掉換一副完整無損的洪深照片，去找舒模協助出具一張以中國戲劇家協會名義「同意洪深照片進行燒磁」的正式證明，以能重新燒磁製作。常青真拿到公函證明後，即委託朋友代為處理照片燒磁等具體工作。

3月，洪深妻子常青真從中央新聞紀錄電影製片廠正式退休，決定定居上海和小女兒洪鈴一起生活。

3月9日，常青真離開北京赴上海。

1979年3月初，洪深妻子常青真退休離開北京定居上海前和洪鈐在八寶山革命公墓洪深墓前（此墓碑燒磁照片破裂尚未及換新）。

洪深妻子常青真1979年3月北京。

1985年

　　4月27日下午，以中華人民共和國文化部／中國文學藝術界聯合會／中國人民政治協商會議文化組／中國戲劇家協會／中國電影家協會／中國青年藝術劇院／中國藝術研究院話劇研究所聯名在北京政協禮堂舉行了「紀念洪深同志誕辰九十周年」會。

　　夏衍、曹禺、馬彥祥、石凌鶴、陳白塵、葛一虹、吳雪、呂復、廖沫沙、周巍峙、姜椿芳等，和洪深妻子常青真出席紀念會。會上宣讀了病中的周揚給紀念會發來的賀信；會上呂復代讀住在醫院的陽翰笙的長篇書面發言。

　　「新華社北京4月27日電，首都文學藝術界今日在政協禮堂集會，紀念我國話劇、電影事業的先驅洪深誕辰九十周年。夏衍、廖沫沙、曹禺、周巍峙、姜椿芳、劉厚生、馬彥祥、吳雪及洪深夫人常青真等出席了紀念會。」（首都文學藝術界集會紀念洪深誕辰九十周年：人民日報，1985年4月28日3版。）

　　「中國新聞社北京二十七日電 中國文藝界三十年來第一次為中國話劇運動先驅洪深舉行紀念活動。今天下午，數百名文藝工作者聚會政協禮堂，深切緬懷這位傑出藝術家光輝的一生。紀念會宣讀了全國文聯主席周揚從病榻上寫來的一封信。周揚稱頌洪深是傑出的戲劇藝術家、教育家、電影藝術家和中外文化交流最早的領導人。洪深夫人常青真出席了紀念會。」（北京集會紀念洪深：香港大公報，1985年4月28日頭版。）

　　「新華社北京四月二十七日訊，首都文學藝術界今天在政協禮堂集會，紀念我國話劇、電影事業的先驅洪深誕辰九十周年。中國文聯主席周揚給紀念大會寫來賀信。賀信說，洪深同志在中國現代戲劇史上佔有十分重要的地位。我們應該很好總結他的經驗，進行關於洪深的學術研究。」（首都集會紀念洪深誕辰九十周年：光明日報。1985年4月28日頭版。）

　　4月28日下午曹禺、馬彥祥、舒湮、歐陽山尊等三十餘人和4月29日上

午吳祖光、馬彥祥、鳳子、劉厚生等二十餘人，在北京恭王府內的中國藝術研究院會議室舉行洪深九十誕辰紀念座談會。參加這個紀念座談會的，皆是以洪深的朋友、洪深戲劇工作同志，戲劇界受過洪深教導的學生晚輩等身份而來，沒有政府官員身份或政府宣傳部門身份與會的，實應屬民間紀念座談會。洪深妻子常青真參加了座談會。

「我想到昨天會上常青真師母講的洪深先生在彌留之際所說要再活50年的話。可是疾病把他從我們身邊奪去了。……我們能在十年浩劫後活下來的人，應該學習洪深先生的為人，學習他如何做人，學習他愛國、愛人民，從事戲劇工作，而且黨指到哪就幹到那，毫不吝惜自己的精神，甚至自己的身體都不吝惜，當他已知自己身患癌症時，還去開會、談戲。這都是感人，值得我們學習的。」（他是一個真正的戲劇家：曹禺，回憶洪深專輯，中國文史出版社，1991年7月。）

「洪深先生博古通今，不僅是精通西方文學的大家，對我國的傳統文化由於系出名門，淵源有自，更具有深厚的基礎。」

「1930年3月，發生在上海的『不怕死』事件中，洪先生為維護中華民族的尊嚴而發出正義呼聲，……洪先生的正義行為是當時先進的中國知識份子的光輝榜樣。1937年開始了中國人民反擊日本帝國主義的全民抗戰，洪深先生成為從事戲劇宣傳對敵鬥爭的十分出色的領導人之一，在八年抗戰中做出了卓越的貢獻。」

「洪深先生是當代大家，文壇和劇壇的巨匠，特別在戲劇方面有傑出的貢獻。他的劇本、劇論、以及導演、表演方面的成就都給我們留下可貴的財富。令人惋惜的是在全國解放以後，他擔任了對外文化聯絡的領導工作，中斷了他一生熱愛的戲劇事業。」

「無論時間過去多久，洪深先生在戲劇藝術方面的成就，在民族危難，強敵虎視的嚴重關頭，大義凜然的英風亮節將永遠成為晚生後輩的典範。半個世紀以來，洪先生一直是我的楷模。」（文藝工作者的楷模：吳祖光，回憶洪深專輯，中國文史出版社，1991年7月。）

徐悲鴻画

纪念洪深同志诞辰九十周年

1985·北京

纪念会改为二十七日下午二时
在全国政协礼堂三楼大厅举行。

请柬

中国话剧的开拓者，杰出的
戏剧艺术家、教育家、电影艺术
家和中外文化交流的领导人洪深
同志九十诞展纪念会，订于1985
年4月24日（星期三）下午二时
半，在全国政协礼堂三楼大厅举
行。

敬请
光临

中华人民共和国文化部
中国文学艺术界联合会
中国人民政治协商会议文化组
中 国 戏 剧 家 协 会
中 国 电 影 家 协 会
中 国 青 年 艺 术 剧 院
中国艺术研究院话剧研究所

（凭柬入场）

洪深誕辰九十周年紀念會請柬。

洪深妻子常青真在洪深誕辰九十周年紀念會發言。

1985年4月24日，洪深妻子常青真在北京八寶山革命公墓洪深墓前
（墓碑照片為新燒磁的洪深照片）。

1994年

　　12月30日，中共常州市委宣傳部／常州市文化局／常州市政協文史資料委員會／常州市文學藝術界聯合會／常州市文物管理委員會聯名，在常州市舉行「紀念洪深一百周年誕辰座談會」暨「洪亮吉紀念館／洪深紀念室落成儀式」。

　　洪深妻子常青真向「洪深紀念室」捐贈的洪深著作、洪深遺物和其他資料三十一件正式收為「洪深紀念室」藏品，並獲常州市文化局頒「捐贈證書」。

　　洪深女兒洪鈐到常州參加紀念洪深座談會與洪亮吉紀念館／洪深紀念室落成儀式，並在座談會上代表母親常青真感謝家鄉常州建立洪深紀念室。

　　「我們城市獅子巷一幢古舊民居裏，曾走出一位清代著名經學家、文學家、輿地、方志家洪亮吉。他著述浩繁，他的人口論比西方馬爾薩斯理論早數十年。相隔不到一個世紀，洪亮吉的第六世孫洪深又從這裏出發，遠赴美國哈佛大學，成為中國第一個專攻戲劇的留學生。洪氏家族，一門雙星，不僅為後人留下豐厚珍貴的文化財富，也留下剛直不阿，愛恨分明的精神氣節。因而，常州人民在『二洪』故居附近修建紀念館。昨天，正值洪深誕辰一百周年之際，在這裏隆重舉行洪亮吉紀念館、洪深紀念室落成儀式，紀念這兩位前輩鄉賢。（我市隆重舉行洪亮吉、洪深系列活動：常州日報，1994年12月31日。）

　　「本報訊，去年十二月三十日，常州市為常州籍文化名人洪亮吉、洪深舉行隆重的紀念活動。」（常州隆重紀念文化名人洪亮吉、洪深：新華日報，1995年1月1日。）

　　「步入『洪深紀念室』，中堂那一尊雕像，透著一身正氣，那剛直不阿的儀態，那慈祥親藹的情愫，那吐納英華的氣度，那充滿睿智的深邃的目光，曉喻他立身處世的品格和風骨。讀他生前和生後名人的題贈，足以用

『高風亮節』、『德高望重』概括他的一生。那『一代宗師』、『劇壇先驅』的譽詞，恰當地評價了他在中國話劇、電影史上的地位和作用。」

　「洪深一生四海為家，業績卓著，今天終於有了集中展示他光輝人生、光輝業績的場所。洪深紀念室的籌建，得到了夏衍、曹禺、張庚等文化名人的支持，得到了洪深的親友晚輩和社會各界人士的支持。家鄉人民永遠懷念這位可敬可親的鄉賢。」（魂歸故里──「洪深紀念室」記事：蔣柏連，常州日報，1994年12月28日。）

常州洪亮吉紀念館／洪深紀念室。

證　書

常青真同志：

您捐贈的洪深著作、洪深遺物和其他資料（另附清單）三十一件已正式收为「洪深纪念室」藏品，特頒此证，永志纪念。

常州市文化局

一九九四年十二月　日

常州市文化局向洪深妻子常青真頒的洪深紀念室捐贈證書。

中國話劇電影先驅洪深：歷世編年紀

纪念现代戏剧家洪深诞辰一百周年

（1894.12.31——1994.12.31）

常州市业余收藏协会
《龙城粮苑》编辑部

邮政编码 213003

常州「紀念洪深誕辰一百周年」的紀念封。

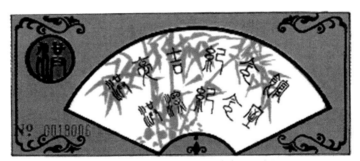

常州市洪亮吉紀念館／洪深紀念室入場券。

1995年

　　4月4日，上海復旦大學／上海戲劇家協會／上海市文藝界聯合會／上海市教育基金會／上海市文化發展基金會聯名舉辦「紀念戲劇大師洪深誕辰一百周年」紀念會。洪深抗戰戲劇宣傳工作的戰友學生杜宣、石炎、江俊、徐桑楚等，洪深的忘年交女作家趙清閣，洪深曾教誨幫助過的越劇演員袁雪芬，知名演員張瑞芳、喬奇等，一百余人參加紀念會，他們有的做了緬懷洪深的深情發言，最後由復旦劇社演出洪深的獨幕劇《走私》。洪深女兒洪鈐參加紀念會並代表母親常青真感謝來參加這個紀念會的所有來賓。

　　「一生為戲劇／弘揚洪深的精神／洪深對於中國戲劇的發展功不可沒」（心香一瓣深情一片──紀念戲劇大師洪深誕辰一百周年大會側記：上海戲劇，本刊記者，總第157期，1995年7月28日。）

　　「原準備邀請300多位海內外專家和有關部門人士研討洪深的藝術成就，還打算拍一部人物專題電視片，出一本論文集，作一點文化的基礎積累工作。然主辦者幾經努力始終無法籌得所需資金。只能將活動的規模和內容大幅度縮減。最後由負責參與舉辦此項活動的幾位熱心人士自掏腰包暫時墊付所需錢款。」（心香一瓣情一片──熱心人士自掏腰包紀念洪深百年誕辰：本報記者張立行，上海文匯報，1995年4月5日。）

　　9月，青島市「百花園」內的文化名人雕塑揭幕；洪深的雕塑像在這次揭幕的20位文化名人雕塑中。

　　「率先被請進『百花園』的20位文化名人是：高鳳翰、蒲松齡、康有為、楊振聲、洪深、王統照、……。」（廿位文化名人「聚首」青島──「百花園」雕塑日前揭幕：新民晚報，1995年10月初日。）

　　12月27日，中國戲劇家協會在北京召開洪深誕辰一百零一周年和逝世四十周年紀念座談會。

「1996年是中國話劇、電影創始人洪深同志誕辰一百零一周年、逝世四十周年。12月27日，中國戲劇家協會在北京召開座談會，緬懷洪深的生平及其為中國戲劇、電影所作出的開創性的貢獻。紀念會由中國戲劇家協會副主席張庚主持。」（紀念洪深誕辰一百零一周年座談會召開：吳朱紅，劇本月刊，1996年第2期。）

1995年4月4日上海洪深百年誕辰紀念會目錄冊。

青島百花苑《青島文化名人雕塑園》內洪深石雕像。

1999 年

12月12日，洪深妻子常青真寫下《自書遺囑》，遺囑第2款內容為：「我本人只承認有一個女兒洪鈴。」

2002 年

12月31日，洪深曾授教的上海市立戲劇學校1946年級學生為主，爭取到了以江蘇省戲劇家協會名義在南京召開了「紀念洪深先生誕辰108周年座談會」，十多人參加。

座談會後，與會者向洪深妻子常青真發送了附帶鮮花的懷念洪深的電報。

2002年南京「紀念洪深先生108周年誕辰座談會」。

2005 年

9月，人民文學出版社出版《洪深文抄》／洪鈴編。「洪深是我國話劇事業和電影事業的開拓者、先驅者。本書是他的散文隨筆感。除少數幾篇收入《洪深文集》外，其餘50篇均為作者女兒洪鈴從1915～1948年的報刊上搜集所得。這是前輩戲劇大師藝術生涯和心路歷程的真實寫照；這是20世紀前半葉中國社會和時代風雲的忠實記錄；這也是一個『左聯』老戰士、愛國者、有良知有擔當的知識份子為追求民主富強的新中國而發自心底的呼喊。」（「洪深文抄」封面詞。）

「你要繼續努力，洪深是立得起來的人，洪深的文章是立得起來的文章，你應該為你父親寫『傳』。」

「這本書沒有收入洪深五十年代的文章作品，其實那些是有意義的。」
（程季華獲洪鈴贈書後2005年10月5日與洪鈴的通話。）

2008 年

10月，上海的電視臺播出香港武打演員洪金寶做客「可凡傾聽」談話節目，訪談中，主、客雙方關於洪深的談話有兩處是誤不實：

對於主持人「洪深是你祖父的弟弟。」的話語，嘉賓洪金寶默認首肯。洪深同父異母的大弟弟洪濟，是洪金寶的祖父，應該是「洪深是你祖父的哥哥。」這裏，主、客二人均未真正瞭解事實。

對於主持人「你見過洪深嗎？」的提問，畫面上的洪金寶在不明顯的停頓遲疑後，回答說：「見過。」洪深和洪濟，因事業、生活、追求等理念的明顯不同，兄弟二人關係疏冷；1949年10月之前洪濟到香港發展後，洪深

與他兩人無聯繫。洪深 1955 年在大陸病逝，洪金寶 1949 年底在香港出生，洪金寶沒有見過洪深。

2010 年

　　3 月，洪深妻子常青真家中摔倒致右腿髖骨頭頸骨折，醫院因年齡太大，不收住院也未採取治療；常青真躺在家中痛疼煎熬，很快全身衰竭，僅半個月即在痛苦折磨中去世。享年 95 足齡。

　　洪鈴遵照母親常青真 1999 年 12 月 12 日「自書遺囑」：「遺體立即火化，不留骨灰。」等要求辦理後事，獨自送別母親。

洪深妻子常青真 2009 年 12 月。

後記

　　我對父親有多少愛，我對母親就有多少愛。我對父親有多麼敬重，我對母親就有多麼敬重。

　　從形式上看，父親和母親是完全不同的兩種人；但從本質上說，父親和母親是相同的一類人。

　　父親和母親是不可分的一個整體，父親和母親亦是互不可缺的一個整體。因為有了母親，父親才是完整的，家庭才是完整的。也因為母親和父親走在一起，母親的人生才是完整的。

　　父親和母親看似平常普通的生活裏，婚姻的基本要素——忠貞、關愛、信賴、理解，和相互有益的、實在的、幫助的責任——全在。因此，幾十年來，父親母親可以攜手一起走在人生路上，可以一起共度艱難、貧窮；他們共同的生活穩定和睦，相敬如賓，而且亦不缺快樂的時候。

　　父親對母親尊重、愛護和忠誠；母親對父親理解、絕對的信任、奉獻和忠誠。

　　父親是在社會上勇往直前的鬥士，母親是父親身後那個唯一的、無條件的默默支持者。父親不論遭到什麼打擊，母親永遠是陪伴在他身邊的那個人；母親始終站在父親後面，去盡心盡力地關心和愛護著父親，不到萬不得已需要，母親不會、亦不肯走到前面來。

　　父親不論要到什麼地方工作，母親總是絕無二話地跟隨著他。——母親曾經邊示範邊教給我怎樣又快又結實地捆紮東西，她說那是她跟著父親總要不停地搬家練就出來的。

　　父親去世後，母親用她一生的淡泊寧靜，把她對父親的深情和懷念，一

直守護到自己人生的盡頭。

從1933年父親母親結婚，到1955年父親去世，母親始終陪伴著父親行走在父親艱難奮鬥和缺乏生活保障的人生路上，母親永遠無怨地跟隨著父親奔波在四處顛簸的路上。母親始終在父親忠誠的妻子和對孩子們無我奉獻的母親這個位置上，盡責盡力。

1934年秋，父親在上海因政府對左翼文化人士的圍剿而到青島，陪伴父親的是母親。

1935末，母親按照父親要求，自己帶著三個女兒——父親病故的第二位妻子洪余氏所生的兩個女兒鈴和銅以及母親在青島出生的第一個孩子女兒鋼——轉道上海，再到蘇州投寄在父親那個坐吃山空還要抽鴉片的嫡親胞妹家。

1936年，父親為了全家多口人的生計，一人先在上海後到廣州工作奮鬥，一年裏，父親對母親和孩子們的相聚只能是在短暫的探視中。

1937年，年初母親和孩子們到廣州和父親團聚了。但「八・一三」的戰火點燃了全國全民八年抗戰救亡運動，學校暑假時適在上海排戲的父親，未回廣州就從上海踏上了抗戰救亡戲劇宣傳的征途，母親在廣州獨自處理必須的相關事物。

父親母親和全民族一起經過八年抗戰迎來了日本國無條件投降抗戰的勝利。而內戰在國共兩黨的劍拔弩張中爆發，父親名副其實的民主教授身份給他帶來的迫害，也給母親帶來無盡的擔心。

1947年秋，父親遭復旦大學變相解聘；1948年，父親在廈門大學獲得教書職位，全家在廈門覓到一個棲身之處。

1948年末，父親接受了共產黨邀請，隻身轉道香港再北上到了共產黨解放區，母親第三次獨自帶著孩子們，先是在廈門大學周旋，隨後儘快離開東南沿海戰略敏感地廈門，到了上海。

1949年7月，母親帶著兩個女兒鋼與鈴從上海到北京和父親團聚。我們

這個家，終於走到了可以一起安居的這一天。

1949年10月，中國一個新的政治朝代——中華人民共和國成立。

父親最後的六年，工作很忙很累，精神更是不輕鬆。母親是父親唯一可以去吐露自己心語的人——雖然無法改變什麼——唯一可以真正去交流的對象。我讀小學時候，假期裏曾在無意中聽到父親對母親說的話——大概父母以為我年紀尚小，沒有在意我——「檢查交上去了，他們還是不滿意。」聽父親這麼說，母親只是長「唉……」了一聲，無他。父母親這一次幾乎沒有「對話」的對話，我忘不了。後來，我像往常經常做的那樣去翻父親的書櫃，在抽屜裏見到一份幾十頁的文稿紙，最上面一頁，是父親用恭正的楷體手書的「我的檢查」和紙頁下面所書的「洪深」；當時我沒有想到要去看文稿，但是父親手書的那六個恭正的楷字，已經刻在了我腦中。

母親對父親的境遇無力、也無奈，她惟一能做的是，盡自己最大努力去體諒、去照顧好父親；母親當然絕不會讓父親為自己操心：母親工作努力認真，為人謙虛謹慎，經常獲得單位裏先進工作者榮譽。而且，只要父親工作需要，母親工作下班後還會很好的配合父親，作為「夫人」參加必要的外事活動。

母親勤儉樸實，她對自己生活要求很低，對別人慷慨大度。母親待人很真誠，謙和，總是願意從好的方面去想別人、去看別人。在「女人之間是天然敵人」的世界中，母親的包容和誠懇，母親的與人為善，不論是「夫人」還是「小姐」，她們都把母親當作朋友，而不是「敵人」。

戲劇電影藝術界，向是口舌是非的氾濫區，向是婚姻感情問題的重災區，也向是虛榮張揚的表演區。

杜宣叔叔對我說：「在我們這個圈子裡，你母親口碑極好，鮮有可比的。」杜宣叔叔與我們在同一城市居住，他對母親的尊重和關心給我留下很深印象。

馬彥祥叔叔，不僅稱母親「洪師母」從未改口，他對母親也一直是尊重

有加：不論是見到母親，還是給母親寫信，他始終執弟子禮。馬叔叔在告之母親正在爭取舉辦父親九十誕辰紀念活動的信中，談了他和一些朋友們為此的努力；而我讀到馬叔叔此信開首的「誠惶誠恐」字句時，百感交集。

在我面聽母親和來訪者談話時，母親對問題輕重的把握，母親說話掌握的尺度，特別是母親對父親理解的確切和對父親行為表現的恰當說明，讓我佩服亦尊敬。也讓我更加清楚，父親母親之間那份真摯的感情，那種透到骨子裏的理解，那種捨身不渝的關心和保護，不是一般人能夠容易明白的。

每當我或因閱讀資料，或因出差順便查訪父母歷史足跡，或因突然想到什麼，對那些我不知不解的問題詢問母親時，母親總是能夠給我清晰並且中肯的回答，母親談到一些事，亦是頗有見地的。我越來越認識到：母親的無爭無欲，母親的隨和，母親不喜多話的寧靜，實在是有一種大智若愚的智慧。母親清楚知道自己人生的位置在哪裡，並且一生堅守在這個位置上恪守自己人生的職責。

母親是個很平常的普通人，然而，她無論是對待生活本身，還是對於人生的實際認識和在生活實踐中對事情的處理，都表現出了一種「曾經滄海」的從容大氣。這應該是母親和父親共同生活而「成就」的。

如果可以說父親是位事業有成的社會「名人」，那麼，母親完成了助成父親事業成功的自己「事業」的成功——母親是父親了不起的妻子。

如果說，父親過早離我們而去時，並沒有留下任何物質財富，家中沒有一分錢存款；兩個女兒鋼和鈴還在學校上學——鋼正考上大學，鈴要升入初中二年級。是中年的母親獨自肩負起「撫孤」的重任，是母親始終堅持著用她自己有限的工薪——儘管也有母親領到的父親撫恤金520元和洪深文集初版稿費——擔當著讓兩個女兒能夠完成中學和大學的學業；兩個女兒讀大學，鋼文科讀四年，鈴工科讀五年；當時大學裏95％以上就讀生在享受國家助學金，但是母親不同意女兒申請，堅持用自己的勞動收入讓兩個女兒受到完全教育到大學畢業。

母親不論遇到多麼糟糕的情況，從不怨天尤人，始終平靜地面對，然後

平靜地承擔，平靜地去解決克服。母親常常開導我：「遇到事情不要慌。就是天壓了下來，也得頂住，要靠自己救自己。」母親在人生變化莫測的「命運」面前，一次次地邁過了道道的溝坎，一步一步踏踏實實地行走人生路。母親是位非凡的母親。

在母親和我朝夕相處三十一年的她生命最後那個階段裏，母親多次叮囑我：「你要記住，你是洪深的女兒，你不可以做讓你爸爸『蒙灰』的事。」我雖然普通平庸，但做人尊嚴的起碼是堅守的。即便我不能為父親母親增添光榮，卻也絕不會讓父親母親為我「蒙灰」──包括意欲借父親「名人」的光來「借光自照」的那種沒有出息的虛榮行為。母親的教誨，讓我更加嚴謹自律。

母親也提醒我：「對於願意給予幫助的人，不論事成與否，你都一定要真心感謝。因為世上的事不停地變化，沒有什麼是可以絕對保證的，但我們一定要有感恩之心。」我把母親的話牢記在心，向我伸出援手的人，我會永遠心存感激；會盡自己之力，以望可以有正常的合情理的「湧泉以報」的機會。

我是幸福的，就因為我是父親母親的女兒，這足夠了。

父親母親養育了我的生命，他們不只是給予了我可貴的美好的父母之愛，更是用他們自己無愧於心的生命實踐，給予了我做人真誠、正直、善良的教育；給予了我人生必須上進、學習、求知的追求。這是父母給予我人生最好的、最大的贈與。

感謝蒼天，讓我是父親母親的女兒。

現在，我把這本為父親編的書獻給母親，這樣，這本書就完整了。

2010 年 11 月 8 日　上海

臺灣版跋

　　臺灣，我很陌生，但我願意關注它。臺灣的變化和發展，會引起我思考。我對臺灣，懷有真誠的美好希望。我選擇在臺灣作為自己這本《洪深歷世編年紀》書的面世之地，就是我對臺灣這種希望的一種態度。

　　為父親編《洪深歷世編年紀》這本書，是我生命中一件極具份量、很重要的事情。我已經老了，時日有限，因此這本書的出版是我必須要認真考慮的問題。當我決定這本書首先要在臺灣出版時，連我自己也擔心這會不會是一個「天方夜譚」式的夢?!儘管結果難測，我的決定沒有動搖。

　　隔離了六十多年後，大家同為中華人，我們相互有了交流，有了相互瞭解的機會，這是當年父親絕對想不到的。現在，《中國話劇電影先驅洪深：歷世編年紀》這本書在臺灣出版，父親的「足跡」也踏上了這塊土地，我非常高興。

　　我希望這本書可以為臺灣的讀者提供多一種的閱讀選擇，做可能是和他們以往閱讀不同的一種選擇。因為這本書所講述的那個人——我的父親，和做這個講述的人——我，和臺灣讀者熟悉的習慣的閱讀內容與方式不會很相同。當然，我也希望臺灣關心中國現代文化藝術發展的所有讀者，希望可以通過這本書幫助他們獲知一些「資訊」——他們願意知道和關心的時代與個人的一些「資訊」，以促使我們中國現代大文化的進步和發展。

　　我還希望同為中華人的臺灣讀者，可以從我的這本書中，多少瞭解和知道一些中國現代文化藝術——中國新文化新戲劇和中國電影——發展是怎樣一路走到今天的。歷史環環相扣而成，缺少掉任何一環的歷史，不是完整的歷史；功利的、片面的「記錄」，不是真實全面的記錄。我誠懇地這樣希望著。

我當然希望：臺灣的讀者對這本書不會表現出冷漠。

我曾在Inter網上查閱了中國大陸地區和臺灣幾所相關大學圖書館館藏目錄，以瞭解這些圖書館中父親作品藏書的情況。我原以為，兩地長時間的隔離，臺灣的大學圖書館不會藏有父親什麼作品。事實卻不是這樣。

位在臺北的國立臺灣大學設有文學院，該文學院設有戲劇系。也許是這個原因，我在這所大學的圖書館館藏目錄中，發現不僅有父親1949年以前的作品，也有中國大陸地區1949年以後出版的父親作品，甚至連大陸2010年5月出版的父親作品：海上文學百家文庫・洪深卷——實際上，2010年8月這套文庫在上海舉行的首發式；我是在2010年11月收到出版社贈書的——都收進去了。這確實使我震驚！該大學圖書館也收藏了我2005年為父親編的《洪深文抄》一書。《洪深文抄》出版後，我用掛號速遞向那些父親曾與其有過密切關係的大學圖書館寄去了贈書；但其中不少對此沒有任何反應——連起碼的一個簡單回執都沒有。這樣的情況，我不陌生，也不奇怪，我已經幾乎麻木了。

我不喜歡那個將商業經濟錯誤的演化為不擇手段拜金的社會，我也不願意融入那個很熱鬧卻過於嘈雜的社會。因此必然的，我交友不多，也沒有什麼「關係」。

當我決定《洪深歷世編年紀》這本書要在臺灣出版時，我還根本不認識一個在臺灣的人。只是出於出版這本書的強烈願望和感情，我才鼓足勇氣、硬著頭皮，努力尋找著可以獲得幫助的途徑。在我，自己要去努力爭取幫助的，只有父親當年的學生和父親在戲劇電影界曾關心過的晚輩——在世者都已是耄耋老者了——這一個方向。

我努力尋求幫助的過程，開始的並不順利。四川重慶的中國戲劇史專家石曼先生和臺灣「中國文化大學」永久教授王生善先生有聯繫，王生善先生是父親在四川江安國立戲劇專科學校任教時的學生，他視父親是為「恩師」。因此，我給石曼先生去信，想通過他和王生善先生聯繫上。未曾料，

石曼先生已在2010年7月去世；正當我處在茫然中時，願意幫助我的石曼先生女兒呂中女士，從石曼先生遺下的信件中找到了臺灣著名導演李行先生的地址，她立即告知了我並熱情地建議我請李行先生轉交我寫給王生善先生的信。我立即給李行先生寫了信，請他代我轉交我致王生善先生的信。

李行先生收到我信後立即聯繫了我，他告訴我：王生善先生幾年前已去世。但同時，李行先生表示：他願意盡力而為地幫助我完成心願。李行先生和我素不相識，李行先生也不是父親直接面授過的弟子，但他卻主動地來幫助我。李行先生說他敬仰父親，說他幫助我是為了「可為我輩崇敬的中國戲劇大師留下一個珍貴的史料。」李行先生表示收到我的書稿後「會轉給此間碩果僅存的戲劇電影史學家，也是評論家黃仁先生，我們詳讀之後，商量如何出版這本書。」（李行先生2010年11月20日給我的信。）我實實在在地感覺到了：李行先生是真誠地、嚴肅地要幫助我出版這本書。這讓我有種「絕處逢生」的高興感覺，這樣的高興，我不多有。

李行先生曾通過電話，花費了幾乎兩個鐘頭的時間，談他審讀我書稿後的意見。從內容的銜接連貫性，到敘述表達的清楚明確度，乃至到我許多的打字錯誤等等，李行先生都根據他審讀時的記錄一條一條地給我指出來。李行先生表示，他希望努力做到出版的書是一本「零失誤」書，為的是讀者、特別是在我們都已經離開以後的那些讀者，讀此書時不至於出現不清楚不明白卻無人可問的情況。這次經歷，在我心中十分感謝李行先生的同時，也讓自己得到了一次真實生動的人品和書品的教育。

李行先生、黃仁先生，以及李行先生的兄長李子弋教授在審讀了我編寫的《洪深歷世編年紀》書稿後，經黃仁先生介紹，臺灣「秀威資訊科技股份有限公司」同意出版這本書。像這樣一本寫一個早已過去了的人物的書，況且又是一本資料性質的書，顯然不會成為熱賣的暢銷書，出版後很難有什麼好的經濟效益也是可以預料的。但是「秀威資訊科技股份有限公司」卻沒有遲疑地接受了此書同意出版。我很感謝該公司對我這本書，也是對父親洪深的肯定和支持。我有理由相信，我的這本書是由臺灣一家優秀的出版公司來出版的。

李子弋教授和李行導演創建的臺灣「財團法人極忠文教基金會」成立20多年，該基金會在與大陸進行雙向文化交流的實踐中，工作富有成效。我委託該基金會全權代我辦理《洪深歷世編年紀》一書出版的所有事宜，是我最好的選擇。

　　《洪深歷世編年紀》這本書，不僅得到了李行導演、黃仁先生和李子弋教授這樣的長者、著名人士的無私關心和幫助；也得到了「李行工作室」吳國慶先生的幫助支持，他為這本書的出版事宜承擔著李行先生和我雙方之間的許多資訊交流的工作，吳國慶先生始終及時地且認真仔細地確保我們兩邊交流溝通順暢；同時，也應該感謝「秀威資訊科技股份有限公司」出版部主任邵亢虎先生以及蔡曉雯女士在出版方面給予我的指導幫助，而我因為自己提供的書用圖片質量偏於陳舊而給出版增加的困難，也深表歉意。

　　我提到的給予我真誠幫助和支持的所有先生和女士，他們沒有一個人是我之前就認識的，沒有一個人是我見過面的。我也因此格外地感謝他們，感謝他們實際地具體地幫助我。

　　謝謝幫助了我的諸位先生和女士。

　　謝謝「秀威資訊科技股份有限公司」。

2011年1月30日　　上海

參考書目

（文中已注出處的雜誌、報紙、刊物，此不列入）

1. 洪深年譜：陳美英，文化藝術出版社，1993年12月。
2. 洪深年譜長編：古今／楊春忠，中國戲劇出版社，2009年6月。
3. 洪深研究專集：孫青紋編，浙江文藝出版社，1986年2月。
4. 民國人物傳・第二卷：中華書局，1980年8月。
5. 民國掌故：楊天石主編，中國青年出版社，1993年5月。
6. 袁氏當國：唐德剛，廣西師範大學出版社，2004年11月。
7. 常州洪亮吉紀念館／洪深紀念室落成儀式資料：紀念館／室簡介；洪亮吉長子洪飴孫世系表等。
8. 清代學術概論：梁啟超，三大師談國學，上海三聯書店，2007年2月。
9. 中國新文學大系・戲劇集・導言：洪深，上海良友圖書印刷公司，1935年7月。
10. 中國話劇通史：葛一虹主編，文化藝術出版社，1997年3月。
11. 中國現代話劇教育史稿：閻折梧編／趙銘彝校訂，華東師範大學出版社，1986年5月。
12. 中國話劇運動五十年史料集・第一輯／第二輯：中國戲劇出版社，1958年2月。
13. 中國電影發展史：程季華主編，中國電影出版社，1980年8月。
14. 中國無聲電影劇本：中國電影出版社，1996年9月。
15. 中國新文學圖志：楊義主筆，人民文學出版社，1996年8月。

16. 中國近現代大事記：知識出版社，1982年11月。

17. 中國人德行（Chiness Characteristics：（美）A. H. Smith）‧附錄2：翻譯張夢陽／王麗娟，新世界出版社，2005年12月。

18. 復旦大學志‧第一卷（1905～1949）：復旦大學校史編寫組編，復旦大學出版社，1985年5月。

19. 中山大學校史（1927～1949）：梁山／李堅／張克謨，上海教育出版社，1983年11月。

20. 清華校史叢刊‧人物志‧第二卷：清華大學出版社，1983年4月。

21. 復旦逸事：遼寧出版社，1998年9月。

22. 蕭伯納在上海：上海野草書屋，1933年。

23. 二十人所選短篇佳作選：趙家壁輯，上海良友圖書公司，1937年。

24. 中國戲劇運動：田禽，商務印書館／重慶，1944年11月。

25. 國外中國文學研究論叢‧奧尼爾／洪深／曹禺──奧尼爾戲劇在中國的影響：（日）飯塚容，中國社會科學院文學研究所編，中國文聯出版公司，1985年7月。

26. 魯迅書信集‧上／下：人民文學出版社，1976年8月。

27. 胡適的日記：中華書局香港分局，1985年9月。

28. 吳宓自編年譜‧1894～1925：吳宓，三聯書店，1995年12月。

29. 我走過的道路‧上：茅盾，人民文學出版社，1981年10月。

30. 茅盾談話錄：金韻琴，上海書店，1993年12月。

31. 懶尋舊夢錄：夏衍，三聯書店，1985年7月。

32. 上海春秋：曹聚仁，上海人民出版社，1996年8月。

33. 釧影樓回憶錄續篇：包天笑，香港大華出版社，1973年9月。

34. 影壇憶舊：程步高，中國電影出版社，1983年10月。

35. 短綆集：劉以鬯，中國友誼出版公司，1985年2月。

36. 文人的另一面：（馬來西亞）溫梓川，廣西師範大學出版社，2004年1月。

37. 胡蝶回憶錄：胡蝶，新華出版社，1987年8月。

38. 胡蝶：朱劍，蘭州大學出版社，1996年4月。

39. 上海鉅商黃楚九：曾宏燕，人民文學出版社，2004年5月。

40. 應雲衛：應大白，重慶出版社，2007年4月。

41. 程硯秋史事長編：程永江編，北京出版社，2000年。

42. 人物小記・文學小集・八／1997年：王元化，東方出版中心，2008年1月。

43. 中國現代愛國者的故事：上海人民出版社，1984年4月。

44. 中國現代文化名人愛國故事：天津人民出版社，1985年2月。

45. 中國新文學史講話：蔡儀，新文藝出版社，1953年1月。

46. 中國新文學史稿：王瑤，上海文藝出版社，1982年11月。

47. 中國新文學史：司馬長風，香港・昭明出版社，1980年。

48. 中國現代作家列傳：趙聰，香港中國筆會出版，1975年10月。

49. 中國話劇藝術家傳・第一輯：文化藝術出版社，1984年12月。

50. 中國電影家列傳・第一集：中國電影出版社，1982年4月。

51. 中國文學家辭典・現代第一分冊：四川人民出版社，1979年12月。

52. 中國現代文學詞典・Ⅲ：廣西人民出版社，1989年11月。

53. 中國左翼電影運動：中國電影出版社，1993年9月。

54. 洗星海——畫冊：人民音樂出版社，1983年10月。

55. 中國影星大觀・1905～1949：陝西人民出版社，1989年3月。

56. 文化史料／文史資料選輯：全國政協文史資料委員會編，文史資料出版社／中國文史出版社。

57. 回憶洪深專輯：中國文史出版社，1991年7月。

58. 洪深選集，開明書店，1951年7月。

59. 洪深文集：中國戲劇出版社，1957年11月／1959年6月。

美學藝術類　PH0048

中國話劇電影先驅洪深
——歷世編年紀

作　　者／洪　鈐
策　　劃／財團法人極忠文教基金會
責任編輯／蔡曉雯
圖文排版／蔡瑋中
封面設計／王嵩賀

發 行 人／宋政坤
法律顧問／毛國樑　律師
印製出版／秀威資訊科技股份有限公司
　　　　　114台北市內湖區瑞光路76巷65號1樓
　　　　　電話：+886-2-2796-3638　傳真：+886-2-2796-1377
　　　　　http://www.showwe.com.tw
劃撥帳號／19563868　戶名：秀威資訊科技股份有限公司
　　　　　讀者服務信箱：service@showwe.com.tw
展售門市／國家書店（松江門市）
　　　　　104台北市中山區松江路209號1樓
　　　　　電話：+886-2-2518-0207　傳真：+886-2-2518-0778
網路訂購／秀威網路書店：http://www.bodbooks.com.tw
　　　　　國家網路書店：http://www.govbooks.com.tw
圖書經銷／紅螞蟻圖書有限公司
　　　　　114台北市內湖區舊宗路二段121巷28、32號4樓
　　　　　電話：+886-2-2795-3656　傳真：+886-2-2795-4100

2011年8月BOD一版
定價：480元
版權所有　翻印必究
本書如有缺頁、破損或裝訂錯誤，請寄回更換

Copyright©2011 by Showwe Information Co., Ltd.
Printed in Taiwan
All Rights Reserved

國家圖書館出版品預行編目

中國話劇電影先驅洪深：歷世編年紀 / 洪鈐編. -- 一版. -
- 臺北市：秀威資訊科技, 2011. 08
　　面；　公分. -- （美學藝術；PH0048）
BOD版
ISBN 978-986-221-794-8（平裝）

1. 洪深　2. 傳記

782.887　　　　　　　　　　　　　　　100012748

讀者回函卡

感謝您購買本書，為提升服務品質，請填妥以下資料，將讀者回函卡直接寄回或傳真本公司，收到您的寶貴意見後，我們會收藏記錄及檢討，謝謝！如您需要了解本公司最新出版書目、購書優惠或企劃活動，歡迎您上網查詢或下載相關資料：http:// www.showwe.com.tw

您購買的書名：_____

出生日期：_____年_____月_____日

學歷：□高中 (含) 以下　　□大專　　□研究所 (含) 以上

職業：□製造業　□金融業　□資訊業　□軍警　□傳播業　□自由業
　　　□服務業　□公務員　□教職　　□學生　□家管　　□其它_____

購書地點：□網路書店　□實體書店　□書展　□郵購　□贈閱　□其他

您從何得知本書的消息？

　□網路書店　□實體書店　□網路搜尋　□電子報　□書訊　□雜誌
　□傳播媒體　□親友推薦　□網站推薦　□部落格　□其他_____

您對本書的評價：(請填代號　1.非常滿意　2.滿意　3.尚可　4.再改進)

　封面設計____　版面編排____　內容____　文／譯筆____　價格____

讀完書後您覺得：

　□很有收穫　□有收穫　□收穫不多　□沒收穫

對我們的建議：_____

_____

_____

_____

請貼
郵票

11466
台北市內湖區瑞光路 76 巷 65 號 1 樓
秀威資訊科技股份有限公司　　　　收
BOD 數位出版事業部

....

（請沿線對折寄回，謝謝！）

姓　　名：＿＿＿＿＿＿＿＿＿　年齡：＿＿＿＿　性別：□女　□男

郵遞區號：□□□□□

地　　址：＿＿＿＿＿＿＿＿＿＿＿＿＿＿＿＿＿＿＿＿＿

聯絡電話：(日) ＿＿＿＿＿＿＿＿＿＿　(夜) ＿＿＿＿＿＿＿＿＿＿

E - m a i l：＿＿＿＿＿＿＿＿＿＿＿＿＿＿＿＿＿＿＿＿＿